산상설교 강해

너희는 소금과 빛

배굉호 저

도서
출판 **영문**

추 천 사

김병원 박사(고신대학교 총장)

　바쁜 목회사역 속에서 책을 펴낸다는 것은 말처럼 그리 쉬운 일이 아닙니다. 각고의 노력과 자기 희생이 동반되지 않으면 불가능한 일입니다. 더군다나 설교집을 비롯하여 목회적 성격을 띤 책들은 읽는 이들의 마음에 자양분을 주고 영혼의 양식이 된다는 점에서 남다른 심혈의 고통이 필요한 작업입니다.
　이 책의 저자이신 배굉호 목사님은 남아공의 포체프스트롬 대학교에서 설교학으로 신학박사(Th. D.) 학위를 받으신 분이십니다. 저자는 수년간 고신대학 신학대학원에서 「설교학(설교연습)」을 강의하시면서 단순히 설교의 테크닉이 아닌 개혁주의 신학에 입각하여 설교의 본연을 되찾기 위한 진지한 강의로 목사 후보생들에게 설교의 정도(正導)를 가르치셨습니다. 고신대학에서도 기독교 윤리를 강의하시면서 자라나는 차세대 기독교 지도자들에게 꼭 필요한 자질을 가르치셨습니다. 그리고 목양지에서도 남다른 열심과 충성으로 존경을 받으시며, 명쾌하고 힘있는 메시지로 성도들에게 큰 위로와 힘을 주고 계십니다.
　이번에 교회 설립 25주년을 맞이하면서 그 동안 틈틈이 준비하셨던 옥고(玉稿)를 세 권의 책으로 출판하게 되어 무척 기쁘게 생각합니다. 이 책은 양떼를 사랑하여 생산한 풍성한 꼴이며, 산고(産苦)의 고통을 여과하여 결실을 맺은 훌륭한 책입니다. 글이 그 사람의 인격을 비춰 주는 거울과 같다고 했는데, 이 책들을 대하노라면 저자의 깊은 영적 통찰력과 감화력, 그리고 호소력이 숨어져 있음을 발견하게 됩니다.

이번에 출판되는 책은 총 세 권인데, 그 책들의 구성과 특징은 다음과 같습니다.

첫째, 첫 권은 산상설교 강해집인 「너희는 소금과 빛」입니다. 산상설교는 대부분의 성도들이 수 차례 듣고 배워 왔습니다. 그러나 그 의미를 제대로 알지 못해 삶의 현장으로 바로 적용하지 못하는 안타까움 또한 많이 있었습니다. 그래서 성도들의 삶이 무기력하고 힘이 없는 것입니다. 이 강해집은 구별된 하나님의 백성들이 천국의 법도를 어떻게 믿고 순종해야 하는지 잘 가르쳐 줍니다. 또한 언제나 그랬듯이 저자의 쉽고 명쾌한 강해로 인해 누구나 부담 없이 배울 수 있다는 장점이 있습니다.

둘째, 두 번째 책은 「신발 속의 모래」라는 제목의 목회 편지입니다. 이 편지는 새가족 양육과 결석한 성도들을 위한 격려와 위로의 서신인데, 저자가 영혼들을 사랑하는 마음이 얼마나 크고 깊은지 잘 알 수 있습니다. 양떼를 사랑하는 목자장이신 예수 그리스도의 마음으로 쓰여져 있어 읽는 이들에게 잔잔한 감동과 은혜를 줍니다. 이 편지를 읽는 가운데 예수 그리스도가 우리를 얼마나 사랑하는지 그 사랑의 깊이와 높이와 넓이를 알아 갈 수 있게 될 것입니다.

셋째, 마지막 세 번째 책은 목회칼럼 「NO할 때 ON하시오」입니다. 요즘 여러 교회에서 주보에 칼럼을 싣고 있습니다. 그러나 칼럼의 내용이 너무 제한적이고 단편적이라는 생각을 버릴 수 없었습니다. 그런데 저자는 독자를 불신자까지로 넓게 생각하고 다 공감할 수 있는 시사적인 내용으로 칼럼을 쓴 것이 큰 특징입니다. 그리고 단지 이슈를 소개하는 것으로 끝내는 것이 아니라, 마지막에는 꼭 성경을 인용하여 복음을 제시하고 있습니다. 자연스런 복음전도가 이루어지고 있는 셈인데, 이 시대에 부합하는 복음전도 방법이라고 생각됩니다. 이 작업이 힘들었던 것만큼이나 큰 열매가 있을 것으로 확신합니다.

  부디 이 책을 읽는 독자들의 마음에 시원한 생수와 같은 은혜가 넘치며, 생활에 큰 힘과 활력을 얻게 되기를 바라면서 적극 추천하는 바입니다.

머 리 말

할렐루야!

영원한 생명의 말씀을 주신 하나님께 모든 영광과 감사를 돌려 드립니다.

부족한 종이 섬기는 남천교회의 설립 25주년을 맞이하여, 산상설교집 「너희는 소금과 빛」과 시사적 복음전도 목회 칼럼 「NO할 때 ON하시오」 그리고 사랑과 행복을 위한 목회 편지 「신발 속의 모래」를 출간하게 되었습니다. 이 일을 통해 하나님 나라 확장에 일익을 감당케 하신 하나님께 감사드립니다.

특별히 산상설교집을 제일 먼저 출판하게 된 것은 첫째, 산상설교를 준비하고 설교하면서 2천년 전 우리 주님께서 제자들을 향해 선포하신 이 설교야말로 오늘날 가치관이 혼돈 되어 있고 교회마저 세속 문화에 오염되어 흔들리는 이 시대의 성도들에게 가장 시급하고 중요한 말씀임을 확신했기 때문입니다. 둘째, 제가 섬기는 성도들이 예수 그리스도를 닮아 신앙 인격자가 되도록 하는데 그 목적을 두었기 때문입니다. 셋째, 제자반을 비롯하여 성경공부 인도자, 새가족 그리고 모든 성도의 말씀 교육을 위해 출판하게 되었습니다.

이 산상설교의 중요성은 갈릴리 호숫가 조그만 동산에서 사랑하는 제자들에게 말씀하시던 주님께서 지금도 우리 곁에서 그 깊고도 오묘한 높은 천국의 말씀을 사랑의 음성으로 들려주신다는 데 있습니다. 또한 산상설교는 너무도 고상하고 차원 높은 천국의 윤리를 제시해 주고, 참된 행복이 무엇인가를 우리에게 가르쳐 주며, 사모하게 합니다. 뿐만 아니라 이 산상설교는 세상 사람들이 전혀 생각할 수 없고, 실천할 수도 없는, 구별된 하나님의 백성들만이 믿고 순종하며 소유할 수 있는 천국의 법도를 가르쳐 줍니다.

이 설교집은 평신도들에게 알기 쉽고 은혜로운 성경말씀을 전달하고자 하는 마음에서 준비하고 선포한 내용들입니다. 그리고 성경이 말씀하시는 바를 정확하게 강해하기 위해 원어에 충실하려고 노력했습니다. 이해를 돕기 위해 예화도 사용하였습니다.

바라기는 부족한 종의 졸작인 산상설교를 통해서 오직 하나님께만 영광이 돌려지고 주의 나라가 확장되기만을 기도합니다.

이 책이 나오기까지 기도해 주시고 협조해 주신 섬기는 남천교회 모든 당회원들과 교역자들, 그리고 성도들에게 진심으로 감사드리고, 원고 정리에 수고해 주신 이성수 강도사님과 소성휘 전도사님께 감사드리며, 홍보와 판매에 협조해 주신 방송출판위원들께 심심한 감사를 드립니다.

끝으로, 이 책의 모든 수익금은 교회 확장 헌금으로 사용될 것입니다.

'오직 하나님께 영광(SOLI DEO GLORIA)'
'오직 은혜(SOLA GRACIA)'

1999년 9월 8일 남천교회에서
배 굉 호

목 차

추천사 ·· 3
머리말 ·· 6

제1부 마태복음 5장

산상설교 1 / 마태복음 5:1-12 그리스도인의 행복 ··············· 13
산상설교 2 / 마태복음 5:13 너희는 세상의 소금 ················ 35
산상설교 3 / 마태복음 5:14-16 너희는 세상의 빛 ·············· 51
산상설교 4 / 마태복음 5:16-18 금식 기도 ························· 67
산상설교 5 / 마태복음 5:17-20 기독교인과 율법 ··············· 81
산상설교 6 / 마태복음 5:21-26 분노와 화목 ····················· 97
산상설교 7 / 마태복음 5:27-30 죄를 극복하는 방법 ·········· 113
산상설교 8 / 마태복음 5:31-32 결혼과 가정 생활 ············· 127
산상설교 9 / 마태복음 5:33-37 말의 신실성 ···················· 142
산상설교 10 / 마태복음 5:38-42
　　　　　　　기독교인은 어떻게 보복할 것인가? ············· 157
산상설교 11 / 마태복음 5:43-48 기독교인의 사랑 ············ 173

제 2 부 마태복음 6장

산상설교 12 / 마태복음 6:1-4 구제하는 법·················193
산상설교 13 / 마태복음 6:5-8 기도하는 법·················209
산상설교 14 / 마태복음 6:9-15 기도의 표본(주기도문)········224
산상설교 15 / 마태복음 6:19-24 보물을 하늘에 쌓아두라······241
산상설교 16 / 마태복음 6:25-34 염려하지 말라···············256

제 3 부 마태복음 7장

산상설교 17 / 마태복음 7:1-6 기독교인의 태도···············275
산상설교 18 / 마태복음 7:7-11 은혜로우신 아버지············291
산상설교 19 / 마태복음 7:12 황금률·······················306
산상설교 20 / 마태복음 7:13-14 두 길·····················321
산상설교 21 / 마태복음 7:15-23 두 나무···················336
산상설교 22 / 마태복음 7:24-27 두 기초···················351

제1부
마태복음 5장

■ 산상설교 강해 1 ■

그리스도인의 행복

(본문 / 마태복음 5:1-12)

　세상 모든 사람들은 행복하게 살고 싶어합니다. 그런데 정말 행복한 삶을 살아가는 사람들은 얼마나 될까요?

　어느 백만 장자는 "나는 돈으로 행복을 살 수 있다."고 생각했습니다. 그러나 나중에 남는 것은 환멸과 비애뿐이었습니다. 어느 유명한 여배우는 "나는 돈, 미모, 매력, 인기, 모두 다 가지고 있다. 그렇다면 나는 이 세상에서 가장 행복한 여자이어야 할텐데, 내 마음은 항상 슬프기만 하다. 왜 그럴까?"라고 말했습니다. 한 젊은이가 정신과 의사를 찾아와서 하소연합니다. "선생님 저는 항상 외로움과 슬픔 속에 싸여 있습니다. 좀 도와주십시오." 그러자 의사는 이렇게 말했습니다. "어떤 낙심에 빠져 있는 사람이라도 웃기고 만다는 서커스단의 어릿광대를 구경해 보십시오." 이 말을 들은 환자는 "선생님, 제가 바로 그 어릿광대인걸요."라고 말했습니다.

　모든 사람들은 행복의 샘물을 찾아서 영원히 헤매고 있습니다. 그런데 지식이 많으면 많을수록 참다운 지혜와는 거리가 멀고, 경제적으로 풍부하면 할수록 만족은커녕 부족함이 많습니다. 세상의 명예나 권세도 허무한 것이고 참 만족과 행복을 안겨 주지 못합니다. 우리 인생은 쉴 사이 없이 움직이는 바다와 같아서 잠깐 동안은 평안함과 즐거움을 주는 것 같으나, 언제 파도와 폭풍이 닥쳐올지 모르는 불안을 가지고 살아갑니다. 따라서 영원한 만족감과 지속성을 주지 못합니다.

그러므로 모든 사람들이 행복을 찾아 노력하고 애를 씁니다. 그 행복을 소유하기 위해서 거짓말하고, 빼앗고, 훔치고, 죽이고, 심지어 전쟁까지도 합니다. 그 결과 행복보다는 오히려 더 큰 상처와 고통만 남고, 더 깊은 회의와 비극으로 빠져들고 맙니다.

그러면 참된 행복은 무엇일까요? IMF라는 거대한 시련의 파고를 타고 있는 우리들에게 정말 기쁨과 만족을 주는 참다운 행복은 무엇일까요? 그것은 성공과 실패에도 흔들리지 않는 행복, 우리들의 가슴 속 깊이 굳게 뿌리박고 있어 어떤 상황이 전개되고 어떤 환경을 만날지라도 흔들리거나 요동하지 않는 행복, 너그럽고 여유 있는 마음과 평화와 만족을 주는 행복입니다.

그러면 그런 참된 행복은 있는 것일까요? 있습니다. 그 행복은 그리스도인들이 가지는 행복입니다. 주님이 예수 그리스도안에 있는 자들에게 주시는 참된 행복입니다.

1. 그리스도인은 예수 그리스도를 통해서 행복을 얻을 수 있습니다.

우리 인생이 행복을 얻기 위해 갖추어야 할 것이 세 가지 있습니다.

   (1) 하나님과의 관계가 바로 되어야 합니다. 왜냐하면 사람은 하나님의 형상대로 지음을 받았기 때문에, 창조주와의 관계가 바로 되어야 참된 행복을 얻을 수 있습니다. 다른 말로 하면 하나님을 떠나면 방황하게 되고 참된 기쁨은 없습니다.

   (2) 진리와의 관계가 바로 되어야 합니다. 사람은 진리와 거리가 생기면 방황하게 됩니다.

   (3) 사람은 마음에 평화를 가져야 행복 할 수 있습니다.

   이 세 가지 조건은 예수 그리스도를 통해서 다 해결할 수 있습니다. 예수 그리스도는 2천년 전에 갈릴리 해변가 나지막한 동산에서 행복을 찾아 방황하며 자신에게로 몰려든 불쌍한 사람들에게 모든 인류의 영원한 소망인 행복에 관한 말씀을 선포하셨습니다.

   "복 되도다. 심령이 가난한 자여 천국이 저희 것임이라"
   "복 되도다. 애통하는 자여 저희가 위로를 받을 것임이라"

   예수님은 어떤 사람이 행복한 사람인지 말씀하셨습니다. 참된 행복은 예수 그리스도를 통해서 소유할 수 있습니다.

   처음에 사람은 하나님의 형상대로 지음을 받았습니다. 그런데 인생들이 범죄하여 타락함으로 죄악이 이 세상에 들어왔습니다. 그 결과 하나님의 형상을 상실하고 말았습니다. 하나님을 상실한 시대는 바로 하나님과의 관계가 없어져 버린 시대라는 뜻입니다. 죄 때문에 하나님으로부터 오는 축복이 막히고 말았습니다. 이때 하나님께서 인생을 죄로부터 구원하시기 위하여 오셨습니다.

바로 그 분이 예수 그리스도입니다.

예수 그리스도는 모든 인생의 죄를 대신 지시고, 십자가에서 못 박혀 죽으시고, 사흘만에 다시 살아나셨습니다. 이것은 하나님과 우리 인간 사이를 가로막고 있던 죄의 장벽을 무너뜨린 사건이었습니다. 이제 누구든지 예수 그리스도를 믿으면 그를 통해 하나님 앞에 당당히 나갈 수 있게 되었습니다. 예수 그리스도를 통해 죄악을 용서받을 수 있게 되었고 동시에 하나님의 축복을 받게 되었습니다. 그러므로 예수 그리스도를 통해 구원의 역사는 이루어졌습니다. 예수 그리스도를 통해 잃어버린 하나님의 형상을 다시 회복하게 되었고, 예수 그리스도를 통해 하나님과의 관계를 회복하게 되었습니다.

결국 행복의 근원은 예수 그리스도께 있습니다.

부호인 보오덴 가(家)의 아들 빌 보오덴이란 사람이 선교사로 중국에 가게 되었습니다. 친구들은 몇 사람의 이교도들을 개종시키기 위해 '생명을 낭비하러 간다'고, 그의 결단을 책망했습니다. 그러나 그는 예수 그리스도를 사랑했고 사람들을 사랑했습니다. 그런데 몇 해 안 가서 그는 동양의 풍토병에 걸려 죽고 말았습니다. 그의 베개 머리에서 종이 쪽지가 발견되었는데, 이런 글이 적혀 있었습니다. "내게는 사양도, 후퇴도, 후회도 없다." 그는 불과 몇 해 사이에 참 행복을 발견했던 것입니다. 수많은 사람들이 평생을 걸려도 찾아내지 못한 행복을 몇 년 동안 그리스도를 위한 희생적인 봉사를 통해 찾아낸 것입니다.

예수 그리스도를 통하지 않고 내 자신이 직접 행복을 찾으려 할 때는 실패합니다. 행복의 주인되시는 그리스도께서 "너희는 먼저 그의 나라와 그 의를 구하라 그리하면 이 모든 것을 너희에게 더하시리라"고 하셨습니다(마 6:33). 예수 그리스도가 없는 지식, 부귀, 명예는 결코 참된 행복을 가져다 줄 수 없습니다. 그런데 중요한 것은 이 사실을 알고만 있어서는 안된다는 것입니다. 내 마음속에, 내 인격 속에 예수 그리스도를 모시고 영접해야만 합니다.

우리는 제주도에 배를 타고 여행을 갈 수 있습니다. 사전에 여행에 대한 계획을 세우고, 배 표를 미리 예약하여 사 두고, 날씨도 알아보고, 여행에 필요한 배의 안전 사항도 다 체크해 두고, 배안의 편의 시설도 다 알아두었습니다. 그러나 이것으로 목적을 이룬 것은 아닙니다. 그 배를 믿고 직접 타야 제주도까지 갈 수 있습니다.

우리가 예수 그리스도와 그의 말씀에 대해서 아는 지식으로는 행복을 찾지 못합니다. 그에게 전부를 다 위탁하고 맡겨야 합니다. 은행에 예금하려는 사람은 은행을 믿고 맡겨야 합니다. 병자는 의사를 믿고 치료를 받아야 병을 고칩니다. 그리스도께 나의 인생을 맡길 때 우리는 행복을 얻을 수 있습니다.

사마리아 수가성에서 외로운 고통 속에 살며 결혼을 다섯 번씩이나 실패한 가련한 죄인인 여인이 예수 그리스도를 만나서 그녀의 마음속에 예수 그리스도를 구주로 영접할 때 진정한 행복을 찾게 되었습니다. 막달라 마리아는 일곱 귀신이 걸려 고생하던 중 예수 그리스도를 만남으로 참된 행복을 발견하고 그녀의 인생은 성공적으로 바뀌었습니다.

어떤 환자가 의사를 찾아왔습니다. 의사가 진찰을 해보더니 "아무런 이상이 없다."고 했습니다. 그러자 본인은 "나는 매우 괴롭습니다. 분명 무언가 잘못되어 있습니다."라고 대답했습니다. 그러자 의사가 물었습니다. "당신은 최근에 큰 잘못을 저지르지 않았습니까?" 그러자 환자는 화를 내면서 "나는 건강 진단 받으러 왔지 당신에게 설교 들으러 온 것이 아닙니다. 돈을 돌려주시오."라고 하면서 진찰실 문을 쾅 닫고 나가 버렸습니다. 그런데 2주일 후에 그 환자가 다시 의사를 찾아왔는데, 그는 뉘우치는 태도로 변해 있었습니다. "의사 선생님, 2주일 전에 선생님의 말씀이 옳습니다. 나는 내 형의 거액의 돈을 속여서 빼앗았습니다. 이 일 때문에 지금도 저는 잠도 못 자고 먹지도 못하고 있습니다. 저를 도와주실 수 없습니까?" 그러자 의사는 "당신이 받아들이기만 하면 고쳐 드리겠습니다."라고 말했습니다. 그렇게 하겠다고 환자는 약속을 했습니다. 의사는 종이 한 장을 끄집어내더니 "당신의 형에게 모든 것을 고백하는 글을 쓰십시오."라고 말했습니다. 눈물을 흘리면서 환자는 자기의 죄를 고백하는 글을 썼습니다. "이제 수표를 끊어서 그 고백문과 함께 봉투에 넣어서 봉하십시오." 환자는 그렇게 했습니다. 그 모습을 본 의사는 "이제 우체국에 가서 그 편지를 부칩시다."라고 말했고, 그들은 함께 가서 편지를 부쳤습니다. 그후에 환자가 의사에게 "선생님, 저는 가장 무거운 짐을 벗게 되었습니다. 하나님께 감사드립니다. 나는 이제 짐을 벗었습니다."라고 고백했습니다. 이 말을 들은 의사는 "물론입니다. 그러나 아직도 해야 할 일이 있습니다. 당신은 형님과 올바른 관계를 회복했습니다. 이제는 하나님과의 관계를 회복해야 합니다."라고 말했습니다. 두 사람은 진찰실에서 무릎을 꿇고 하나님께 죄를 고백했습니다. 환자는 참된 평안을 얻었고 새 사람이 되었습니다.

우리 주님은 말씀하셨습니다. "수고하고 무거운 짐 진자들아 다 내게로 오라 내가 너희를 쉬게 하리라"(마 11:28)

성도 여러분, 예수 그리스도를 내 마음속에 영접하고 그에게 나의 전 생애를 바칠 때 진정한 평안과 참 행복을 발견할 수 있음을 믿고, 오직 예수님 안에서 참된 행복을 소유하시기를 바랍니다.

2. 산상설교대로 살 때 진정한 행복이 있습니다.

이 산상설교는 하나님의 백성들에게만 주어진 말씀입니다. 세상의 불신자들에게 주어진 것이 아닙니다. 이 말씀은 주님의 제자인 천국 백성들에게 주어졌습니다. 하나님 나라 백성들은 하나님 나라의 법대로 살아야 행복할 수 있습니다. 만약 대한민국 국민인 우리가 법을 어기면 불안하고 나중에 처벌을 받게 됩니다. 이처럼 천국 백성은 세상 사람들이 이해하지 못하고 가질 수도 없는 천국의 법을 가지고 있는 사람들입니다.

예를 들어, 세상 사람들의 상식은 나를 미워하는 사람이나 원수들에게는 보복이나 복수를 합니다. 그런데 천국에 속한 사람들은 미워하는 사람이나 원수를 위해서 기도하고 사랑하며 축복을 빕니다. 세상은 물질을 추구하지만, 기독교는 먼저 하나님의 나라와 그의 의를 구합니다. 따라서 기독교의 행복은 예수 그리스도께서 주신 산상설교대로 살아갈 때 주어집니다.

(1) 산상설교는 모든 기독교인들에게 적용되는 진리입니다. 특정인이나 소수만이 말씀대로 살아가야 하는 것은 아닙니다. 예수 그리스도를 믿는 모든 하나님의 백성은 이 말씀대로 살아갈 때 참된 행복을 얻게 됩니다.

(2) 마태복음 5, 6, 7장의 전체 산상설교가 모든 기독교인들에게

적용될 때 참된 행복을 얻게 됩니다. 어느 것은 할 수 있고 어느 것은 못하겠다고 한다면 참된 행복을 소유할 수 없습니다. 모든 특성, 모든 진리는 다 고리처럼 연결되어 있으므로 모든 말씀을 다 지킬 때 행복을 소유하게 됩니다.

(3) 행복은 타고난 성품에 의존하는 것이 아닙니다. 날 때부터 좋은 성품을 가지고 난 사람만 행복할 수 있는 것은 결코 아닙니다. "나는 원래 성품이 고약해서 안된다.", "저 사람은 성품이 좋아서 예수를 믿어야 할 사람이고 저 사람은 나빠서 안될 사람이다."는 식의 법은 없습니다. 예수 그리스도를 믿고 하나님의 백성이 되는 것은 타고난 성품으로 결정되는 것이 아닙니다. 이것은 하나님의 성령 안에서 오직 주님의 은혜로 결정되는 것입니다.

(4) 참 행복은 그리스도인들이 세상 사람들과 다르게 구별된 생활을 할 때 있습니다. 세상과 기독교인들 사이에는 분명한 차이점이 있습니다. 기독교인은 하나님의 법대로 살아갈 때 참된 행복을 누릴 수가 있습니다. 물고기는 물 속에 있을 때 참된 자유를 누릴 수가 있습니다. 공중의 새는 창공에 날아다닐 때 참된 자유가 있습니다. 이 땅위를 살아가는 성도들은, 하나님의 자녀로서 산상설교가 가르치고 있는 천국 백성의 법대로 살아갈 때 진정한 기쁨과 행복이 있습니다. 하나님의 말씀은 무거운 짐이 아닙니다. 하나님의 말씀은 행복의 안내서요 축복의 보고입니다.

아브라함 링컨은 그의 친구에게 보내는 편지에서 이렇게 말했습니다. "나는 성경을 읽으므로 헤아릴 수 없을 만큼 소득을 얻고 있다. 이해할 수 있는 부분은 전부 그대로 받아들이고 이해할 수 없는 부분은 신앙으로 받아들인다면, 자네는 좀 더 나은 인간으로서 살아갈 수 있을 것이고 좀 더 나은 인간으로서 죽을 수 있을 것이다."

매일 아침, 우리가 산상설교를 읽고 그 말씀대로 살아간다면 우리는 행복하게 살아갈 수 있습니다. 하나님의 백성은 하나님과의 대화인 기도를 통해 하나님의 응답을 듣고 살아갈 때 행복한 생(生)을 살아갈 수 있습니다. 하나님의 말씀을 듣고 하나님과 영적인 기도의 교제를 계속할 때 성도의 삶은 행복으로 가득 찰 수 있습니다.

산상설교의 정신은 이웃을 사랑하고 원수를 사랑하는 것입니다.

진정한 행복은 내가 희생당하더라도 이웃을 사랑할 때 얻게 됩니다. 부모님들은 자녀를 키우기 위해 많은 희생을 합니다. 그러나 자녀가 잘 성장하여 잘 살면 부모는 행복함을 느낍니다.

홀레스 피터킨은 유복한 상인의 아들이었습니다. 그는 그리스도를 위해 자신의 모든 것을 다 바쳤습니다. 그는 선교사가 되어 중국으로 갔습니다. 그는 핍박을 당하면서 최선을 다해 복음을 전했습니다. 얼마 후 폭도들의 습격을 받았습니다. 선교사는 부녀자와 어린 아이를 보호하고 있었습니다. 폭도들은 선교사를 붙잡아 끌어내어 목을 잘라 죽였습니다. 그리고 그 목은 이교도의 궁전에 재물로 바쳐졌습니다. 그리고 그의 몸은 아홉 명의 중국인 성도의 시체와 함께 구덩이 속에 던져졌습니다. 이 사건을 후에 기록한 샤우드 에디는 "피터킨은 그가 살아서 구원의 길로 이끌었을 사람보다 죽음을 통해서 몇 배나 더 많은 사람들을 구원의 길로 인도했다."고 말했습니다.

성도 여러분, 나 자신은 희생하더라도 나를 핍박하는 사람들에게 그리스도를 전해 주는 그 사람은 진정한 행복을 소유한 것입니다.

대동강에서 복음을 전하다가 순교의 제물이 된 토마스 목사는 비겁하게 죄와 더불어 한 평생을 살아가는 사람과는 비교할 수 없는 더 큰 행복을 소유했을 것입니다. 한 평생을 복음과 그리스도를 위해 살았던 종교 개혁자 마틴 루터와 요한 칼빈은 무기력하게 인생을 살아가는 힘없는 성도들 보다 엄청난 행복을 소유했을 것입니다. 하나님의 말씀대로 살다가 일제시대나 6.25 전쟁 때 핍박을 당하고 순교의 제물이 된 믿음의 종들과 성도들은, 아직도 눈앞에 있는 자신의 유익과 사소한 문제 때문에 결코 희생할 줄 모르고 헌신할 줄 모르는 연약한 오늘날의 성도들보다 더 큰 행복과 감격을 가졌을 것입니다.

성도 여러분, 우리는 하나님의 백성입니다. 천국의 시민권을 가진 백성입니다. 이미 행복하게 되어 있는 사람들입니다. 행복할 수밖에 없는 사람들입니다. 참된 행복을 소유하는 약속을 받은 자들입니다. 그러므로 예수 그리스도께서 가르쳐 주신 산상설교대로 살아서 하나님께서 약속하신 참된 행복을 소유하는 성도가 되기를 바랍니다.

3. 그리스도인의 행복은 팔복대로 사는 것입니다.

갈릴리 호숫가 한 작은 언덕에는 예수님의 말씀을 듣기 위해 데가볼리, 예루살렘 등 유대와 요단강 건너편에서 찾아온 많은 사람들의 무리가 모여들었습니다. 그들은 진정한 행복을 추구하며 갈구하던 불쌍한 영혼들이었습니다. 기다리고 있던 수많은 청중들에게 예수님은 입술을 여시고 참된 행복에 관한 선포를 하셨습니다.

"복 되도다 심령이 가난한 자여…"

여덟 가지 행복에 대한 말씀을 선포하셨습니다. 이것을 팔복이라고 합니다(Beatitude). 이것은 어떤 사람, 어떤 인종, 어떤 민족에게도 해당됩니다. 남녀노소, 연령과 환경을 초월하여 해당됩니다.

'복 되도다'(μακαριος-마카리오스)는, 히브리어 אשר(아쇠르)에 대응한 말로서 주관적, 객관적으로 한 인간이 받는 축복된 상태를 말합니다. 마태복음에 나오는 '복이 있다'는 말은 종말론적인 축복을 약속하는 말입니다. 눈에 보이는 육체적인 안락을 뛰어 넘어 하나님 나라의 백성이 누리는 궁극적인 평안함과, 하나님의 다스리심을 직접 체험한 인간의 유복한 상태를 말합니다. 이 축복은 세상에서 누리는 불완전한 복이 아니라 가장 완벽한 축복을 말합니다.

팔복은 행복의 8가지 공식입니다. 팔복은 하나님의 자녀들의 특성, 즉 기독교인들의 특성을 보여주는 것입니다. 기독교인이라면 이 8가지 특성을 반드시 가져야 하는 행복의 열쇠라고 할 수 있습니다.

(1) "심령이 가난한 자는 복이 있나니 천국이 저희 것임이요"(5:3)

"심령이 가난하다"는 것은 자신을 비우는 것입니다. 가난한 사람은 힘이 없습니다(πτωχος-프토코스). 부자나 권력가들에 의해 경제적인 수탈을 당하고 사회적으로 억압을 당하는 힘없는 사람입니다. 그러므로 가난한 사람은 오직 하나님의 도우심을 의지할 수밖에 없습니다. 심령이 가난한 자는 자신의 영적인 파탄을 솔직히 시인하고, 하나님 앞에서 자신의 무가치함을 고백하며, 오직 하나님만 의지할 수밖에 없음을 솔직히 시인하는 사람입니다. 자신의 자만심을 믿지 않고, 가문이나 교육 수준, 재물, 권세를 믿지 않으면서 자신이 죄인임을 인식하는 마음입니다. "나는 죄인입니다. 나는 무가치합니다. 나는 공적이나 공로도 없습니다."라고 솔직하게 인정하는 마음이 바로 심령이 가난한 상태입니다.

이런 빈 마음에 천국이 임합니다. "천국이 저희 것임이요" 천국은 우리 그리스도인이 누릴 모든 특권과 내세의 영원한 축복을 말합니다. 심령이 비어 있고 가난한 사람에게 예수 그리스도가 찾아오십니다. 그리고 천국의 주인 되시는 예수님으로 채워질 때 참된 행복을 소유하게 됩니다.

(2) "애통하는 자는 복이 있나니 저희가 위로를 받을 것임이요" (5:4)

"애통한다"는 것은, 자신의 죄에 대하여 깊이 슬퍼하며 철저히 탄식하는 것을 말합니다. 동시에 다른 사람의 죄, 즉 국가와 사회의 악을 애통하는 것도 포함합니다. 우리는 먼저 내 자신의 부족함과 연약함, 그리고 자신의 허물과 죄를 애통해야 합니다. 이것은 하나님과 인간 사이를 갈라놓은 불의에 대한 애통이며, 도덕적인 부패에 대한 애통이며, 자신의 의(self righteousness)에 대한 애통이며, 하나님의 뜻을 진지하게 찾고 끝끝내 발견하려는 애통입니다.

이사야 선지자는 "화로다 나여 망하게 되었도다. 나는 입술이 부정한 자라"고 고백했습니다. 이것이 애통하는 자의 자세입니다. 사도 바울도 "오호라 나는 곤고한 사람이로다. 누가 사망의 법에서 나를 건져내랴?"라고 애통했습니다. 베드로는 "주여, 나를 떠나소서. 나는 죄인이로소이다"라고 애통하는 심령을 가졌습니다.

동시에 우리는 다른 사람들의 죄에 대해서도 애통해야 합니다. 대형 범죄와 사고를 볼 때, 부정과 사회악을 볼 때, 우리는 애통하며 슬퍼해야 합니다. 이 어려운 시대에 아직도 정신을 차리지 못한 사람들이 정치인들을 비롯해서 각계 요소 요소에 얼마나 많이 있습니까? 우리는 이런 사람들을 볼 때 애통해야 합니다.

미국의 윌슨 천문대에는 세계에서 제일 큰 이 백 인치가 넘는 망원 렌즈가 있는데, 이것을 통해서 별들을 아주 자세히 관찰한다고 합니다. 그런데 이 망원경으로는 사람의 심령도, 신비한 하나님의 세계도 볼 수 없습니다. 반면 신기한 하나님의 나라, 신령한 나라는 애통하는 눈물 렌즈를 통해서 볼 수 있습니다.

우리 주님은 말씀하셨습니다. "애통하는 자는 복이 있나니 저희가 위로를 받을 것임이요" 여기 "위로"란 말은, '곁으로'(παρα-파라)라는 말과 '부른다'(καλεω-칼레오)라는 말의 합성어입니다. 우리 하나님은, 이 세상에서 가진 소유물로 위로 받지 못하고 기쁨을 얻지 못한 애통하는 자를 가까이 부르시고 자비로우신 손길로 위로하십니다. 그리고 우리 하나님은 애통하는 자를 모든 죄에서 해방시켜 주십니다. 이 세상에서도 눈물을 씻겨 주시고 장차 새 하늘과 새 땅에서도 위로를 주실 것입니다. 우리 예수님도 애통하는 자의 길을 걸어가셨습니다. 진정한 행복은 애통하는 자에게 주어집니다.

(3) "온유한 자는 복이 있나니 저희가 땅을 기업으로 받을 것임이요"(5:5)

"온유"란 말은 'παρεις'(파레이스)인데, 소극적으로는 외형적인 폭력이나 잔인함에 반대하는 것이며, 적극적으로는 사랑으로 인하여 고통받고 그 고통을 오래 참음으로 인내하는 온화하고 부드러운 마음의 자세를 뜻합니다. 요한 칼빈은 "온유란 부드러운 마음으로 살며 노하기를 더디하며 절제할 수 있는 것이다"라고 말했습니다. 온유는 자만심과 자랑, 그리고 자기 권리를 주장하며 자신에게 관심을 가지는 것이 아닙니다. 온유는 타고나는 것도 아닙니다. 온유는 하나님 법에 순종하는 것입니다. 겸손한 자리에 앉는 것입니다.

모세는 가장 위대한 지도자였으나 세상에서 가장 온유한 자였습니다. 우리 예수님은 권력과 힘이 아닌 온유함으로 인류 구속의 역사를 이루시고, 마귀의 권세를 깨뜨리시고, 만국과 천국의 주인이 되셨습니다.

주님은 온유한 자는 "땅을 기업으로 받을 것"이라고 하셨습니다. 땅(γη-게에)은, 이 세상의 어떤 땅에 국한되는 것이 아니라 새 하늘과 새 땅을 말합니다. 시37:11에 나오는 약속의 땅입니다. 예수 그리스도를 믿고 그 분께 속해 있는 온유한 성품을 가진 하나님의 백성들은 모두 다 천국을 기업으로 받을 것입니다. 하늘의 축복과 땅의 모든 축복이 그리스도안에서 온유한 백성들에게 주어질 것입니다. 참 행복은 온유한 자가 소유합니다.

(4) "의에 주리고 목마른 자는 복이 있나니 저희가 배부를 것임이요"(5:6)

"의에 주리고 목마름"은 육적인 기근이나 기갈이 아니라 하나님의 말씀을 듣지 못하기 때문에 오는 심각한 영적 기근을 말합니다. 영적으로 거듭난 성도는, 이 세상의 먹을 것과 마실 것이 아닌 영적인 욕구에 주리고 목말라 하는 자들입니다. 주의 말씀을 사모하고 은혜를 항상 사모하며 찾는 자들입니다. 또한 의에 주리고 목마른 자는 사회적으로 하나님의 의가 이루어지기를 사모하며 갈망하는 자이며, 종말론적으로 이 세상의 불의를 파하시고 승리하시어 완전히 의로운 나라인 새 하늘과 새 땅을 이루실 것을 사모하는 자들입니다.

의에 주리고 목마른 자는, 오직 성령으로 충만하고 예수 그리스도를 사모하는 자입니다. 하나님의 백성인 그리스도인의 소원과 욕망은 죄인들이나 세상 사람들과는 다릅니다. 훨씬 더 고차원적입니다.

세상 사람들은 물질적이고 감각적이고 눈에 보이는 것을 사모하고 추구하나, 하나님의 백성들은 의를 사모하고 예수 그리스도를 사모합니다.

우리 하나님은 의에 주리고 목마른 자에게 영생의 생명수와 하늘 양식으로 배부르게 충족시켜 주십니다. 의를 구하고 사모하는 곳에 영혼의 만족함을 주십니다. 우리 주님은 말씀하셨습니다. "너희는 먼저 그의 나라와 그 의를 구하라 그리하면 이 모든 것을 너희에게 주시리라"(마 6:33) 하나님은 의로우신 예수 그리스도를 사모하는 자들을 만족시켜 주실 것입니다.

(5) "긍휼이 여기는 자는 복이 있나니 저희가 긍휼이 여김을 받을 것임이요"(5:7)

긍휼이 여기는 것은, 죄를 용서해 주는 것과, 고통을 당하는 자와 궁핍한 자를 동정하는 것을 말합니다. 긍휼이 여기는 것은, 시련을 당하는 자들을 깊이 동정하고 동참함으로 그들이 부담 없이 도움을 청할 수 있도록 하는 것입니다. 연민의 정과 동정으로 가득 찬 사람입니다.

어느 날 목사님이 구두를 닦으러 갔습니다. 시간이 없어 빨리 닦고 가려고 하는데 구두 닦는 소년이 너무 느리게 닦는 것이었습니다. 빨리 닦으라고 꾸중을 했더니 "죄송합니다. 오늘 처음으로 하는 일입니다. 어머니가 돌아가셔서 관 위에 꽃을 꽂으려고 이 일을 하는 것입니다. 죄송합니다."라고 하는 것이었습니다. 그리고 그의 눈물이 구두 위에 떨어져서 닦을 수가 없었습니다. 목사님은 그를 동정하고 불쌍히 여겼습니다. 그때 큰 깨달음이 있었습니다. "장차 주께서 내가 이 소년을 불쌍히 여기듯이 나를 긍휼이 여겨 주실 것을 소망한다."는 것입니다.

사랑하는 성도 여러분, 우리는 주 예수님으로부터 무한한 용서와 긍휼을 받았습니다. 이 사실을 바로 안다면 형제에게 긍휼을 베풀 수밖에 없습니다. 이런 사람들에게 주님은 긍휼을 베푸십니다. 긍휼이 여기는 자에게 참된 행복이 있습니다.

(6) "마음이 청결한 자는 복이 있나니 저희가 하나님을 볼 것임이요"(5:8)

"마음"은 헬라어로 'καρδια'(카르디아)인데, 신체 중심의 기관 또는 감정이나 사고의 중심지를 뜻합니다. 이 말은 인간의 지, 정, 의의 근본 원천을 가리키는 데 사용하였습니다. "청결하다"는 헬라어로 'καθαρος'(카싸로스)인데, 당시 유대교의 정결 의식에 사용된 용어로서 도덕적 또는 종교 의식적인 청결을 의미했습니다. 그러나 본문에서는 인간의 모든 사고와 행위의 원천인 마음을, 탐욕과 두 마음에서 해방시키고 정결케 하는 근본적이고 내적인 청결을 의미합니다.

청결한 마음은, 예수 그리스도로 인하여 죄사함을 받은 신실한 주의 백성으로 살아가는 성도의 마음입니다. 청결한 마음은, 순수하게 전적으로 하나님께 헌신하고 하나님을 제일로 여기는 마음입니다. 정결한 마음을 가진 성도는 두 마음을 품어서는 안됩니다. 정결한 마음을 가진 성도는 참 마음과 온전한 믿음을 가지고, 그리고 참 소망으로 성도의 교제를 돈독히 해야 합니다.

마음이 청결한 자는 하나님을 볼 것입니다. "볼 것이요"의 'οψονται'(옵손타이)는 '보다'라는 뜻의 'οραω'(호라오)의 미래형입니다. 이 'οραω'(호라오)는, '눈으로 보다'는 뜻인 'βλεπω'(블레포)와 '눈여겨보다'의 뜻인 'θεαομαι'(떼오마이)와는 달리, '경험을 통해서 보다', '실제적으로 보다'라는 뜻입니다. 사실 죄인인 우리는 하나님을 볼 수 없습니다. 보면 죽습니다(출 19:21; 33:20; 삿 6:22 등).

그러므로 "마음이 청결한 자는 하나님을 볼 것이요"라고 한 말씀은 큰 축복이 아닐 수 없습니다. 지금 우리는 신앙의 경험을 통해서 하나님을 봅니다. 신앙의 눈을 통해서 볼 수 있습니다. 즉 은혜의 역사를 통해서 우리는 하나님을 볼 수 있습니다. 그리고 장차 눈부신 광채와 영광 속에서 하나님을 직접 보게 될 날이 올 것입니다. 예수 그리스도안에 있는 우리들이 하나님을 볼 수 있다는 것이야말로 참된 행복이요 특권이 아니겠습니까?

(7) "화평케 하는 자는 복이 있나니 저희가 하나님의 아들이라 일컬음을 받을 것임이요"(5:9)

"화평"(ειρηνη-에이레네)은 히브리어로 שלום(샬롬)과 같은 말인데, 이 말은 개인의 안녕이나 국가간의 평화를 의미하는 말로 사용되었으나 근본적으로는 하나님과 인간과의 관계 회복으로 인한 궁극적인 평화를 의미합니다. "화평케 하는 자"(οι ειρηνοποιοι-호이 에이레노포이오이)는 화평을 만들어 가는 사람입니다(peace maker).

역사상 가장 완벽하게 화평을 실현하신 분은 바로 예수 그리스도이십니다. 예수님은 평화의 왕으로 오셨습니다. 하나님과 인간 사이에 죄로 인하여 가로막힌 불화를 깨뜨리시고 화평을 이루시기 위하여 자신의 생명을 십자가에서 죽기까지 내어놓으셨습니다.

주 예수 그리스도를 믿는 하나님의 자녀들은 화평케 하는 사람입니다. 화평을 깨고, 자꾸 분쟁을 일으키고, 시끄럽고 소란케 하는 것이 아니라, 화평을 만드는 사람이어야 합니다. 주 예수를 믿는 성도는 이미 화평케 하는 자로 부름을 받은 것입니다. 화평을 만들기 위해서는 예수 그리스도처럼 대가를 지불해야 합니다.

이때 하나님의 아들이라 일컬음을 받을 것입니다. 구약성경에서는 이스라엘을 하나님의 아들이라고 했습니다(신 14:1; 호 1:10). 화평케 하는 자는 하나님의 아들, 즉 하나님의 상속자(inheritor)가 됩니다. 롬 8:17에 "자녀이면 또한 후사 곧 하나님의 후사요 그리스도와 함께 한 후사니 우리가 그와 함께 영광을 받기 위하여 고난도 함께 받아야 할찌니라"라고 나옵니다. 화평을 만드는 사람은, 전능하신 하나님의 아들로 천국의 상속자로 불리는 이 신분을 받았으니 그가 바로 진정한 행복과 축복을 소유한 사람입니다.

(8) "의를 위하여 핍박을 받은 자는 복이 있나니 천국이 저희 것임이라"(5:10)

의를 위하여 핍박을 받는 것은 하나님의 계명을 지키기 위해서 고난을 받는 것을 말합니다. 또한 우상에게 절하는 것을 거부하며 불의와 타협하기를 거부하다가 고통을 당하는 것입니다. 하나님 나라와 복음의 확장과 진보를 위하여 진력하다가 어려움을 당하는 것이며, 예수의 이름 때문에 명예가 실추되고 사회적으로 정치적으로 경제적으로 통제를 받고 어려움을 당하는 것이 의를 위하여 핍박을 받는 것입니다. 한 마디로 의를 위하여 핍박을 받는 것은 의로우신 예수님 때문에 고통을 당하는 것을 말합니다.

세상은 진리를 미워함으로 길이요 진리되신 예수님을 싫어합니다.

이 세상은 불의와 죄악을 좋아함으로 그 나라와 그의 의를 구하며 살아가려는 우리 성도들을 싫어합니다. 그래서 우리 예수님이 당하셨던 것처럼 예수님을 따라간 많은 성도들도, 비웃음과 업신여김을 당하고 핍박을 받고 화형을 당했습니다. 예전에 앞서간 성도들에 비하면 약하지만, 지금도 예수님을 믿고 살아가는 성도들은 여러 가지로 어려움을 당할 수밖에 없습니다. 이것은 너무도 당연한 일입니다. 성경은 말씀합니다. "무릇 그리스도 안에서 경건하게 살고자 하는 자는 핍박을 받으리라"(딤후 3:12)

의를 위하여 핍박을 받은 자에게 주님은 축복을 선포하셨습니다. "천국이 저희 것임이라" 핍박과 박해의 시련 속에서도 의를 따라 주님 편에 선 사람은 천국을 소유할 것입니다. 즉, 왕이신 메시아 예수 그리스도의 나라에서 모든 은혜와 은사, 그리고 영광을 누릴 것입니다. 비록 이 세상에서는 빼앗기고 손해보고 아픔을 당했지만, 천국에서는 아무도 빼앗을 수 없고 빼앗기지 않는 놀라운 부요함과 풍성함과 축복으로 충만하게 될 것입니다.

이것이 바로 그리스도인만이 가질 수 있는 참된 행복, 영원한 행복이 아니겠습니까? 우리 주님은 우리가 가진 축복이 너무도 확실하고 풍요로운 것이므로 우리에게 핍박을 당할 때에 기뻐하고 즐거워하라고 하십니다.

"나를 인하여…"(마 5:11-12)

"나를 인하여"란 말은 예수님 때문에 핍박을 받는 것을 말합니다. 성도 여러분, 우리는 예수님 때문에 욕을 당합니다. 우리는 예수님 때문에 핍박을 받습니다. 사람들은 예수님 때문에 거짓으로 우리를 거스려 모든 악한 말을 합니다. 그런데 예수님은 이것이 "복 되도다"라고 하셨습니다. 오히려 주님은 기뻐하고 즐거워하라고 하셨습니다.

"기뻐하다"는 말은 'χαιρω'(카이로)인데, 마음속에서 일어나는 좋은 감정, 벅찬 기쁨의 상태를 말합니다. "즐거워하다"는 말은 'αγγαλιαω'(앙가리아오)인데, 외부로부터 넘치는 기쁨, 억제할 수 없는 역동적인 환희라는 뜻입니다. "기뻐하고 즐거워하라"는 말은, 마음속으로 기뻐할 뿐만 아니라 밖으로도 기쁨을 마음껏 표시하며 환호하라는 뜻입니다.

예수님의 제자들인 성도 여러분, 우리는 예수님 때문에 핍박을 받을 때 기뻐하고 즐거워 할 수밖에 없는 천국 백성들입니다. 그 이유는 하늘에서 상이 클 것이기 때문입니다. 이 상(μισδος-미스도스)은 무엇일까요? 바로 천국 자체가 상입니다. 우주의 왕이요 만왕의 왕이며 천국의 주인이신 우리 주님과 함께 주의 은혜 가운데서 영화롭게 사는 것 자체가 가장 큰 상입니다. 우리가 주님을 위하여 수고하고 애쓰고 바치는 모든 것과 주님을 위하여 받은 모든 핍박에 대해 영광스러운 상급이 주어질 것입니다. 그 상이 얼마나 좋고 영광스러운 것인지 우리가 정확하게 알 수도 없고 표현할 수도 없습니다. 우리가 완전히 이해할 수 없으나 분명히 영광스럽고 풍성하며 만족스럽고 기쁜 것입니다. 그래서 우리 주님은 하늘에서 너희의 상이 큼이라고 하셨습니다. 이 상을 바라보고 주를 위하여 핍박을 받는 자는 행복한 자입니다. 결코 손해 보지 않는 너무도 확실한 투자를 하는 사람들입니다.

성도 여러분, 우리 주님은 주를 위해 핍박당한 성도들을 기억하시고, 주를 위해 모든 것을 희생하고 끝까지 충성한 성도들에게 하늘에서 큰 상을 주실 것입니다. 이 확실한 천국의 상급을 위해 기쁨으로 투자하시는 성도가 되기를 바랍니다.

우리 주님은 우리가 핍박을 당할 때 기억해야 할 것을 말씀하셨습니다. 그것은 바로 우리 앞에 있던 선지자들도 다 핍박을 받았다는 사실입니다. 구약시대의 선지자들은 많은 핍박을 받았습니다. 예레미야는 채찍에 맞고 웅덩이에 갇혔으며, 여호야다의 아들 스가랴는 돌에 맞았고, 이사야는 톱으로 켜 죽임을 당했습니다. 다니엘은 사자 굴속에서, 사드락과 메삭과 아벳느고는 풀무 불 속에서 핍박을 당했습니다. 그러나 그들은 주를 위하여 핍박받는 것을 당연시했고 능히 감당해 내었습니다.

신약시대의 많은 사도들이 핍박을 당하여 순교의 제물이 되었습니다. 우리에게 예수님께서 선지자들이 고난을 당하셨다고 말씀을 해주시는 것은, 우리가 주님을 위해 어려움을 당하고 핍박을 받을때 "이 고난은 전혀 새로운 것이 아니다. 너희들만 당하는 것이 아니다. 우연히 일어난 것도 아니다. 불합리한 것도 아니다. 이것은 주님을 따르는 너희에게는 너무도 당연한 것이다."라는 것을 말씀해 주시기 위해서입니다.

주님의 제자는 주님을 위해 고난을 받으면서 기쁨으로 따라가도록 부름을 받은 자들입니다. 우리 성도들이 그리스도를 위해 고난을 받는 것은 그리스도께 충성하는 것입니다. 사실 그리스도를 위하여 고난을 받는 것은 기뻐해야 할 일이며, 주님의 특별한 부르심을 받은 자만이 누리는 은총의 표시입니다(Bonhoeffer). 이것은 천국 백성의 특성입니다. 이 사실을 알고 소유하는 성도야말로 참된 행복을 누리는 사람입니다.

사랑하는 성도 여러분, 참된 행복은 예수 그리스도안에 있습니다.

갈릴리 호수가 조그만 언덕에서 2천년 전에 선포하신 산상설교대로 사는 성도가 참된 행복을 누리며 사는 사람들입니다. 산상설교의 첫 부분인 팔복대로 사는 성도가 그리스도인의 행복을 누리는 성도입니다.

저와 여러분은 이미 그리스도안에서 참된 행복을 소유한 사람들입니다. 산상설교의 가르침대로 살 때 우리는 참된 행복을 누리게 됩니다. 우리는 예수 그리스도안에서 팔복의 말씀대로 살아서 날마다 순간마다 그리스도인의 진정한 행복을 확인하고 주님을 위해 핍박을 받는 것을 당연히 여기고 기뻐하고 즐거워하면서, 주님이 약속한 천국을 소유하고 하늘에서 받을 큰 상을 바라보며 천국 백성의 도를 따라 사는 행복한 성도가 됩시다. 아멘.

■ 산상설교 강해 2 ■

너희는 세상의 소금

(본문 / 마태복음 5:13)

우리 기독교인들은 참된 행복을 소유하며 살도록 되어 있습니다. 그리고 산상설교의 말씀대로 살 때 참된 행복을 소유할 수 있습니다. 그런 우리에게 팔복은 기독교인들의 본질을 말해 줍니다.

그러면 이제 구원받은 백성들, 즉 천국 백성들은 이 세상에서 어떻게 살아야 할까요? 성도는 지금 살고 있는 이 세상에서 어떻게 살며 어떠한 태도를 가져야 할까요? 이것이 중요합니다. 우리는 이 세상을 떠날 수는 없습니다. 어떤 경우라도 세상과 관계를 맺고 삽니다. 그러면 어떤 자세로 살아야 할까요?

예수님은 오늘 성경 말씀에서 "너희는 세상의 소금"이라고 하셨습니다. 이것이 세상에서 살아야 하는 기독교인의 기능이요 모습입니다.

옛날에는 소금을 아주 귀하게 여겼습니다. 소금($αλας$-알라스)은 고대 종교 세계에서 인내와 순결과 부패 방지를 상징하는 것이었습니다. 따라서 거룩한 제사에 사용되었고(출 30:35; 레 2:13), 하나님과 맺은 영원 불변한 언약에 연관되었습니다(민 18:19). 그리고 변함없이 귀한 일을 하는 사람을 '세상의 소금과 같은 사람이다'라고 말했습니다. 로마 사람들은 '태양과 소금보다 더 유용한 것은 없다'라고 했습니다. 기독 신자들은 천국의 백성들입니다. 비록 죄악이 가득 찬 세상에 살아도 하나님의 백성답게 살아야 합니다. 그것이 바로 소금과 같이 사는 것입니다.

1. 너희는 소금이다(5:13).

예수님은 "너희는 세상의 소금"이라고 하셨습니다. 여기서 "너희"라는 말이 중요합니다. 더 구체적으로 "너희만이 소금이다."는 말입니다. 따라서 "너희"는 하나님의 백성들, 예수님의 제자들, 예수 그리스도를 믿는 성도들을 말합니다. 이 세상의 모든 사람이 다 소금이 아니라, 하나님의 백성으로 고난 속에서도 믿음을 지키는 성도들만이 세상의 소금이라는 말씀입니다. 그러므로 소금된 하나님의 백성은 세상의 사람들과 신분이 다른 사람들입니다. "너희는 세상의 소금"이라는 말은 예수 그리스도를 믿는 우리들만이 세상의 소금이라는 말씀입니다.

그렇다면 이 세상은 어떻습니까? 세상은 부패되고 썩은 상태입니다. 한 마디로 소금이 필요한 세상입니다. 우리가 살고 있는 세상은 부패한 세상입니다. 여기에 대해 반론을 제기하는 낙관주의자들도 있습니다. 세상이 비록 부패하고 타락했지만 과학이 엄청나게 발달되고 있어서 괜찮다고 생각합니다. 우주를 개척하고, 해양 탐사 개발이 진행되고 있고, 식품이 개발되고, 의약품과 의술이 발달하고, 교육 수준이 향상되므로 사람들은 인격적으로 성장할 것이라고 합니다. 그러므로 세상을 너무 나쁘게 비관적으로 보지 않아도 된다고 합니다.

 과연 그럴까요? 분명 지식은 발달되고 있습니다. 엄청난 속도로 과학이 발달하고 있습니다. 그러나 아무리 좋은 약이 개발되어도 인간의 범죄로 인해 또 다른 병이 나타납니다. 그리고 지식이 발달되고 삶의 외적 수준이 향상되어도 인간은 더 부패하고 악해지고 있습니다. 그 증거는 바로 세계 대전입니다. 세계는 두 차례의 전쟁, 제1차 대전과 제2차 대전을 통해 인간이 얼마나 사악한가를 보여주었습니다. 전쟁 무기의 발달로 인해 본격적인 우주 전쟁(star wars)의 시대로 돌입했고, 앞으로 어떤 가공할 만한 사건이 터질지 모르는 위험 속에 우리는 살게 되었습니다. 핵우산 밑에서 살아가는 우리 인생들입니다. 지금도 세계 곳곳에서 전쟁과 무서운 테러가 자행되고 있습니다.

 사람들의 지식 수준과 문명은 발달하고 있는데, 부정과 부패는 더욱 커지고 그 뿌리를 볼 수 없을 정도로 깊습니다. 가정 파괴, 성범죄, 청소년 범죄, 살인, 강도, 사기, 그리고 사고들이 끊임없이 계속 일어나고 있습니다. 지구 한 쪽에서는 수백 만 명의 사람들이 굶주려 죽어 가고 있는데, 다른 한쪽에는 너무도 호화스럽게 허영과 탐욕과 방종 생활에 젖어서 동물같이 살아가는 무리들이 함께 존재하고 있습니다. 세상은 더 이상 영적으로, 도덕적으로 낙관할 수 없을 것 같습니다.

 이것은 역사적 교훈이 말해 줍니다. 성경은 노아 홍수 이전에 사람들이 시집가고 장가가고 먹고 마시고 했다고 묘사했습니다. 그 당시 사람들은 발달된 문화 속에서 허영에 사로잡혀 죄악이 하늘까지 상달될 정도로 부패했습니다. 그래서 하나님은 그들을 물로 심판하셨습니다.

소돔과 고모라는 너무나 부유하고 화려한 생활을 즐겼습니다. 하나님의 명령을 받고 들어간 천사들이 롯의 집에 머물자 무리들이 몰려와서 "그들을 끌어내라 우리가 그들과 상관하리라"고 하며 소리쳤습니다. 이 말은 '우리가 그들과 동성 연애를 하겠다'는 뜻입니다. 소돔과 고모라와 같은 고대 사회는 성도덕이 문란하고 타락되어 동성애가 활발하게 성행될 정도로 부패했었습니다. 하나님은 유황불로 그들을 심판하시고 사해 바다로 만들어 버렸습니다.

최고의 문명을 누리던 로마제국이 왜 멸망했습니까? 도덕이 무너지고 방종과 사치, 그리고 부정과 부패, 타락이 극을 이루자 무너지고 만 것입니다. 오늘날 우리가 살고 있는 이 시대는 최고의 문화와 문명을 자랑하는 시대가 아닙니까? 그런데 이 시대의 영적, 도덕적 수준은 어떻습니까? 더 음흉하고 지능적인 부정과 부패가 난무하는 시대가 아닙니까? 무자비한 살인과 파괴, 남녀들의 방종과 사치, 젊은이들의 범죄와 탈선, 청소년들의 비리가 얼마나 심각해지고 있습니까? 진실하게, 깨끗하게, 바르게 살려고 하는 사람을 우습게 보고 바보로 보는 시대가 아닙니까? 성도덕과 윤리관이 무너지고, 부정과 부패가 없는 분야가 사라진 시대입니다. 앞으로 기술 문명이 발달하면 할수록 영적인 타락과 도덕적인 타락은 더욱 악화되고 심화될 것입니다.

그런데, 이런 부패한 세상에 살아가고 있는 우리들을 향하여 "너희는 세상의 소금이다"고 말씀하셨습니다. 더 구체적으로 말하면 "너희들만이 이 세상의 소금이다. 왜냐하면 너희는 이 세상과는 다른 천국의 백성이기 때문이다. 그러므로 비록 힘들고 어렵더라도 고민이 되더라도 부패한 이 세상 속에서 소금의 사명을 할 사람은 너희밖에 없다"고 예수님은 말씀하신 것입니다. 그렇습니다. 우리 하나님의 백성들은 세상과는 분명히 다른 맛을 가진 사람들입니다. 세상의 맛과는 다른 맛을 내는 분명히 구별된 사람들입니다. 비록 이 땅에서 살아도 신분이 다른 사람들입니다.

안델센의 동화 가운데 미운 오리 새끼가 있습니다. 호숫가에서 살아야 하는 백조 새끼가 잘못되어 오리 새끼들과 같이 자라게 되었습니다. 생긴 것이나 하는 짓이 오리들과 다르자 오리 새끼들로부터 많은 구박을 받았습니다. 조롱도 받고, 미움도 받고, 구박도 받았습니다. 백조 새끼는 미운 오리 새끼였습니다. 그 이유는 오리와 백조는 본질이 달랐기 때문입니다. 오리가 백조가 될 수 없고, 백조가 오리가 될 수 없습니다. 생태적으로, 본질적으로 다르기 때문입니다. 긴 겨울이 지나고 봄이 돌아왔습니다. 완전한 백조의 모습을 갖춘 미운 오리 새끼는 다른 백조가 공중을 향하여 날아가는 모습을 보고, 또한 자기가 다른 오리 새끼들과는 전혀 다른 큰 이상한 날개를 가졌다는 사실을 알고, 그 날개를 펴고 몇 번 시도하다가 드디어 하늘을 향하여 날아올랐습니다. 오리 새끼들과 함께 뒹구는 땅에서 하늘로 솟아올랐습니다. 그리고 넓고 큰 호수에서 어엿하고 우아한 모습을 나타내며 살아가는 백조가 되었습니다.

사랑하는 성도 여러분, 저와 여러분은 비록 이 땅에 살아도 세상 사람들과는 본성적으로 신분이 다른 천국 백성들입니다. 그러므로 이 세상이 아무리 썩고 부패하더라도 우리는 하나님의 백성답게 소금 같은 생활을 해야 합니다. 즉 구별된 신앙 생활을 해야 합니다. 만왕의 왕이시며 천국의 주인이신 우리 주 예수 그리스도의 말씀대로 세상의 소금 된 삶을 살아가는 성도가 됩시다.

2. 소금의 기능

그러면 세상의 소금인 우리는 어떤 기능을 해야 합니까? 소금의 기능을 살펴봅시다.

(1) 소금은 부패를 방지합니다.

예수님 당시 갈릴리 지방에서 잡히는 생선은 소금으로 절여서 부패를 방지했습니다. 추운 지방에서도 돼지를 잡아 소금을 뿌려서 보관했습니다. 이스라엘 백성은 하나님께 예배를 드릴 때에도 성결케 하기 위해서 소금을 사용했습니다. 소제물에 소금을 뿌렸습니다(레 2:13). 번제물에도 소금을 뿌렸습니다(겔 43:24). 성전에서는 필수품입니다. 향과 섞어서 사용했습니다(출 30:35). 그리고 새로 태어난 아이에게 소금을 뿌렸습니다(겔 16:4).

하나님은 거룩하고 성결하신 분입니다. 그러므로 하나님께 반대되는 것은 모두 청소하고 깨끗하게 해야 합니다. 즉 소금을 가지고 해야 합니다. 기독교인은 세상의 부패를 막아야 하는 사람들입니다. 그래서 예수님은 하나님의 백성들을 향해서 "너희는 세상의 소금"이라고 말씀하셨습니다. 이 말씀은, 세상은 반드시 썩게 되어 있고 부패할 것이라는 뜻입니다. 그러므로 '너희들만이 이것을 막을 수 있다. 너희들이 소금이 되어 이 세상의 부패와 죄악을 막아야 한다'고 하신 것입니다.

그렇습니다. 이 세상은 자꾸 부패하고, 사람의 마음은 더 사악해지고, 방종하고, 음란하게 될 것입니다. 이것을 누가 막을 것입니까? 어떻게 막을 것입니까? 오직 주 예수 그리스도를 통하여 깨끗함을 받은 하나님의 나라 백성인 우리가 막아야 합니다. 무엇으로 막아야 합니까? 그리스도의 복음으로 막아야 합니다. 부패를 막는 소금이 바로 복음입니다. 소금은 아주 귀한 것이며 매우 유용한 것입니다. 그러므로 이 썩어 가는 세상에서 가장 소중하고 없어서는 안 될 것이 바로 복음입니다. 이 복음을 가진 하나님의 사람들이 세상에서 소금의 기능만 바로 한다면 부패는 막을 수 있습니다.

그런데 교회와 성도들이 소금의 기능을 바르게 하고 있는가 하는 문제가 발생합니다. 어떤 사람들은 교회나 성도들이 정치에 적극적으로 참여하여 세상을 변화시켜야 한다고 주장합니다. 그래서 가난과 억압에 눌린 사람들을 해방시켜야 한다고 주장하여 사람들을 선동합니다. 민중이 일어나고 민중이 중심이 되어서 사회를 변화시켜야 한다고 주장합니다. 그래서 어떤 단체는 국제 정치에 적극 가담하여 쿠데타를 일으키는데 자금 대주는 일을 해 왔습니다. 지난 세월 동안 교회가 정치 활동에 가담하여 결의안을 채택하고, 선언문을 작성하고, 집단 행동으로 실력을 발휘하기도 했습니다.

그 결과는 무엇입니까? 그 행동의 결과로 더 나아진 것이 있습니까? 지금 사회는 과거 어느 때보다 더 부패하고 썩어 가며 사람들의 마음은 악해졌습니다. 오히려 사회 정의를 외치고 행동했던 사람들이 부정과 부패에 연루되는 비극도 보았습니다. 부끄럽게도 대형 비리 사건과 부정 부패의 중심에는 기독교인들이 많이 있었습니다. 그들은 소금의 역할을 바로 하지 못했습니다.

성도 여러분, 교회의 근본적인 임무는 복음을 전하는 것입니다. 사회를 비판하고 불평하는 것이 우리의 사명은 아닙니다. 우리의 사명은 복음을 전하는 것입니다.

기독교인은 자신이 먼저 소금이 되어야 합니다. 그리고 주위를 변화시켜야 합니다. 교회가 말씀 속에서 바로 서고, 회개하고, 기도하고, 전도 운동을 일으켜서 소금으로서의 사명을 다하기 위해서 애쓰고 노력해야 합니다. 이렇게 영적 운동을 일으킬 때 많은 사람들이 예수 그리스도를 영접하고 변화될 것입니다. 복음으로 변화된 사람들이 사회 각 요소에서 소금의 사명을 잘 감당할 때, 사회악은 저절로 제거될 것입니다.

영국이 산업 혁명으로 인해 문명이 발달하자 거기에 비례하여 사회가 부패하고 타락하기 시작했습니다. 그때 젊은 요한 웨슬레를 비롯한 기독교 청년들이 사회를 변화시키기 위해 영적 구원 운동을 시작했습니다. 그들은 규칙적으로 모여서 기도하고 말씀을 연구했습니다. 그들의 기도와 말씀 운동이 점점 확산되어 음주, 비행, 음란으로부터 사람들을 구원하는 감리교 운동이 일어나게 되었습니다. 웨슬레를 비롯한 기독 청년들이 소금의 사명을 잘 감당할 때 개혁이 일어난 것입니다.

평안북도 선천에 기독교가 왕성해지고 그들이 소금의 사명을 감당했을 때, 선천 시장에는 주일이 되면 장이 설 수 없었습니다. 그 이유는 선천 시장의 대부분의 상인들이 독실한 기독교 신자들이었기 때문입니다. 주일날 문을 다 닫아 버렸으므로 장사를 할 수가 없었습니다.

요즘은 존경받는 정치인들이 아주 귀한 시절입니다. 전혀 없다는 것이 아니고 드뭅니다. 고 정일형 박사는 국회의원 8선의 관록을 가진 정치인으로 많은 존경을 받았던 분입니다. 그 분은 박정희 대통령 독재를 반대하다가 국회 의원직에서 제명 당하기도 했습니다. 이 분은 7살 때부터 고학으로 공부를 시작했습니다. 예배당의 새벽종을 치면서 소년 시절에 우유 배달을 하며 고학을 했습니다. 하나님의 도우심으로 미국 드류 대학교에 유학을 가게 되었고 거기서 7년을 공부하여 철학 박사 학위를 얻었습니다. 그 분은 평생 술, 담배, 여자를 멀리했고 항상 가정 중심으로 살았으며 주일에는 교회에서 거룩하게 예배드리며 살았습니다. 그는 영국 신사로 알려졌고, 부패한 정치 사회 속에서도 청교도의 정신과 개척자의 삶을 통해서 소금의 사명을 잘 감당하여 많은 존경을 받은 정치인으로 살았습니다.

성도 여러분, 중요한 것은 '내 자신이 얼마나 소금 된 생활을 하느냐?' 여기에 달려 있습니다. 우리 예수님은 우리를 향하여 "너희는 세상의 소금이다. 이 썩어져 가는 세상을 너희가 막아라"고 명령하셨습니다. 그런데, 왜 이 세상이 썩었습니까? 먼저, 믿는 우리 기독교 신자들이 소금된 생활을 하지 못했기 때문입니다. 왜 사회가 혼란스럽고 무질서합니까? 소금의 기능이 상실되었기 때문입니다. 사회 모든 분야에 부정과 부패가 난무하는 것은 누구의 책임입니까? 소금된 우리 성도들이 바로 살지 못했기 때문입니다.

사실, 주위 모든 곳을 살펴보아도 부패하지 않은 곳이 없을 정도로 다 썩어 있는데, 우리 신자들만 소금으로 산다는 것은 보통 힘든 일이 아닙니다. 그러나, 주님은 우리를 향해서 "너희는 세상의 소금"이라고 하셨습니다. 왜냐하면 부패를 막기 위해서는 소금이 꼭 필요하기 때문입니다. 이미 우리는 본질적으로 소금된 백성입니다. 소금의 사명은 영광스러운 것입니다.

성도 여러분, 우리의 생활 속에, 우리의 대화 속에, 우리가 가는 곳마다 부정과 부패가 멈추고, 불경건하고 추한 것들에 제동이 걸리고, 썩는 것을 막는 소금된 하나님의 백성이 됩시다.

(2) 소금은 맛을 냅니다.

소금의 기능 중 아주 중요한 것은, 맛을 내는 것입니다. 소금을 치지 않는 음식은 맛이 없습니다. 우리는 소금의 소중함을 잊기 쉽습니다. 그러나 음식에 소금이 없으면 맛이 없게 된다는 것을 직접 실감해 보면 소금의 중요성을 알 수 있습니다.

옛날 어느 나라 임금님에게 세 공주가 있었습니다. 하루는 이 세 공주들을 불러서 왕이 "너희들은 나를 얼마나 사랑하느냐?"고 물어 보았습니다. 첫째 공주는 "이 세상의 모든 황금보다도 더 아버지를 사랑합니다"라고 대답했습니다. 아버지가 아주 만족스러웠습니다. 둘째 공주는 "나는 세상의 모든 은보다 더 아버지를 사랑합니다"라고 대답했습니다. 아버지는 역시 기분이 좋았습니다. 마지막 셋째 막내는 아버지가 특별히 사랑하는 딸이었습니다. 그래서 가장 좋은 대답을 기대하고 있었는데, 이 막내 공주가 하는 말이 "나는 아버지를 이 세상의 모든 소금보다 더 사랑합니다"라고 대답을 했습니다. 왕은 아주 섭섭하여 실망을 했습니다. 그때 궁중의 요리사가 이들의 이야기를 들었습니다. 그 다음날 아주 훌륭한 요리를 준비하여 임금에게 바쳤는데, 그 요리에는 소금을 전혀 넣지 않았습니다. 왕이 음식을 먹어 보니 너무 맛이 없고 싱거워서 먹을 수가 없었습니다. 이 훌륭한 요리에 소금을 치지 않았다는 사실을 알고 나서야 임금은 소금이 얼마나 중요한가를 새삼 깨달았고 막내딸이 한 말의 의미를 알게 되었다고 합니다.

예수님은 우리를 향해서 "너희가 세상의 소금이다"라고 말씀하셨습니다. 다르게 말하면 "너희가 세상 사람들에게 참된 맛을 보여 주라"는 것입니다. 세상의 많은 사람들은 맛을 찾아서 헤매고 있습니다. 그래서 여행을 떠나고 스포츠를 즐깁니다. 그런데 세상이 있는 것들은 일시적으로 만족을 줄 수 있으나 얼마 못 가서 맛이 변합니다. 기독교의 복음은 소금과 같습니다. 세상에서 만족을 누리지 못하고 무미건조하게 살아가는 사람들에게, 복음은 참된 맛과 행복을 줍니다.

① 소금은 뿌려져야 합니다.
작은 덩어리의 소금은 뿌려지고 흩어져야 합니다. 소금 덩어리가 한 곳에만 모여져 있어서는 맛을 내지 못합니다. 레위 지파 사람들은 이스라엘 모든 곳으로 흩어져서 하나님의 말씀을 전했습니다. 우리 신자들도 어느 곳으로 가든지 맛을 내는 소금이 되어야 합니다.

예수님께서 하루는 산 위에 올라가셔서 그 모습이 변화되셨습니다. 해보다 더 밝고 찬란하고 영광스러운 모습으로 변하자 베드로가 놀라고 흥분되었습니다. 그래서 말했습니다. "주여 여기가 좋사오니 제가 초막을 짓겠나이다" 산 위에서 살자는 것입니다. 그때 예수님은 베드로에게 "산 아래로 내려가자"고 하셨습니다. 썩어져 가는 세상으로, 고난과 핍박이 있고 부패하여 썩어 가는 세상으로 내려가자고 하셨습니다.

성도 여러분, 우리가 있는 곳이 어디든, 우리가 가는 곳이 어디든, 내가 있는 그 장소와 분야에서 소금의 맛을 내는 성도가 되어야 합니다.

② 소금은 희생되어야 합니다.
다시 말하면 소금은 녹아야 그 맛을 낼 수 있습니다. 소금 덩어리 그대로 있어서는 소금의 맛을 낼 수가 없습니다. 우리 신자들도 자신이 녹아지고 희생되어야 참된 맛을 냅니다. 한 알의 씨앗이 땅에 떨어져 죽고 희생되어야 30배, 60배, 100의 열매를 얻습니다. 믿음

의 증인들은 모두 자신이 희생됨으로 맛을 낸 사람들입니다.

우리가 기억해야 할 것은, 산상설교에서 예수님께서 강조하신 것은 교회가 단체적으로 정치에 참여하여 시위하고 소리를 지르는 것이 아닙니다. 교회가 국가의 경제 문제를 의논하고 참여하라는 말씀이 아닙니다. 산상설교는 하나님의 백성 개개인이 천국 백성으로서 어떻게 해야 할 것인지를 강조하신 말씀입니다. 즉, 세상의 소금으로 세상에서 참 맛을 내는 사람이 되어야 한다는 것입니다. 그러므로 우리는 개개인이 정치인으로 나라 일에 참여하고, 경제인으로 봉사할 수 있습니다.

어떤 사람은 질문합니다. 구약시대는 교회와 정치가 일치했다는 것입니다. 물론 구약시대에는 교회와 국가가 구별이 없었습니다. 이스라엘은 신정주의 국가였습니다. 이스라엘 전체가 하나의 교회였습니다. 그러나 신약시대에 와서 정치와 교회는 분리되었습니다. 사도 바울을 비롯하여 사도들은 로마의 폭군 정치 아래에서 시위나 항의를 하거나, 결의안을 채택하고, 체제 타도를 위한 물리적인 행사를 하지 않았습니다. 온 교회가 기도하면서 하나님의 때를 기다렸습니다.

우리도 개인적으로는 정치에 참여하여 훌륭한 기독교인 정치인들이 나오고, 사회 지도인사들이 나와야 합니다. 문제는 우리 한 사람이 얼마나 소금의 맛을 낼 수 있는가 하는 것입니다. 얼마나 숭고한 희생정신으로 일하느냐에 따라서 사회가 변화되고 사람들이 변화됩니다. 교회 안에서 말씀으로 변화된 성도들이 사회에 나가서 소금의 사명을 잘 감당할 때 이 사회는 변화될 수 있습니다. 노예제도를 폐지한 것도 기독교인에 의해 된 것이요, 근로법을 제정한 것도 기독교인에 의해 된 것이요, 민주정치를 발전시킨 것도 기독교인에 의해

된 것임을 기억해야 합니다.

　　태평양 하와이 군도 8개 섬 중에 가장 큰 몰로카이섬에 문둥병자들이 살고 있었습니다. 거기에 화란 사람 다미엔 신부가 복음을 들고 들어갔습니다. 그는 결심했습니다. "우리를 위하여 생명을 바치신 예수님처럼 이 불쌍한 섬 사람들을 위해 봉사하며 기꺼이 나의 생명을 바치겠다." 그러나 처음에는 복음이 전파되지도 않았고 섬사람들의 호응도 얻지 못했습니다. 그래서 그는 하나님께 자신이 문둥병자가 될 수 있도록 기도했고 10년 되던 해에 그는 문둥병자가 되었습니다. 그때부터 그는 "나의 형제들이여"라고 부르지 않고, "우리 문둥병자들이여"라고 부르면서 16년간 눈물로 말씀을 가르치고 그들을 치료해 주며 기도해 주었습니다. 그리고 1886년 4월 15일 그는 거룩한 생을 마쳤습니다.

　　다미엔은 나환자들을 위해 뿌려진 소금이었습니다. 자신의 생을 완전히 소금과 같이 녹이는 희생의 생활로 바쳤습니다. 그의 희생적인 소문이 전 세계에 전해지자 나환자들을 위한 구호 사업이 본격적으로 촉진되었고 큰 열매를 얻게 되었습니다. 웨일즈 왕 에드워드 7세는 다미엔 신부의 기념식에서 "다미엔 신부는 그의 생명을 그리스도께 바쳤고, 그의 몸은 칼라와크의 문둥병자들과 함께 묻혀 있다. 다미엔 신부 자신은 자기의 희생이 수천의 영혼을 하나님 앞으로 인도하는 나팔 소리가 되리라고는 별로 생각하지 않았을 것이다. 그러나 사실은 그렇지 않았다. 아무리 단순하다 할지라도 그것이 하나님과 사람 사랑에서 우러난 일이라면, 그 결과가 얼마나 클 것인가는 가히 측량할 수도 없다."고 말했습니다. 다미엔의 일생 모토는 "내가 병들었을 때 돌아보았고"였습니다. 그는 훌륭한 소금이었습니다. 완전히 희생된 소금으로 그리스도의 복음과 사랑을 나환자들의 가슴속에 심어 주었습니다.

성도 여러분, 오늘날 부패한 세상 속에서 참 맛을 모르고 살아가는 사람들에게 "너희는 세상의 소금"이라는 영광스러운 사명을 받은 우리 성도들이 맛을 내는 소금이 됩시다. 그래서 우리가 뿌려진 모든 생활 영역에서 녹아지고 희생하여 그리스도의 맛을 내고 복음의 맛을 전해 주는 성도가 됩시다.

③ 맛 잃은 소금은 아무런 소용이 없습니다.

맛을 잃어버린 소금은 이미 소금이 아닙니다. 맛을 잃어버린 소금은 어느 곳에도 소용이 없습니다. 맛을 잃어버린 변질된 소금은 아무 것도 할 수 없습니다. 이처럼 맛을 잃어버린 성도는 무익합니다. 맛을 잃어버린 성도는 은혜가 떨어진 사람이요, 불필요한 사람이요, 아무런 유익이 없는 사람입니다. 맛을 잃어버린 소금은 아무 데도 쓸모 없어 바깥에 던짐을 당하고, 사람들의 발에 짓밟힘을 당합니다. 맛을 잃어버린 신자는 교회 안에서 인정받지 못합니다. 맛을 잃어버린 신자는 신실한 교제에서 쫓겨납니다. 맛을 잃어버린 신자는 사람들의 발 밑에서 밟히게 됩니다. 맛을 잃어버린 신자는 조롱 거리가 되고 손가락질을 당하다가, 결국 불필요한 사람이 되고 복음을 막는 사람이 됩니다.

유대인들은 그들 중에 타락했던 사람이 다시 회개하고 돌아오면 회당 문 앞에서 사람들이 자기 위를 밟고 지나가게 하고 "사람들이 지나갔다."라고 큰 소리를 외친 후, "나는 맛 잃은 소금이니 나를 밟고 지나가시오."라고 소리쳤다고 합니다. 맛 잃은 성도는 소용없는 소금과 같습니다.

에베소 교회는 처음 사랑을 상실하여 폐허가 되고 말았습니다. 라오디게아 교회는 차지도 않고 덥지 않고 미지근하여 맛을 상실함으로 책망을 받았습니다. 가룟 유다는 주님을 배반하고 맛을 잃어버림으로 12사도의 영광스러운 직분을 빼앗겼습니다. 사울 왕은 교만하고 불순종함으로 이스라엘의 왕의 자리를 상실하고 말았습니다.

어떤 상인이 20년이나 사용할 수 있는 많은 소금을 사서 마루가 깔리지 않는 창고에 쌓아 두었습니다. 그런데 얼마 후에 보니 땅 바닥에 쌓아 두었던 소금은 못쓰게 되었습니다. 할 수 없이 맛을 잃어버린 소금을 바깥에 버릴 수밖에 없었습니다. 이것은 기독교인이 너무 세상과 가까이 하게 되고 하나님과 멀리 떨어져서 생활하면, 맛을 잃어버린 소금과 같이 다른 사람을 도와줄 수 없을 뿐만 아니라 자신도 부패하고 맛을 잃어버려 바깥에 버림을 당한다는 것을 보여 줍니다.

성도 여러분, 우리는 하나님의 영광을 나타내며 살아야 하는 하늘나라의 백성이요, 세상의 소금과 같은 성도들로 소금의 맛을 상실하는 무용한 사람이 되지 말아야 합니다. 우리 예수님은 갈릴리 호숫가 나지막한 동산에 모여든 무리들에게 "너희는 세상의 소금이다"라고 말씀하셨습니다. 본질적으로 우리는 소금과 같은 사람입니다. 그런데 가장 완벽한 소금의 삶을 사신 분이 바로 우리 주 예수님이십니다. 예수 그리스도가 가는 곳마다 부정과 부패와 밝혀졌고, 어두움에 빛을 비추어 주셨습니다. 예수 그리스도가 가는 곳마다 죄인들이 회개하고 돌아섰습니다. 그리고 삶의 맛을 잃어버린 많은 사람들이 새롭게 변하는 역사들이 일어났습니다. 예수님은 소금이 맛을 내기 위하여 녹아야 하듯이, 갈보리 산 십자가 위에서 자신의 생명을 희생하심으로 우리를 향한 구원의 역사를 이루셨습니다.

이 세상은 썩기 마련이고, 이 부패를 막는 사람은 소금인 신자들뿐입니다. 그리고 참 삶의 맛을 잃어버린 사람들에게 영생과 구원의 맛을 주는 것은, 복음을 들고 나가는 천국 백성인 우리 성도들입니다. 문제는 우리가 얼마나 소금된 생활을 하느냐 하는 것입니다. 부패하고 썩은 이 세상에서 소금의 기능을 다한다는 것은 무척 힘들고 어렵습니다.

그러나 만왕의 왕 되신 주님의 크신 은혜로 천국 백성으로 부름받은 우리들은 이 영광스러운 사명에 자부심을 가지고 잘 감당할 수 있도록 날마다 주님을 바라보고 기도해야 합니다. 그래서 성령의 충만함을 받고 말씀으로 무장하여 소금의 맛을 내야 합니다. 이 세상의 부패를 막고 복음의 참 맛을 내어서 사람들에게 유익을 주고 세상의 소금으로 사명을 능히 감당해 내는 성도가 되시기를 바랍니다. 아멘.

▨ 산상설교 강해 3 ▨

너희는 세상의 빛

(본문 / 마태복음 5:14-16)

유대인들은 예루살렘을 '이방인의 빛'이라고 부릅니다. 그리고 유명한 랍비는 '이스라엘의 등불'이라고 부릅니다. 그런데 예수님은 산상설교에 제자들을 향하여 "너희는 세상의 빛이다."라고 말씀하셨습니다. 이 세상에 빛으로 오신 예수님은 그의 제자인 우리들에게 "너희는 세상의 빛"이라고 말씀하십니다. 하나님의 백성들, 즉 구원 받은 하나님의 자녀들은 당연히 세상의 소금이 되고 세상의 빛이 되어야 한다는 말입니다. 이 세상은 빛이 필요한 곳입니다. 빛을 발해야 하는 세상입니다. "너희는 세상의 빛"이라는 말씀이, 이 시대를 살아가는 우리에게 어떤 가르침인가를 생각해 보아야 합니다.

1. 우리는 세상의 빛입니다(5:14).

예수님은 "너희는 세상의 빛"이라고 말씀하셨습니다.

(1) 이 세상은 어두운 곳입니다.

우리가 살고 있는 이 세상은 어둡기 때문에 빛이 필요합니다. 이 세상은 밝은 면보다 어두운 면이 더 많습니다. 일간 신문을 보십시오. 정치, 경제, 사회, 문화면이 어떤 기사로 채워져 있습니까? 밝고 희망적인 기사가 많습니까? 아니면 어둡고 우울하게 하는 기사가 많습니까?

어떤 사람들은 주장하기를 이 세상의 어두움이 많이 밝아졌다고 말합니다. 예를 들어, 중세기의 어두운 세계가 르네상스를 통해 휴머니즘이 발달하여 자유와 평등사상이 고조되고, 표현의 자유를 마음껏 누리는 세상이 됨으로 많이 밝아졌다고 합니다. 18세기 계몽주의(Enlightment)의 영향으로 과학이 발달하고, 의학이 발달함으로 세상이 아주 편리해지고 밝아졌다고 합니다.

문예부흥과 계몽주의가 인간에게 지식의 발달을 가져다 준 것은 사실입니다. 사물에 대한 지식이 발달하고 과학적인 지식을 얻게된 것도 사실입니다. 그러나 동시에 성경이 도전 받기 시작했습니다. 인간의 철학, 사상을 하나님의 계시 이상으로 취급하게 되었습니다. 이런 것들은 인간 생애에 대한 생물학적인 지식에 불과합니다. 세상이 더 부패하고 어두워져 가고 있다는 사실이 그 증거입니다. 사람들의 지식이 발달하고 과학이 발달했다고 자랑하면서, 왜 핵무기는 가공할 정도로 발전되고 있습니까? 왜 가정이 더 많이 파괴되고 있습니까? 왜 인간들이 잔인해지고 있습니까? 왜 썩지 않는 분야가 없을 정도로 다 썩어 버렸습니까? 왜 그럴까요?

세상이 어두워졌기 때문입니다.

왜 세상이 어두워졌습니까? 그것은 인간의 심령이 부패했기 때문입니다. 즉, 죄 때문입니다. 다른 말로 하면, 창조주 하나님과의 관계가 잘못되었기 때문입니다

믿음의 사람 사도 바울은 2천년 전에 이 세상에 나타날 징조들을 예언했습니다. 딤후 3:1-5에 "네가 이것을 알라. 말세에 고통 하는 때가 이르리니 사람들은 자기를 사랑하며 돈을 사랑하며 자긍하며 교만하며 훼방하며 부모를 거역하며 감사치 아니하고 거룩하지 아니하며 무정하며 원통함을 풀지 아니하며 참소하며 절제하지 못하며 사나우며 선한 것을 좋아하지 아니하며 배반하여 팔며 조급하며 자고하며 쾌락을 사랑하기를 하나님 사랑하는 것보다 더하며 경건의 모양은 있으나 경건의 능력을 부인하는 자니 이 같은 자들에게서 네가 돌아서라."라고 말씀합니다.

너무도 오늘날의 형편과 똑같지 않습니까? 그러므로 이 어두운 세상을 밝힐 빛이 있어야 합니다. 이 세상은 어둡기 때문에 빛이 필요합니다. 빛이 있어야 어두운 세상을 밝힐 수 있습니다.

(2) 그래서 주님은 우리를 향해서 '너희가 세상의 빛'이라고 하셨습니다.

이 말씀은 '너희만이' 세상의 빛이라는 뜻입니다. 이 어두운 세상에 빛을 비추어야 하는데 누가 비출 것입니까? 세상의 빛을 비추는 사람은 누구일까요? 철학자, 지식인, 정치인, 권력자, 부자가 아닙니다. 예수님은 "너희가 세상의 빛"이라고 말씀하셨습니다. '너희 기독교인들만이 세상의 빛이다' 라고 하신 말씀입니다.

왜 그렇습니까? 우리는 비록 이 땅에 살아도 천국의 시민권을 가

진 하나님의 나라의 백성들이기 때문입니다. 그러므로 하나님과 인간 사이의 근본적인 문제를 바로 압니다. 즉, 인생이 어디서 왔으며, 어떻게 살다가, 어디로 갈 것인가와 같은 인생의 근본 문제를 바로 아는 사람들이기 때문입니다.

우리 예수님은, 그 당시 세상 사람들의 눈으로 볼 때 별로 보잘 것 없고 갈릴리 호수가 출신이 대부분이었던 제자들에게 "너희만이 세상의 빛이라"고 말씀하셨습니다. 그리고 오늘날 우리들에게 "너희 신자들만이 이 세상의 빛이다"라고 말씀하십니다. 이것은 대단히 영광스러운 일이며 놀라운 일입니다.

세상에는 소위 엘리트층들이 많고 세속의 표준으로 볼 때 우리보다 훨씬 더 똑똑하고 뛰어난 사람들이 많은데, 우리 주님은 우리들을 향해서 '너희만이 이 썩어져 가는 세상의 빛이다'라고 하셨습니다. 우리 주님은 이 세상의 어두움을 비추는 빛으로 우리들을 전적으로 선택하셨습니다. 우리가 어떻게 이 세상의 빛이 될 수 있습니까? 우리의 힘으로는 결코 될 수 없습니다. 오직 예수 그리스도로 말미암아 되는 것입니다.

우리 예수님은 자신이 이 세상의 참 빛으로 오셨습니다. 요 8:12에 "나는 세상의 빛이다."라고 하셨습니다. 요 1:4에 "그 안에 생명이 있었으니 이 생명은 사람들의 빛이다."라고 하셨습니다. 우리는 예수 그리스도로 말미암아 지음 받은 사람들입니다. 전에는 어두움의 아들이었으나 이제는 예수 안에서 빛이 되었습니다. 요 1:12에 "영접하는 자 곧 그 이름을 믿는 자들에게는 하나님의 자녀가 되는 권세가 주셨으니"라고 하셨습니다. 우리는 예수 그리스도를 믿음으로 하나님의 자녀, 곧 빛의 자녀가 되었습니다. 이 빛은 내 빛이 아니라 주 예수 그리스도의 빛입니다.

달은 자신의 빛을 스스로 내는 발광체가 아닙니다. 태양의 빛을 반사합니다. 우리 그리스도인들도 예수 그리스도로부터 빛을 받아 그것을 반사합니다. 이 빛은 늘 비쳐져야 합니다. 하나님의 자녀들은 계속 어두움을 밝히는 빛이 되어야 합니다. 잠시 비치다가 빛을 상실해 버리고 어두워져서는 안됩니다. 하나님의 자녀들 가운데도 잠깐 환하게 비치다가 다시 어두운 그림자로 덮여 버리는 사람들이 있습니다.

그런데 기억할 것은 예수님은 "너희는 세상의 소금이다."라고 먼저 말씀하신 후, "너희는 세상의 빛이다."고 하셨습니다. 이 순서가 중요합니다. 우리는 먼저 소금이 되어야 합니다. 그래서 부패를 방지하고 맛을 제공해야 합니다. 즉, 내적인 변화가 먼저 있어야 합니다. 그 다음에 외적으로 드러나야 합니다. 속 사람이 변화된 다음에 바깥이 변화되어 생활에 빛을 발해야 하는 것입니다. 우리가 먼저 소금이 되어 완전히 변화한 다음에, 나의 생활이 빛으로 나타나야 합니다. 그래서 주님께서는 "너희는 세상의 소금"이라고 말씀하신 다음에, "너희는 세상의 빛"이라고 말씀하신 것입니다.

2. 그러면 빛의 기능은 무엇입니까?

빛은 어두움을 밝힙니다. 세상이 어두우면 어두울수록 빛은 더욱 빛을 발합니다. 저는 리빙스톤의 발자취를 찾아서 아프리카 광야를 달려 본 적이 있습니다. 밤중에 달려가는데 가도 가도 어두움의 연속이었습니다. 집도 없고 달리는 차도 없었습니다. 그 때 칠흑같이 어둡고 캄캄한 밤에 저 멀리 빛이 하나 나타났습니다. 자동차의 불빛이었습니다. 그런데 아무리 달려가도 그 빛은 그대로였습니다. 한참 후에 그 차가 옆을 아주 빠른 속도로 지나갔습니다. 제가 처음 빛을 발견했을 때 그 차는 정말 멀리 떨어진 곳에 있었습니다. 저 멀리서도 조그만 빛은 밝게 비추고 있었습니다. 한 마디로 빛은 어둠을 밝히고 그 속에 있는 것을 다 드러냅니다.

예수님이 사셨던 팔레스틴의 가옥은 지름이 50cm도 안 되는 작고 둥근 창문 하나만 있어 대단히 어두웠습니다. 그래서 등잔불을 사용했습니다. 이 등잔은 깊은 접시 모양인데 그 안에 기름을 붓고 심지를 담가 둡니다. 성냥이 없던 시대이므로 불이 한 번 꺼지면 다시 켜는 것이 쉽지 않았습니다. 그리고 외출할 때는 등잔불을 등잔대 밑에 흙으로 만든 말 아래에 두었습니다. 그리고 돌아와서 불을 켤 때는 말 아래에서 다시 등잔을 올려놓았습니다.

빛은 어두움을 밝히는 역할을 합니다. 예수님은 자신이 세상의 빛으로 오셔서 어두운 것을 노출시키셨습니다. 예수님은 죄를 지적하셨습니다. 부정 부패를 규탄하셨습니다. 악행을 책망하셨습니다. 예수 그리스도 앞에서는 모든 것이 다 드러났습니다.

어두운 곳에는 항상 범죄가 있으며 죄악이 성행합니다. 이 어두움을 밝혀야 합니다. 빛을 비추어야 합니다. 그런데 세상 사람들은 어두움을 좋아합니다. 예수님 당시의 사람들은 빛으로 오신 예수님을 미워했습니다. 바리새인, 사두개인, 서기관, 제사장들 모두가 예수님을 미워했습니다. 그들은 예수님을 미워하고 나중에는 죽이려고 했습니다.

왜 그렇게 했습니까? 그것은 자신들이 어두움에 속해 있었기 때문에 너무도 순결하고 거룩하신 예수님, 세상의 빛으로 오신 예수님을 미워한 것입니다. 예수님의 말씀과 인격과 생활이 빛을 비출 때 그들의 어두운 죄악을 다 드러내 비추었으므로 예수님을 미워하고 싫어했습니다. 결국 그들은 예수님을 모함하고 십자가에 달리도록 선동했습니다.

그런데 예수님은 우리를 향하여 "너희가 세상의 빛"이라고 말씀하십니다. 이것은 '너희가 이 세상의 어두움을 비추는 빛이 되라'는 뜻입니다.

그러면 어떻게 해야 빛을 발할 수 있습니까?

(1) 기독교인답게 살아야 빛을 발할 수 있습니다.

예수님은 오늘 본문에 두 가지 비유를 사용하셨습니다. 첫 번째는 5:14입니다. "산 위에 있는 동네가 숨기우지 못할 것이요" 두 번째는 5:15입니다. "등불을 켜서 말 아래 두지 않고 등경 위에 두나니"

먼저 세상의 빛은 산 위의 동네처럼 드러나기 마련입니다. 예수님 당시의 마을은 대부분 흰 석회암으로 건축되었기 때문에 태양이 비치면 빛이 나서 많은 사람들 눈에 쉽게 보였습니다. 그러므로 산 위의 동네는 감출 수가 없었고, 누구든지 볼 수 있도록 그 모습을 드러냈습니다. 마찬가지로 세상의 빛은 산 위에 있는 동네처럼 드러나기 마련입니다. 그리고 등불도 등잔 위에 두어야 빛을 발합니다. 등잔 위에 있는 불은 숨길 수가 없습니다. 말 아래 두면 빛은 차단되고 비출 수 없습니다.

빛은 비추어야만 됩니다. 우리 기독교인은 신자답게 살 때 빛을 발할 수가 있습니다. 빛을 숨길 수 없는 것 같이 주의 제자가 된 것을 감출 수 없습니다. 빛을 숨기면 더 이상 빛이 될 수가 없습니다. 예수님의 제자인 신자가 자신의 신분을 숨기면 더 이상 제자가 아닙니다. 예수님의 숨은 제자란 있을 수가 없습니다. 사람들에게 알려지지 않으면 제자의 자격을 잃어버린 것이고, 제자이면 숨을 수 없습니다. 왜냐하면 우리는 세상의 빛이기 때문입니다.

성도 여러분, 우리는 예수님의 제자인 기독 신자로서 모든 사람들에게 빛을 비추는 사람이 되어야 합니다. 교회는 교회 안에서만 교회가 되어서는 안됩니다. 교회는 교회 바깥의 어두운 세상을 밝혀주고 영향을 줄 때 참된 빛이 됩니다. 그렇기 때문에 예수님은 우리를 향해서 "너희는 교회의 빛이라"고 말씀하지 않으시고, "너희는 세상의 빛이라"고 말씀하신 것입니다.

어느 날 밤 소경 한 사람이 손에 등불을 켜고 길을 가고 있었습니다. 그때 어떤 사람이 물었습니다. "당신은 볼 수도 없는데 무엇 때문에 등불을 켜서 들고 가느냐?" 그때 그 소경은 이렇게 대답했습니다. "예, 저는 필요 없습니다. 그러나 이 등불은 다른 사람들이 나에게 걸려 넘어지지 않도록 도와줍니다."

우리 기독 신자들은 빛된 생활을 해야만 합니다. 우리가 빛된 생활을 하지 않으면 이 세상은 영원히 어두움 속으로 가고 말 것입니다. 우리 신자는 빛을 밝히는 생활을 해야 합니다. 이미 예수 그리스도를 영접한 하나님의 자녀로서 우리의 신분은 세상의 빛으로 바뀌어졌습니다. 그러므로 우리는 교회에서나 바깥에서나 빛된 생활을 해야 합니다.

우리가 일하는 일터에서도 고용주나 고용인으로서 공장, 회사, 학교, 부엌에서도 빛된 생활을 해야 합니다. 운동을 할 때도, 테니스를 할 때도, 볼링을 할 때도, 농구를 할 때도, 골프를 칠 때도, 빛된 생활을 해야 합니다. 시장에 가서도 물건을 살 때도, 팔 때도, 거래를 할 때도, 빛된 생활을 해야 합니다. 식당에 가서도 음식을 주문할 때도, 음식을 대접할 때도, 빛된 생활을 해야 합니다. 자동차를 타고 운전을 할 때도, 지하철을 타거나, 버스를 타거나, 택시를 탈 때도, 빛된 생활을 해야 합니다. 우리는 어디에서나 기독교인답게 나타나야 합니다.

우리 예수님은 "너희는 세상의 빛"이라고 하셨습니다. 예수님은 우리에게 "너희가 이 세상의 어두움을 밝히는 빛이 되어야 한다."고 하셨습니다. "너희는 산 위에 동네 같고, 등잔 위에 등불같이 빛을 발해야만 하는 하나님의 백성된 신분을 가진 세상의 빛"이라고 말씀하셨습니다.

사랑하는 성도 여러분, 우리의 등불은 지금 어떻습니까? 희미합니까? 아니면 꺼지기 직전입니까? 아니면 환하게 타고 있습니까? 우리는 심지를 확인해야 합니다. 기름을 확인해야 합니다. 우리는 말씀에 자신을 비추어 보아야 합니다. 우리는 기도로 묵상해야 합니다. 성령 충만해야 합니다. 그리하여 "너희는 세상의 빛이라"는 주님의 명령대로 산 위에 있는 동네처럼, 등잔 위에 등불처럼 환하게 빛을 비추는 세상의 빛된 성도가 됩시다.

(2) 복음을 전파함으로 빛을 발할 수 있습니다.

이 세상 사람들은 하나님과 화목하지 못한 관계에 놓여 있습니다. 하나님과 이 세상 사람들은 원수의 관계입니다. 그것은 죄 때문입니다. 그러므로 하나님의 빛을 볼 수가 없고 어두움에 살고 있습니다.

둘 사이를 화목시켜야 하는 데 누가 할 것입니까? 그것은 세상의 빛된 우리 성도들이 해야 합니다. 어떻게 할 수 있습니까? 예수 그리스도의 복음을 전하므로 가능합니다. 이 세상 사람들은 세상에 빛으로 오신 나사렛 예수 그리스도 그분을 통해 인생의 참 빛을 발견합니다. 참 빛으로 오신 예수님을 만나면 죄악의 어둠 속에서 벗어나 빛을 소유하게 됩니다. 그러므로 예수님의 복음을 전해야 합니다.

예수님은 이 세상의 어두움 속에서 방황하며 헤매고 있는 자들에게 빛을 발하는 등대와도 같으신 분입니다. 방향 감각을 잃어버리고 항해하는 자들에게 구원의 빛, 소망의 빛, 그리고 위로의 빛을 발하는 등대와도 같아서 사람들을 안전한 포구로 인도합니다.

홀만 헌터(Holman Hunter)의 그림인 '세상의 빛'에 보면, 등불을 드신 예수 그리스도께서 바깥에서 문을 두드리고 계시는 모습이 나옵니다. 그 문은 안에서 열 수 있는 문인데, 예수 그리스도를 마음속에 받아들일 때 구원의 역사가 일어납니다. 그런데 여기에 나타나시는 예수 그리스도는 인생의 어두운 길을 밝혀 주시는 분입니다. 예수님은 "내가 길이요 진리요 생명이니 나로 말미암지 않고는 아버지께로 올 자가 없느니라"고 하셨습니다. 그러므로 길이요 진리요 생명이신 예수 그리스도를 전파할 때, 세상의 빛된 우리의 사명을 다할 수 있습니다. 이 세상의 어두움을 밝히는 것은, 빛되신 예수 그리스도를 전하는 것입니다. 그리하여 어둠 속에 있는 사람들이 예수님의 생명을 소유함으로 그들이 세상의 빛이 되어서 빛을 발하는 사람이 자꾸 자꾸 많아지도록 해야 합니다. 그렇게 될 때, 이 세상은 점점 더 밝아질 것입니다.

우리 주님께서도 우리들에게 말씀하셨습니다. "너희는 가서 모든 족속으로 제자를 삼아 아버지와 아들과 성령의 이름으로 세례를 주고 내가 너희에게 분부한 모든 것을 가르쳐 지키게 하라 볼지어다 내가 세상 끝날까지 너희와 항상 함께 있으리라"(마 28:19-20) "너희는 온 천하에 다니며 만민에게 복음을 전하라"(막 16:15) "오직 성령이 너희에게 임하시면 너희가 권능을 받고 예루살렘과 온 유대와 사마리아와 땅끝까지 이르러 내 증인이 되리라"(행 1:8)

어느 회사 사장님이 예수님을 잘 믿는 사람으로 알려졌습니다. 그런데 예수님을 전하는 전도는 못했습니다. 여러 번 결심은 했지만 한번도 실천에 옮기지 못했습니다. 어느 주일날 목사님 말씀을 듣고 특별한 은혜를 받아 자신의 잘못을 회개했습니다. 그리고 드디어 전도하기로 결심을 했습니다. 다음날 사장실에 앉아서 제일 먼저 들어오는 사람에게 전도해야겠다 작정하고 기다리는데, 비서가 들어왔습니다. 사장이 물었습니다. "자네 예배당에 나가는가?" "왜 갑자기 그렇게 물으십니까?"라고 비서가 반문했습니다. "그냥 물어 보는 것이네." "저는 가지 않습니다."라고 비서는 대답했습니다. 그때 사장이 "예배당에 가야지. 예수 믿어야 해"라고 말하며 전도를 했습니다. 사장님의 말을 들은 비서가 하는 말이 "참 감사합니다. 제가 사장님을 15년간 모셨는데, 저에게 예배당에 가자는 말씀을 한 마디도 하지 않아서, 제 생각에 나 같은 놈은 아주 못되어서 예수님을 못 믿을 놈인가 라고 생각했습니다. 그런데 오늘 이렇게 저에게 전도를 해 주시니 얼마나 감사한지 모르겠습니다. 제가 오는 주일부터 꼭 교회에 나가겠습니다."라고 대답을 했습니다.

성도 여러분, 우리가 세상에 빛을 발하는 방법은 복음 전도를 해서 많은 사람들이 참 빛되신 예수님 앞으로 나오도록 하는 것입니다. 우리는 예수님을 믿음으로 그들도 빛을 발하는 세상의 빛이 되어 어두운 세상을 밝히는 빛들이 많아지도록 하는 성도가 됩시다.

(3) 빛의 기능을 잃으면 아주 소용이 없습니다.

　소금이 그 맛을 잃으면 버림을 당하고 사람들에게 밟힐 뿐입니다. 꽃이 시들면 퇴비로 사용할 수 있고, 자동차가 낡으면 고철로도 사용됩니다. 그러나 소금이 맛을 잃으면 퇴비도 안되고 바깥에 버려지듯이 빛도 마찬가지입니다. 빛의 특성은 환하게 비추는 것인데, 비추는 것을 잃어버리면 더 이상 빛이 아닙니다. 빛은 감출 수가 없습니다. 비추어야 하고 밝혀야 합니다. 그것이 빛의 특성입니다.

　우리 기독 신자들도 감출 수가 없습니다. 왜냐하면, 세상의 빛이기 때문입니다. 빛을 잃으면 더 이상 빛이 될 수 없는 것 같이, 세상의 빛인 성도가 그 특성을 잃으면 신자가 될 수가 없습니다. 우리 예수님은 2천년 전 갈릴리 호숫가에 있는 나지막한 동산에서 평범한 적은 무리들에게 "너희는 세상의 소금이요 너희는 세상의 빛이라"고 하셨습니다. 소금은 부패를 방지하고 맛을 냅니다. 빛은 부정 부패를 노출시키고 어두움을 추방합니다.

　성도 여러분, 빛을 잃어버린 성도가 되지 맙시다. 빛의 특성을 상실하여 쓸모 없는 사람이 되지 맙시다. 우리는 빛의 특성을 간직하여 "너희는 세상의 빛"이라는 주님의 말씀대로 어두운 세상을 밝히 비추는 성도가 됩시다.

3. 하나님의 영광을 위하여 빛을 비추어야 합니다(5:16).

　예수님은 세상의 빛된 우리들이 해야 할 일을 더 심도 깊게 말씀하셨습니다. 빛된 선한 행실을 통하여 하나님 아버지께 영광을 돌리라는 주문입니다.

예수님께서 "너희는 세상의 소금"이라고 말씀하신 것과, "너희는 세상의 빛"이라 말씀하신 것은 서로 밀접한 관계를 가지고 있습니다. "너희는 세상의 소금"이라고 하신 것은, 세상의 부패를 막고 늦추라는 소극적인 의미입니다. 제자들이 세상을 따라가거나 타협하게 될 위험을 경고하신 것입니다. 그에 비해 "너희는 세상의 빛"이라는 말씀은 좀 더 적극적인 의미입니다. '너희는 죄로 어두운 세상을 빛으로 밝혀라'는 말씀입니다. 자꾸 뒤로 물러서 있으면 하나님을 영화롭게 할 기회를 잃어버릴 수가 있으므로, 적극적으로 세상의 빛의 사명을 다함으로 하나님의 영광을 나타내라는 것입니다. 본 회퍼(Bonhoeffer)는, '보이지 않는 곳으로 도피하는 것은 부르심의 거부이다. 보이지 않게 숨으려는 예수의 공동체는 예수를 따르는 것이 아니다' 라고 했습니다.

(1) 하나님께 영광을 돌리기 위해 사람들이 우리의 착한 행실을 보도록 해야 합니다.

우리가 빛을 비추는 생활을 함으로 다른 사람들이 감동을 받게 해야 합니다. 여기 "착한 행실"의 '선하다'는 말은, 헬라어에서 단순히 성질이 순한 것을 말하는 'αγαθος'(아가또스)와, 매력이 있고 아름답고 사람의 마음을 끄는 선을 말하는 'καλος'(칼로스)로 나누어집니다. 여기서는 단순히 선한 것만을 말하는 것이 아니라 사람의 마음을 끄는 선한 행위를 뜻합니다. 그러므로 세상의 빛된 우리 성도는 어떤 매력을 가지고 세상 사람들을 끌게 되어 있다는 것입니다.

이것이 빛의 매력입니다. 다시 말해 우리가 빛의 사명을 바로 하면 매력적이 된다는 말입니다. 우리가 그리스도인답게 살면 매력적이고 아름답게 됩니다. 그래서 우리의 매력적인 선한 행위를 사람들이 보게 되고 결국 하나님께서 영광을 받으십니다.

어느 전쟁터에서 일어난 일입니다. 군함 한 척이 전투에 참가했는데, 그 배에 독실한 기독교인 한 사람이 있었습니다. 이름은 스티븐스였습니다. 그는 항상 청렴한 생활을 했고, 기도생활도 열심이었습니다. 그는 성실했으며 성경을 가지고 다녔습니다. 그 배가 전투에 들어가자 그 배에 탔던 모든 사람들이 스티븐스에게 가까이 왔습니다. "스티븐스를 붙잡아라. 스티븐스를 붙잡아라" 이 사람들은 위험을 만나 죽을 지경에 이르자 하나님을 붙잡고 있는 스티븐스를 붙잡으려고 했습니다. 스티븐스는 세상의 빛된 생활로 배에 타고 있던 모든 사람들에게 감화력을 주고 빛을 비추었던 것입니다.

성도 여러분, 우리는 착한 행실과 생활을 통하여 다른 사람들에게 매력을 주고 감화력을 줌으로, 산 위에 있는 동네처럼, 등잔 위의 등불처럼 빛을 발하여 하늘에 계신 하나님 아버지께 영광을 돌리는, 세상의 빛이 되는 성도가 됩시다.

(2) 우리는 모든 것을 하나님께 집중함으로 하나님께 영광을 돌려야 합니다.

세상의 빛된 우리 성도들의 목적은 오직 하나님께 영광입니다. 우리 자신을 비추는 것이 아니라 오직 하나님의 영광을 나타내야 합니다. 예수님은 우리들에게 "너희는 세상의 빛"이라고 말씀하시면서, 우리 삶의 목적을 분명히 말씀하셨습니다. 5:16에 "이같이 너희 빛을 사람 앞에 비치게 하여 저희로 너희 착한 행실을 보고 하늘에 계신 너희 아버지께 영광을 돌리게 하라"고 하셨습니다. 아버지 하나님께 영광 돌리는 것이 세상의 빛된 우리 성도들이 살아야 할 삶의 궁극적인 목표입니다. 우리는 무슨 일을 하든지 모든 일에 최우선으로 하나님께 영광을 집중시켜야 합니다. 성경은 고전10:31에 "그런즉 먹든지 마시든지 무엇을 하든지 다 하나님의 영광을 위하여 하라"라고 말합니다.

 헨리(Henry) 5세는 전쟁에서 승리를 거두고 개선하여 돌아올 때, 이 영광스러운 승리에 대해서 모든 시인들의 찬양과 노래를 금지시켰습니다. 왜냐하면 그는 승리에 대한 찬양과 감사를 전적으로 하나님께 돌렸기 때문입니다.

 중국에서 일어난 일입니다. 어느 날 일본인에 의해서 사형장으로 끌려가는 세 사람 중 한 명이 길가에 서 있는 처녀 선교사를 보고 달려와서 "예수님을 알게 해 주셔서 감사합니다. 나는 지금 죽음이 두렵지 않습니다. 나는 황혼이 될 때 죽게 될 것이지만 밤에는 예수님과 함께 있게 될 것입니다."라고 말했습니다. 그리고 길옆에 서 있는 사람들에게 "여러분 교회에 나가서 예수 그리스도를 영접하고 그분을 위해 사십시오."라고 전도했습니다. 이 여인은 세상에 빛을 비춤으로 하나님께 영광을 돌렸습니다.

 믿음의 사람 요셉은 바로 왕 앞에서 애굽의 학자들 중 아무도 풀지 못하는 왕의 꿈을 해몽했습니다. 왕이 "너는 꿈을 들으면 능히 푼다더라"고 칭찬할 때, "이는 내게 있는 것이 아니라 하나님이 바로에게 평안한 대답을 하시리이다."고 대답하고 해몽함으로 애굽 천하에 왕을 비롯하여 모든 사람들이 다 하나님께 집중하도록 했습니다. 그렇게 해서 전능하신 하나님의 영광을 나타내는 빛을 발한 사람이 되었습니다.

 믿음의 종 다니엘도 원수들이 시기하고 모함하여 죽이려고 모든 술수를 다 썼지만, 그의 신앙과 생활이 너무도 순수하고 선함으로 아무런 흠도 티도 찾아낼 수 없게 되었고, 사자 굴속에서도 하나님께서 그와 함께 하심을 보여주어 하나님의 영광을 나타내는 빛된 삶을 살았습니다.

　성도 여러분, 우리 삶의 목적은 오직 하나님께 영광입니다(SOLI DEO GLORIA!)

　예수님은 우리들에게 "너희는 세상의 빛"이라고 하셨습니다. 빛으로 부름 받은 우리들은 이 빛의 사명을 잘 감당해야 합니다. 우리는 어두운 세상을 밝히는 빛이 되어야 합니다. 어두움 속에 있는 사람들에게 참된 빛이 되신 예수 그리스도를 전함으로 빛을 비추어야 합니다. 진실하고 순결한 매력적인 착한 행실을 통해 많은 사람들이 하나님께 영광을 돌리는 세상의 빛으로 나타나는 성도가 되시기를 바랍니다. 아멘.

■ 산상설교 강해 4 ■

금식 기도

(본문 / 마태복음 5:16-18)

　하나님의 백성, 즉 천국 백성들인 기독 신자들은 세상 사람들과는 다른 생활을 해야 합니다. 그것이 바로 경건한 삶입니다. 의롭고 경건하게 살아야 합니다. 경건한 생활은 어떤 것입니까? 예수님은 산상설교에서 기도와 금식과 구제라고 말씀하셨습니다.

　구제는 우리들이 다른 사람들과 어떤 관계를 가지느냐 하는 것이며, 기도는 하나님과 우리들이 어떤 관계를 가지느냐 하는 것입니다. 그리고 금식은 우리들이 자기 자신과 어떤 관계를 가지느냐 하는 것입니다.

　금식은 자기 자신을 향하여 창을 여는 것입니다. 금식은 내 육신의 욕심을 극복하는 것입니다. 우리 예수님은 천국 백성인 우리가 경건한 생활을 하는데 도움이 되는 금식에 대해서 말씀하셨습니다. 참된 금식은 어떻게 하는 것인가를 바로 배워서 경건한 생활에 힘쓰는 성도가 됩시다.

1. 먼저 잘못된 금식을 지적하셨습니다(6:16).

"금식할 때에"란 말은, 금식이 경건한 유대인들에게는 생활화되었다는 것을 보여줍니다.

먼저 국가적인 금식이 있었습니다. 모세의 율법에는 1년에 한번씩 지키는 속죄일이 되면 모든 백성이 다 금식할 것을 규정하고 있습니다(레 16:29-31; 23:26-32; 민 29:7). 그리고 바벨론 포로 기간에는 하나님이 개입하셨던 지날 날의 역사를 회고하면서 새로운 자세를 가다듬기 위하여 정기적으로 금식할 것을 규정했습니다(슥 7:3-5; 8:19).

또한 각 집단이나 개인의 차원에서 다양한 목적을 가지고 금식이 행해지기도 했습니다. 사람들은 자신의 죄를 고백하면서 하나님 앞에 겸손한 자세를 나타내 보이기 위해서, 또는 더욱 더 겸비해지기 위해 금식했습니다(느 9:1,2; 시 35:13; 사 58:3; 욘 3:5). 헤어날 수 없는 큰 번민과 위기 또는 절망에 빠졌을 때 하나님께 구원을 호소하기 위한 방법으로 금식하기도 했습니다(출 24:18; 삼하 1:12; 에 4:16; 행 14:23 등).

신약시대에는 성도들에게 신앙적인 훈련의 한 방법으로 행해졌습니다. 그런데 문제는 이것이 단순한 형식과 외식으로 변질되어 버렸다는 것입니다. 예수님은 "너희는 금식할 때에 외식하는 자들과 같이 슬픈 기색을 내지 말라. 저희는 금식하는 것을 사람에게 보이려고 얼굴을 흉하게 하느니라."고 하셨습니다. 여기에서 외식하는 자들의 금식은 슬픈 기색을 내고 사람에게 보이려고 얼굴을 흉하게 하는 것임을 알 수 있습니다.

(1) 예수님은 슬픈 기색을 내지 말라고 말씀하셨습니다.

사실 금식은 유대인들이 늘 해오던 행사였습니다. 당시의 바리새인들은 한 주에 두 번, 즉 월요일과 목요일 경에 금식을 했습니다. 월요일은 모세가 시내산에 올라간 날입니다. 그리고 목요일은 하산한 날입니다. 그래서 모세를 본받아 금식 날짜를 정한 것으로 볼 수 있습니다.

안나와 같은 경건한 여선지자는 일상적으로 금식했습니다(눅 2:37). 금식을 하면 자연적으로 배가 고프게 마련입니다. 예수님은 이 고통을 자기의 의를 나타내고 경건을 자랑하는 도구로 사용하지 말라고 말씀하신 것입니다.

(2) 사람에게 보이려고 얼굴을 흉하게 하는 것도 잘못이라고 말씀하셨습니다.

금식을 하면 자연적으로 용모가 흐트러지고, 또한 자신의 죄악을 깊이 통회하고 자복하다 보면 기름을 바르지 않고 재를 뒤집어쓰기도 했습니다. 금식하다 보면 머리와 수염이 자라고 눈물 자국이 나곤 합니다. 이것은 자연스러운 것이고 이 자체가 나쁜 것이 아닙니다.

문제는 눈물 자국과 흐트러진 자신의 모습을 다른 사람들에게 알려주려고 그대로 두는데 있었습니다. 이들의 의도는 "나는 이렇게 금식을 하고 있다. 주님을 위해 이렇게 고난을 당하고 있다. 나의 고난과 금식하는 것을 좀 봐 주시오. 이 신앙의 경건을 기억해 주십시오."라고 자랑하는 것이었습니다. 이것은 잘못된 동기의 금식입니다. 예수님께서 책망하신 것은 이렇게 잘못된 태도로 외식하는 금식이었습니다.

참된 경건은 외적인 어떤 형태로 나타나는 것이 아닙니다. 흉악한 얼굴, 헝클어진 머리, 힘이 없는 모습이 아닙니다. "나는 주를 위해 금식하고 있는데 얼마나 신령한가? 너희는 금식을 해 보았느냐?"는 식으로 경건을 과시하는 것은 이미 경건을 상실한 것입니다. 주님은 이들을 향해서 "자기 상을 이미 받았느니라"고 결론을 내렸습니다.

어느 부흥 집회 광고에 "40일 금식 기도한 불의 사자, 능력의 종"이라고 강사를 소개했습니다. 40일 금식 기도는 너무도 힘들고 귀한 것입니다. 아무나 못하는 것입니다. 예수님이 하신 것처럼 40일 금식을 흉내낸다는 것은 아주 어려운 일입니다. 그러나 예수님은 너희의 금식을 사람에게 나타내 보이기 위해 하지 말라고 하셨습니다. 주님은 나팔을 불지 말라고 하셨습니다.

경건한 곳이 따로 정해져 있는 것은 아닙니다. 은혜받는 장소가 따로 떨어져 있는 것이 아닙니다. 이상한 목소리를 흉내내야 경건한 것이라고 착각해서도 안됩니다. 유명한 부흥사의 목소리나 설교를 흉내내야 교회가 부흥된다고 하여 흉내를 내는 일도 있었는데, 이것도 잘못입니다. 이 모든 것들은 다 외형적인 것에 의존하려는 것입니다. 여기에 매력을 느끼는 것은 모두 다 샤머니즘적인 요소입니다.

예수님은 경건이 외형적인 것이 아니라 내부 깊은 곳에서 하나님과 올바른 관계를 맺는 것임을 가르쳐 주셨습니다.

당시 사람들은 모세를 닮아 가기 위해서 그가 시내 산에 올라간 날과 하산한 날인 월요일과 목요일을 금식의 날로 삼았는데, 이 날은 바로 장날이었습니다. 그래서 예루살렘에는 시골로부터 많은 사람들이 모여들었습니다. 그러므로 금식하는 자들은 그날에 더 많은 사람들이 자기의 경건을 보고 감탄할 수 있도록, 좋은 기회를 놓치지 않으려고 여러 가지 방법을 동원해서 자기들의 금식하는 모습을 보이려고 애를 썼습니다. 어떤 사람은 고의로 머리를 풀어헤치고 옷을 땅에 질질 끌면서 길거리를 활보하고, 또는 일부러 자기의 얼굴이 창백하다는 것을 나타내기 위하여 흰 칠을 하기까지 했습니다. 이것은 영적인 교만과 가식의 의도적인 행위였습니다.

그래서 예수님은 이들을 책망하셨습니다. "너희의 금식은 모두 외식적인 것이다. 자기 과시, 자기 선전이다. 그러므로 진정한 보상은 없을 것이다."

천국 백성인 성도 여러분, 우리는 사람들에게 보이려고 슬픈 기색을 내고 얼굴을 흉하게 하는 것과 같은 외적인 형태로는 하나님 앞에서 인정받지 못합니다. 하나님께서 원하시는 것은 내부에서 나오는 인격적인 행위라는 사실을 기억해야 합니다.

2. 그러면 진정한 금식은 무엇인가를 생각해 봅시다.

유대인의 금식은 새벽에서 해질 때까지입니다. 그 외 시간은 평상시와 동일합니다. 원래는 속죄일에만 의무적으로 하게 되어 있었지만(레16:31), 유대인들은 개인적으로 많은 금식을 했습니다. 우리 예수님도 금식의 필요성을 인정하셨습니다. 그리고 참된 금식에 대해서 가르치셨고 자신도 친히 금식하셨습니다.

(1) 금식이란 무엇일까요?

영적인 목적을 위해서 음식을 끊는 것입니다. 그 영적인 목적은 무엇입니까?

① 죄를 회개하기 위한 것입니다.
구약에는 하나님 앞에서 자신을 낮추고 죄를 회개하기 위해서 금식을 했습니다. 믿음의 사람 모세는 백성들의 죄를 위해서 자신이 금식했습니다. 다윗은 자신의 죄, 즉 우리야의 아내인 밧세바와 음행을 저지른 죄 때문에 금식하며 회개했습니다. 이것이 바로 영혼이 사는 길입니다.

죄를 지으면 영혼이 어두워집니다. 그러므로 영을 회복하기 위해서는 조처가 필요합니다. 죄로 인해 영은 병들었는데 먹고 마시는 일을 계속한다면 그 영혼은 언제 회복될까요? 영의 유익을 위해 금식하며 회개하는 기도가 필요합니다. 영혼을 회복시키기 위해 금식은 필요합니다. 우리의 영혼이 새 힘을 얻고 소생하기 위해서 하나님 앞에서 겸손히 엎드려 회개하며 금식하는 것입니다.

② 어려운 일을 당했을 때, 또는 위기를 극복하기 위해서 금식해야 합니다.
개인과 민족이 어려운 일을 당했을 때 우리는 금식하며 기도해야 합니다. 에스더와 모르드개는 하만에 의해 유대인들이 모두 죽게 되었을 때 금식하며 기도했습니다. 그리하여 하나님의 놀라운 구원의 손길을 체험했습니다. 베냐민 지파의 내란으로 한 지파가 없어질 위기를 당하자 이스라엘 총회는 하나님 앞에 엎드려 금식하고 애통하며 기도했습니다. 그 결과 베냐민 지파를 다시 살리는 계기를 마련했습니다. 요나 선지자가 "40일이 지나면 이 성이 무너지리라"는 하나님의 심판을 선포하자 니느웨 왕과 모든 귀족들과 백성들이 심지어 짐승들까지 금식하며 회개했습니다. 그 결과 하나님의 자비하심으로 다시 살아남게 되었습니다.

6.25 동란이 일어나자 부산 초량 교회에 모여든 주의 종들과 성도들이 금식하며 회개기도를 했습니다. 금식 기도가 끝나는 날 아침 맥아더 장군의 연합군이 인천 상륙 작전에 성공했다는 소식이 전해져 왔습니다.

③ 교회의 중요한 일을 앞두고 금식하며 기도했습니다.
행 13:2에서 안디옥 교회는 선교사 파송을 앞두고 금식하며 기도했습니다. 성령께서 바울과 바나바를 따로 세우라는 명령을 주셨습니다. 세계 최초의 해외 선교사를 파송하는 역사가 시작되었습니다. 또한 장로 선택을 위해 금식하기도 했습니다(행 14:13).

하나님의 교회에 중요한 일들이 있을 때 먼저 하나님 앞에 금식하며 기도해야 합니다. 영혼을 구원하는 전도 집회를 앞두고 교회는 금식하며 기도해야 합니다. 우리 자신도, 가정도, 교회도 중요한 일을 당했을 때 우리의 조그만 지식과 경험을 가지고 갑론을박하고 토론만 일삼으면 이것은 성령의 역사가 아니라 마귀가 분열을 일으키는 것입니다. 초대교회 성도들은 교회의 문제가 있을 때 전능하신 하나님 앞에서 깊은 기도와 금식하는 가운데서 하나님의 뜻을 물었습니다. 그때 하나님은 응답하셨습니다.

④ 영적 승리를 위해서 금식하며 기도했습니다.
마가복음 9장에 예수님이 변화산에 올라가신 후에 귀신들린 아들을 데리고 온 아버지가 있었습니다. 제자들은 이 아들을 고치지 못했습니다. 이때 예수님이 내려오시자 그 아비는 예수님께 아들의 병을 고쳐 주시기를 간구했습니다. "귀신이 저를 죽이려고 불과 물에 자주 던졌나이다. 그러나 무엇을 하실 수 있거든 우리를 불쌍히 여기사 도와주옵소서" 이때 예수님은 "할 수 있거든이 무슨 말이냐? 믿는 자에게는 능치 못함이 없느니라"고 하시자, 그 아이의 아비가

소리를 지르며 "도와주소서. 내가 믿나이다. 나의 믿음 없는 것을 도와주소서"라고 간절히 부탁을 했습니다. 이때 예수님이 더러운 귀신을 꾸짖어 "벙어리 되고 귀먹은 귀신아 내가 네게 명하노니 그 아이에게서 나오고 다시 들어가지 말라"고 명령하시자 귀신이 소리를 지르며 나가고 아이는 깨끗해졌습니다. 이때 제자들이 예수님께 조용히 와서 물었습니다. "우리는 어찌하여 능히 그 귀신을 쫓아내지 못하였나이까?" 예수님께서 제자들에게 말씀하셨습니다. "기도 외에는 이런 류가 있을 수 없느니라"

영적 전쟁에서 승리하기 위해서 우리는 금식하며 기도해야 합니다. 귀신과의 싸움에서 승리하기 위해서 우리는 금식하며 기도해야 합니다.

(2) 진정한 금식의 목적은 경건 생활을 위함입니다.

행 27:9을 보면 유대인은 금식하는 절기를 가지고 있었습니다. 마찬가지로 많은 성도들이 규칙적인 금식을 했습니다. 경건 생활을 위하여 금식을 계속했습니다.

우리 성도들이 경건하게 살아가려면 육체의 탐욕을 극복하고 하나님 앞에서 자신을 드리는 금식이 필요합니다. 금식은 자신을 부인하는 것이라고 볼 수 있습니다. 우리는 자신을 돌아보는 시간이 필요합니다. 너무 바쁘게 살아가는 우리들이 아닙니까? 먹고사는 일에 너무 분주하고 전념하는 우리들의 모습이 아닙니까? 일만 알고, 돈 버는 일에만 너무 마음을 빼앗기는 우리는 아닙니까? 아니면 세상 재미가 좋아서 노는 일에 마음을 다 빼앗긴 우리는 아닙니까?

천국 백성인 우리는 자신을 돌아보는 시간이 필요합니다. 경건한 생활을 해야 하는 우리에게 참된 금식은 필요합니다. 1년에 하루나 아니면 며칠간이라도 하나님 앞에서 자신을 드리는 금식의 시간, 그리고 자기 자신을 부정하는 금식의 시간도 필요합니다. 예수님을 믿고 신앙생활 한다고 하는 우리들이 금식 한번 제대로 해 보지 못한다면 경건 생활에 문제가 있다고 볼 수 있지 않겠습니까?

금식은 누가 합니까? 광신자들만 하는 것이 아닙니다. 진정한 금식은 정상적인 그리스도인의 생활의 일부가 되어야 합니다. 하나님 앞에서 조용히 내 자신을 살펴보는 금식의 시간, 또한 하나님 앞에서 내 자신을 철저히 살펴보고 내 신앙 생활 상태를 분석해 보고 새로운 계획을 세워 보는 이런 금식이야말로 천국 백성이 마땅히 가져야 하는 당연한 경건 생활의 일부가 되어야 합니다. 일부 지나친 광신주의나 신비주의자들이 미신적으로 금식하는 것은 당연히 우리가 경계해야 할 것입니다. 그러나 너무 생활에 쫓기고 세상에 파묻혀 심령이 굳어져서 하나님과 내 자신 사이를 정확히 진단해 보고 더 가까이 할 수 있는 경건 생활의 일부인 금식을 하지 않고 금식 자체도 모르고 산다면, 이것 또한 심각하고 안타까운 일입니다.

우리 예수님은 금식의 모범을 직접 보여주셨습니다. 인류 구속의 위대한 사역을 앞두신 주님은 광야에서 40일간 금식하며 기도하셨습니다. 그리고 마귀의 시험을 물리치시고 비로소 "회개하라 천국이 가까웠느니라"고 전도를 시작하셨습니다.

금식은 중요한 것입니다. 하나님 앞에서 내 자신의 모습을 발견하고 부인하는 것입니다. 금식은 경쟁적이 되어서는 안됩니다. 남이 하니까 나도 따라 하는 것도 잘못입니다. 어떤 사람처럼 '예수님이 40일 했으니 나는 41일 해야지' 이런 영웅주의 심리로 금식하는 것도 잘못된 발상입니다.

아시시의 성자 프란시스가 40일 금식을 한 적이 있었습니다. 그는 벨지아 호수 가운데 있는 섬에 가서 금식을 시작했는데, 제자에게 "다른 사람에게는 결코 말하지 마라"고 부탁했습니다. 그리고 수요일이 시작되는 날이니 40일 지난 목요일에는 데리러 오라고 거듭 부탁을 했습니다. 그 이전에는 절대로 오지 말라고 했습니다. 가진 것이라고는 빵 두 조각 뿐, 그것을 가지고 섬에 들어갔습니다. 그곳은 집도 없고 오직 나무만 우거진 숲이었습니다. 그 숲 사이로 들어갔습니다. 밤낮 기도하며 그는 천국을 묵상했습니다. 40일이 빨리 지나갔습니다. 40일이 지나자 그의 제자가 선생님에게로 가보니 그는 아직도 기도하고 있었습니다. 그런데 빵은 반조각만 먹고 한 조각 반은 남아 있었습니다. 왜 반조각만 먹었을까? 그것은 프란시스가 배가 고파서 먹은 것이 아니라 온전히 40일을 금식 기도하면 예수님과 같이 40일 금식 기도하였다는 소리를 들을까 봐, 교만의 독을 제거하기 위해서 일부러 빵의 반 조각만 먹은 것입니다. 얼마나 겸손한 사람입니까? 그후 그는 많은 은혜를 받고 영적 체험을 했습니다.

성도 여러분, '40일 금식 기도했다', 또는 '특별 금식 기도했다'고 하는 것은 귀한 일이지만 결코 자랑이 될 수 없습니다. 우리가 금식하는 진정한 목적은 경건 생활에 있다는 사실을 항상 기억해야 합니다. 금식을 통해서 자신을 쳐서 복종시키는 훈련을 주님 앞에서 배워야 합니다. 우리 모두 금식을 통해 우리 마음의 거울이 훨씬 더 맑고 깨끗해져서 거룩하신 하나님을 볼 수 있는 경건한 성도가 되기를 바랍니다.

3. 어떤 자세로 금식해야 합니까?

"너는 금식할 때에 머리에 기름을 바르고 얼굴을 씻으라" (6:17)

머리에 기름을 바르고 얼굴을 씻는 것은 일상적인 일입니다. 예수님께서 부탁하신 것은 금식하는 기간에도 지극히 자연스럽게 날마다의 생활을 계속 살아가라는 말씀입니다.

믿음의 왕 다윗은 밧세바가 낳은 아들이 병에 걸리자 금식을 시작했습니다. 그러나 그 아이가 죽자 금식을 중단하고 일어나서 몸을 씻고 기름을 발랐습니다. 그리고 옷을 갈아입고 여호와의 전에 들어가 경배하고 돌아와 음식을 먹었습니다(삼하 12:15-20). 그 이유는 아이가 살아 있을 때는 혹시 하나님께서 자신의 애통함과 금식 기도를 들으시고 불쌍히 여겨 살려 주실 것을 바래서 금식한 것이고, 이제 하나님께서 그 아이를 데려가셨으므로 자신은 그에게로 갈 수 있지만 그 아이가 다시 자신에게로 돌아올 수 없다는 것을 알았기 때문입니다.

그러므로 금식하는 자가 머리에 기름을 바르는 것은 자신이 금식하는 행위를 밖으로 나타내 보이지 않는 구체적인 대응 방법으로 보아야 합니다. 예수님은 금식할 때에 얼굴을 씻으라고 하셨습니다. 이것 역시 일상적인 몸단장을 나타냅니다. 진정으로 금식하는 자는 하나님을 향하여 하는 것이므로 사람에게 자랑하기 위해 슬픈 기색을 지을 필요가 없다는 것을 강조하신 것입니다.

6:18에서 예수님은 금식의 진정한 의미를 분명히 말씀하셨습니다. "오직 은밀한 중에 계신 네 아버지께 보이게 하려 함이라"

금식은 자기의 부정의 행위로 육신을 고행하는 것입니다. 금식은 하나님과의 영적인 교제를 위한 일종의 육체적 단절 행위입니다. 금식을 통해서 우리는 하나님 앞에서 온갖 세상 욕망과 혈기를 죽이고 더욱 거룩하고 겸손해 질 수 있습니다.

금식을 통해서 우리는 자신을 향해서 맑은 창이 열리는 것을 비로소 발견하게 될 것입니다. 마음의 맑은 창은 하나님의 위대하신 계시를 발견합니다. 마음의 맑은 창은 하나님의 말씀과 지시를 발견합니다. 마음의 맑은 창은 하나님의 뜻을 발견합니다. 마음의 맑은 창은 하나님의 영광스런 지혜와 풍성한 사랑을 발견합니다. 그러므로 우리는 이런 경건의 시간을 가져야 합니다. 스펄전 목사는 "교회가 어려운 일이 있을 때마다 온 성도들이 함께 금식했는데 그때마다 하나님의 지혜를 발견했다"고 말했습니다. 금식하는 내 영혼은 깨끗하고 청명해집니다. 금식하는 내 영혼은 하나님을 향한 마음의 창문이 맑아집니다. 이 속에 하나님의 지혜와 아이디어가, 신령한 영감이, 그리고 놀라운 뜻이 있습니다.

사 58:6에 말씀합니다. "나의 기뻐하는 금식은 흉악의 줄을 풀어 주며 멍에의 줄을 끌러 주며 압제 당하는 자를 자유케 하며 모든 멍에를 꺾는 것이 아니겠느냐?"

성도 여러분, 우리는 천국 백성으로서 경건 생활에 꼭 필요한 금식을 통해서 주를 더 가까이 할 수 있습니다. 진정한 금식을 통하여 더욱 겸손히 엎드려 경배하며 주를 의지하고 주님을 더욱 사랑하는 역사를 체험하는 우리가 됩시다.

4. 금식의 유익

(1) 신앙의 유익입니다.

① 능력 있는 믿음을 얻게 합니다. 사탄의 시험을 이깁니다. 금식 기도한 후에 예수님은 사탄을 물리치셨습니다. 모르드개와 에스더도

금식 기도 후 하만의 계략을 물리치고 유다 민족을 멸망에서 구했습니다.

② 체험적 신앙을 얻게 합니다.

③ 교회 부흥의 계기가 됩니다. 금식 기도를 통하여 회개운동이 일어나고 성령 받아 복음을 전파하여 부흥이 일어났습니다. 오순절 10일 동안의 금식 기도를 통해서 예루살렘 초대 교회에 큰 부흥운동이 일어났습니다. 안디옥 교회도 금식 기도하는 중에 바울과 바나바를 해외 선교사로 파송하라는 성령의 지시를 받았습니다.

④ 가정이 축복을 받습니다. 부부 사이의 문제가 금식 기도로 해결되고 자녀들의 문제도 해결됩니다.

(2) 건강의 유익이 있습니다.

"병든 사람은 음식을 많이 먹지 말라", "위장병은 사흘을 굶어라"는 말을 듣습니다. 의사 프랑크 맥코이는 "나는 오늘날 외과 수술법과 심리적 치료법을 철저히 연구한 바 있으나 금식의 결과보다 더 효과적인 법은 아직까지 발견하지 못했다"고 말했습니다. 영국 의사 카링톤은 "병약자도, 건강한 사람도 금식하는 것이 오래 살 수 있는 길이다"라고 말했습니다.

(3) 정신적인 유익이 있습니다.

건전한 육체에 건전한 정신이 깃들입니다. 정신이 쇠약해지면 병에 걸립니다. 정신이 안정되어야 합니다. 금식 기도는 정신에 유익을 줍니다. 금식 기도를 통하여 우리의 영이 맑아집니다. 금식 기도를 통해 하나님을 온전히 바라봄으로 우리의 영혼이 깨끗해집니다.

　성도 여러분, 금식은 천국 백성들이 경건한 생활을 하는데 필요한 것입니다. 결코 외식적으로 해서는 안됩니다. 은밀히 보시는 하나님 앞에서 아버지 하나님과 나만의 관계를 가지는 것이 금식입니다. 내 육신의 탐욕을 극복하는 것입니다. 금식은 영적인 유익을 위해서 하는 것입니다. 우리는 진정한 금식을 통해서 내 자신을 철저히 살펴보는 경건의 훈련을 할 수 있습니다. 경건을 통해서 우리의 영혼의 창이 하나님을 향하여 더 맑아지고, 그 창을 통하여 하나님의 지혜와 뜻과 사랑을 더욱 더 선명히 볼 수 있으며, 우리의 마음이 더욱 더 뜨거워지게 되는 것입니다.

　우리는 천국 백성으로 이 땅에 살아가는 동안 경건한 신앙의 훈련인 진정한 금식의 시간을 종종 가집시다. 그래서 우리 자신을 철저히 부인하고 잘 살핌으로 하나님을 향한 우리 영혼의 창이 환하게 밝아져서 하늘에 계신 우리 아버지의 우리를 향하신 선하시고 놀라우신 계획과 지혜와 자비하심과 사랑을 발견하여 평생 주님을 의지하며 살아가는 성숙한 믿음의 사람이 됩시다. 아멘.

▓ 산상설교 강해 5 ▓

기독교인과 율법

(본문 / 마태복음 5:17-20)

　예수님께서 2천년 전 갈릴리 호수가 나지막한 언덕에서 행하신 산상설교는 천국 백성인 우리 기독교인에게만 주어진 말씀입니다. 그 내용 첫 번째 부분은 기독교인은 어떤 사람들인가, 즉 기독교인의 본질에 대해 말하고 있습니다. 바로 팔복의 말씀이 그것입니다. 우리 기독교인은 심령이 가난한 사람이요, 애통하는 사람이요, 온유한 사람이요, 의에 주리고 목마른 사람이요, 긍휼이 여기는 사람이요, 마음이 청결한 사람이요, 화평케 하는 자요, 그리고 의를 위하여 핍박을 받는 사람입니다.

　그 다음에 예수님은 천국 백성이 어떻게 살아야 할 것인가를 말씀하셨습니다. 바로 세상의 소금과 빛으로 살아야 한다고 말씀하셨습니다.

　이제부터 나오는 내용은, 기독 신자는 범사에 하나님의 영광을 위해 살아가야 하는데 그렇게 하려면 의롭게 살아야 한다는 것을 말씀합니다. 그리고 의로운 생활은 어떻게 해야 하는가에 대한 일반적인 원리를 말씀하셨습니다. 그것은 바로 율법을 지키는 것입니다.

그 당시 유대인들은 예수님의 가르치심을 보고 놀랐습니다. 위대한 교사이신 예수님의 가르침은 권세가 있었고, 놀라운 것이었습니다. 유대인 지도자들과는 감히 비교할 수 없는 새로운 말씀이요 개혁적인 것들이었습니다. 그러나 유대 지도자들은 기존의 율법을 폐하기 위한 것으로 이해했습니다. 율법의 올바른 정신을 이해하지 못했기 때문입니다. 그래서 예수님은 "내가 율법을 폐하러 온 줄로 생각하지 말라. 폐하러 온 것이 아니라 완전케 하려 함이로다"고 말씀하셨습니다.

그러면 천국 백성인 기독 신자들과 율법은 어떤 관계가 있을까요? 우리는 율법을 어떻게 이해해야 하는가를 생각해 봅시다.

1. 예수 그리스도는 율법을 완성하러 오셨습니다(5:17).

여기서 "율법과 선지자"는 모세 오경과 선지서를 말합니다. 따라서 "율법과 선지자"는 구약 성경 전체를 가리킵니다.

(1) 예수님은 율법을 폐하러 오신 것이 아니라 완전케 하러 이 세상에 오셨습니다.

"율법을 폐한다"(καταλυσαι-카타뤼사이)는 말은, 건축물을 파괴하듯이 어떤 규범이나 제도를 완전히 개편하거나 폐기하는 것을 뜻합니다. 사실 율법을 바르게 지킨다고 하던 그 당시의 바리새인들은 합리성 때문에 율법을 파괴했고, 엣세네파들은 고지식함 때문에 극단주의적으로 율법을 파괴했습니다. 그들은 누구보다 율법을 잘 알고 지킨다고 하면서, 율법의 올바른 정신을 바로 이해하지 못하고 부분적으로 지키고 부분적으로 파괴한 자들이었습니다.

이때 예수님이 오셔서, 아침에 방안에 쳐져 있던 커튼을 걷어 버리면 방안에 환한 빛이 들어오는 것처럼, 당시 사람들이 희미하게 알고 있던 구약시대의 율법을 환하게 비춰 주시고 오히려 완성시켜 주셨습니다. "완전케 하다"(πληροω-플레로오)는 말은 '가득 채우다'는 뜻인데, 여기서는 '그 깊은 뜻과 충분한 의미를 드러낸다', '모두 실행한다'는 뜻입니다. 예수님은 율법의 목적, 율법이 의도하는 온전한 뜻, 그리고 속 깊은 내용을 완전히 드러내 보이기 위해 오셨습니다.

예를 들어, 구약시대 모세의 율법에서 제사는 짐승을 잡아 불태워 드리는 것이었습니다. 그러나, 이 모든 의식법을 예수님께서 오셔서 자신의 몸을 십자가에 달려 돌아가심으로 완전케 하셨습니다. 그리고 모세 오경에 나오는 십계명을 비롯한 도덕법을 우리는 완전히 지키지 못했습니다. 그러나 예수님은 전 생애에 걸쳐서 온전히 순종하심으로 도덕법을 완성하셨습니다. 우리가 어긴 율법의 대가를 예수 그리스도 자신이 십자가를 지심으로 완전케 하신 것입니다.

또한 "선지자"는 구약 선지서 전체를 말하는데, 우리 예수님은 메시아로서 구약의 율법과 선지서를 완전히 순종함으로 그 내용을 그대로 지키셨습니다. 예수 그리스도께서 가르치시고 전파하시고 행하신 모든 교훈은 구약 전체 내용과 일치합니다. 그러므로 예수 그리스도께서 이 세상에 오셔서 율법을 완전케 하신 것입니다. 따라서 우리는 구약성경, 즉 율법은 결코 무시될 수 없는 기독교 신앙의 근원이 된다는 것을 명심해야 합니다. 또한 우리는 예수님께서 하나님의 말씀인 율법을 전적 순종하심으로 완전케 하신 순종을 배워야 합니다.

(2) 예수님은 율법을 반드시 다 이루리라고 하셨습니다(5:18).

"진실로 너희에게 이르노니"(αμην γαρ λενω υμιν-아멘 가르 레고 휘민)는, '틀림없이', '믿을 수 있는'이란 뜻입니다. "천지가 없어지기 전에"라는 말은, '세상의 종말까지는'이란 뜻으로 예수님이 오실 재림 때까지 율법과 선지자는 폐하여 질 수 없다는 예수님의 단정적인 선언입니다. "일점 일획이라도"(ιωτα εν η μια κεραια-이오타 엔 에 미아 케라이아)라는 말씀에서, "일점"이란 히브리어 문자에서 가장 작은 글자인 ' (요드)를 말합니다. "일획"(καραια-케라이아)은 히브리어 ' (와우)라고 하기도 하고 비슷한 글자를 구별하기 위하여 긋는 획이라고도 합니다. 그러므로 "일점 일획"이라는 말은, 구약성경은 붓 한번 살짝 움직인 정도의 아주 조그마한 내용조차도 모두 권위를 갖는다는 것을 말합니다. "반드시 없어지지 아니하고 다 이루리라"고 한 것은, 율법이 의도하는 것은 완전한 형태로 이루어질 것이고, 실제로 일어나고, 실제로 이루어질 것이라는 말입니다.

하나님의 언약은 반드시 정확하게 성취되고야 맙니다. 이 세상과 하늘이 없어지더라도 하나님 말씀은 이루어질 것입니다. 하나님은 약속에 신실하신 하나님입니다.

하나님은 아브라함에게 아들을 주시겠다고 약속하셨습니다. 그리고 모든 사람이 기대할 수 없었던, 심지어 아브라함 자신과 그의 아내 사라도 의심하고 포기한 100세의 나이에 이삭을 주셨습니다. 하나님은 애굽에서 그의 후손들이 나그네 생활을 할 것이며 다시 가나안으로 돌아올 것을 예언하셨습니다. 예언은 그대로 성취되었습니다. 하나님은 요셉을 먼저 애굽으로 보내셨습니다. 나중에 야곱과 그의 아들들이 애굽으로 이민을 가도록 하셔서 430년 동안 나그네 생활을 하게 하셨습니다. 하나님은 때가 차매 모세와 아론을 보내 출애굽을 이루시고, 시내산에서 십계명을 주시고, 요단강을 건너 가나안 땅을 정복하게 하심으로 약속을 다 이루셨습니다.

또 하나님은 아브라함에게 자손이 하늘의 별과 같고 바닷가의 모래처럼 많을 것이라고 약속하셨습니다. 약속은 그대로 성취되었습니다. 혈통적으로 아브라함의 후손들이 얼마나 많습니까? 이스라엘 유대인들과 아랍 족속들이 모두 아브라함의 육신적인 자손들입니다. 그 뿐 아니라 오늘날 믿음으로 사는 전 세계에 흩어져 있는 모든 신자들은 믿음의 조상인 아브라함의 자손들입니다. 이처럼 하나님은 약속에 신실하십니다.

하나님은 시내산에서 모세에게 말씀하셨습니다. "가라 모세야. 내 백성을 애굽에서 구원해 내라. 내가 너와 함께 하리라" 하나님은 애굽에 10가지 재앙을 내리시고 그 약속을 이루셨습니다.

야곱에게 벧엘 들판에서 나타나신 하나님은 약속하셨습니다. "내가 너를 버리지도 떠나지도 아니하겠고 너와 함께 할 것이며 너를 축복하여 다시 이 곳으로 돌아오게 하리라" 하나님은 약속을 신실하게 지키셨습니다.

우리 하나님은 구약성경에 메시야에 대한 예언을 하셨고, 그 예언은 정확하게 성취되었습니다. 창 3:15에 처음으로 메시야가 여자의 후손으로 나실 것이라고 예언하셨습니다. 예수님은 여자의 후손, 바로 동정녀 마리아를 통해서 오셨습니다. 다윗의 자손으로 오실 것이라는 예언은, 다윗의 자손 요셉과 다윗의 자손 마리아를 통해서 오심으로 성취되었습니다. 미 5:2에 유대 땅 베들레헴에 나실 것이라는 예언도, 예수님이 베들레헴 마구간에 나심으로 성취되었습니다. 애굽으로 피난 가실 것이라는 예언도, 헤롯왕을 피해서 애굽으로 피난 가심으로 이루어졌습니다. 나사렛 사람이란 말씀도 나사렛에서 사심으로 그대로 이루어졌습니다. 고난받으실 것이라는 예언도 그대로 성취되었고, 나귀를 타고 입성하실 것이라는 예언대로 예수님은 나귀를 타시고 예루살렘에 들어가셨습니다. 제자들에게 배반당하실 것이라는 예언도 그대로 이루어졌습니다. 예언대로 십자가에 달리셨고, 뼈가 꺾이지 않으실 것이라는 예언도 그대로 이루어졌습니다. 부자의 묘에 묻히실 것이라는 예언도 아리마대 요셉의 무덤에 묻히심으로 그대로 성취되었고, 부활하실 것이라는 예언도 삼일만에 살아나심으로로 이루어졌고, 승천하실 것이라는 예언도 그대로 이루어졌습니다.

성도 여러분, 하나님의 말씀은 너무도 정확하고 분명하여 반드시 이루어지고야 맙니다. 우리 사람들은 약속을 제대로 지키지 못합니다. 믿을 수가 없습니다. 반드시 약속을 지키시는 하나님과 우리 인간은 대조가 됩니다. 우리는 약속을 잘 지키지 못합니다. 사람들은 시간이 흐르고 환경이 바뀌면 약속을 잊어버리거나 아예 생각조차 안합니다.

오래 전 신의주에 큰불이 났습니다. 정월 초하루 설날 아침이었습니다. 백 여 점포가 다 타 버렸습니다. 어떤 여자가 불을 지른 것으로 밝혀졌습니다. 사연은 이렇습니다. 촌에서 가난한 청년 부부 두 사람이 도회지에 나와서 벌이를 해 보자고 결심을 하고 이사를 와 조그마한 방 하나를 얻었습니다. 남자는 지게를 지고 여자는 조그마한 가게 하나 차려서 콩나물, 두부, 채소, 과일 등을 팔았습니다. 밤 늦도록 일하고 아침 일찍 일어났습니다. 절약하고 악착같이 돈을 벌었습니다. 10년쯤 되니 상당한 돈을 모아 좋은 집도 샀습니다. 그러자 남자가 이상한 짓을 하기 시작했습니다. 지금까지 고생하던 초라한 아내보다, 더 좋은 옷을 입고 예쁘게 화장한 다른 여자와 딴 살림을 시작한 것입니다. 아무리 기다려도 남편은 돌아오지 않았습니다. 얼마나 억울하고 분하겠습니까? 그믐날이 되었습니다. 오늘은 꼭 돌아오라고 눈물로 호소를 했습니다. 그러나 기다리고 기다려도 돌아오지 않았습니다. 자정이 되어도 오지 않았습니다. 너무 화가 나서 '이런 세상 살아서 무엇하나. 아예 불이나 놓고 나도 죽자.' 하고 문을 꼭 닫아걸고 불을 질렀습니다.

여기서 우리는 사람의 약속은 완전히 믿을 수 없다는 것을 배우게 됩니다. 왜 고아원에 아이들이 많아집니까? 아직도 우리 한국 아이들이 외국으로 입양되어 가고 있습니까? 이것은 책임질 줄 모르는 부모, 약속을 지킬 줄 모르는 사람들의 잘못 때문입니다.

그러나 성도 여러분, 우리 하나님은 반드시 약속을 지키십니다. 사 49:15에 "여인이 어찌 그 젖먹는 자식을 잊겠으며 자기 태에서 난 아들을 긍휼이 여기지 않겠느냐? 그들은 혹시 잊을지라도 나는 너를 잊지 아니할 것이라"고 말씀하셨습니다. 롬 8:31에는 "누가 우리를 그리스도의 사랑에서 끊으리요. 환난, 곤고, 기근, 적신, 위험, 칼이랴? 내가 확신하노니 사망이나 생명이나 천사들이나 권세자들이나 현재 일이나 장래 일이나 능력이나 높음이나 깊음이나 다른 아무 피조물이라도 우리를 우리 주 예수 그리스도 안에 있는 하나님의 사랑에서 끊을 수 없으리라"고 나옵니다. "주 예수를 믿으라. 그리하면 너와 네 집이 구원을 얻으리라"는 약속은 지금 이 순간에도 이루어지고 있습니다. "수고하고 무거운 짐진 자들아 다 내게로 오라. 내가 너희를 쉬게 하리라"

주님이 세상에 다시 속히 오리라는 재림의 약속은 반드시 이루어질 것입니다. 믿음으로 산 자들에게 상을 주리라고 약속하신 주님은 반드시 상을 주실 것입니다.

성도 여러분, 우리 주 예수 그리스도는 이 땅에 율법을 완전케 하러 오셨습니다. 그러므로 우리는 신구약 66권의 하나님 말씀을 귀하게 알고 전적 순종하여 약속에 신실하신 하나님, 일점 일획도 남김없이 반드시 이루시는 하나님의 말씀을 믿고 확신하고 살아가시는 천국 백성들이 되기를 바랍니다.

2. 예수님은 천국에서 큰 자에 대해 말씀하십니다(5:19).

천국에서 "작은 자"는, 지극히 작은 율법 하나라도 버리고 그같이 사람을 가르치는 자입니다. "큰 자"는, 지극히 작은 하나님의 말씀이라도 지키고 행하며 가르치는 자입니다. 이 말씀을 볼 때 천국에도 등급이 있다는 것을 알 수 있습니다. 지극히 작은 율법 하나라도 버리는 자는 천국에서 제외된다는 말은 아닙니다. 조그만 율법을 하나라도 지키지 않으면 천국에 못 들어간다는 말이 아닙니다. 다만 천국에서 지극히 작다고 인정되거나 중요하지 않는 존재로 여겨질 것이라는 말입니다. 이것을 보면 천국에서도 상급에 차이가 있다는 것을 알 수 있습니다. 큰 상을 받는 사람이 있고 수치를 당하는 사람도 있습니다.

성도 여러분, 우리는 천국에서 작은 자가 되는 것보다 천국에서 큰 자가 되어야 하지 않겠습니까? 누가 천국에서 큰 자가 됩니까? 우리 주님은 말씀하셨습니다. "누구든지 가장 작은 율법이라도 행하고 지키는 사람은 천국에서 크다 일컬음을 받을 것이다." 그러므로 우리는 성경의 모든 계명을 지극히 작은 것 하나라도 다 실천해야 됩니다. 왜냐하면 천국에서 큰 자는, 하나님의 말씀을 아무리 작은 것이라도 소홀히 하지 않고 지키고 순종하는 자이기 때문입니다. 율법은 다 중요합니다. 이것은 버리고 저것만 가르치고 행해서는 안됩니다.

십계명은 하나님 사랑과 이웃 사랑으로 요약됩니다. 1계명에서 4계명까지는 하나님에 대한 사랑을 말하고, 5계명에서 10계명까지는 이웃 사랑을 말합니다. 하나님 사랑이 더 우위에 있고, 그 다음에 이웃을 사랑하는 것이라고 볼 수 있습니다. 그러나 엄밀한 뜻에서 하나님 사랑하는 자는 이웃을 사랑하지 않을 수 없습니다. 진정 하나님을 사랑한다면 사람도 사랑해야 합니다.

예를 들어, 제1계명인 하나님 외에 다른 신을 두지 말라는 것은 지키고, 제4계명인 안식일을 거룩하게 하라는 것을 어겨도 된다는 법은 없습니다. 제2계명인 우상 숭배하지 말라는 계명은 잘 지키면서, 제8계명인 도적질하지 말라는 말씀을 지키지 못하면 율법을 어기는 것입니다. 제3계명인 하나님의 이름을 망령되이 일컫지 말라는 계명은 잘 지키면서, 제9계명인 네 이웃에 대하여 거짓 증거하지 말라는 말씀을 예사로 어긴다면 그것은 율법을 온전히 지키는 것이 아닙니다. 하나님을 사랑하는 자는 율법의 작은 것 하나라도 기억하고 행하고 가르쳐야 합니다. 왜냐하면 하나님의 백성은 온전한 사람들이 되어야 하기 때문입니다.

그런데, 어떤 무리들은 이미 예수 그리스도를 믿고 구원받았기 때문에 다른 율법을 지킬 필요가 없다고 주장합니다. 노스틱(Gnostic)이라고 불리는 영지주의자들은, 선한 것과 악한 것을 모두 경험해 보아야 한다고 주장합니다. 죄를 깊이 통찰하는 것은 중요하다고 주장했습니다. 이런 무리들이 빌립보 교회 안에도 있었습니다. 이들은 육은 무엇이나 악하기 때문에, 육을 가지고는 무엇이나 마음대로 해도 된다고 주장했습니다. 그래서 간음, 동성연애, 음주와 같은 행동을 해도 영혼은 괜찮다고 했습니다.

아닙니다. 이들은 거짓 선지자들입니다. 이들은 모두 십자가의 원수들입니다.

또 어떤 이들은 하나님의 은혜는 모든 죄와 오점을 덮기에 충분하고, 하나님의 사랑은 어떤 죄라도 사하기에 충분하기 때문에 사람은 하고 싶은 대로 죄를 범하고 율법을 어겨도 괜찮다고 했습니다. 이것 역시 궤변입니다. 사도 바울은 이들을 그리스도 십자가의 원수라고 공격했습니다. 이들은 예수 그리스도의 십자가의 은혜를 모독하고 오용하고 욕되게 한다고 지적했습니다. 왜냐하면 가장 더러운 죄는 십자가의 사랑을 왜곡하는 것이기 때문입니다.

성도 여러분, 예수 그리스도께서 이 세상에 오신 목적이 무엇입니까? 십자가에 달려 죽으시고 부활하시는 것입니다. 왜 그렇게 하셨습니까? 무슨 목적으로 그렇게 하셨습니까? 율법을 완성하시기 위해서입니다. 하나님의 법은, 죄를 지은 자는 죽어야 하고 심판을 받아 영원한 형벌을 받는 것입니다. 그래서 예수 그리스도는 저와 여러분의 모든 죄악을 대신 지시고 십자가에서 죽으신 후 부활하셨습니다. 영원히 허물과 죄로 죽었던 우리들을 죄악에서 구하기 위해 예수님은 율법의 요구를 대신 이루어 주셨습니다.

우리는 무한한 예수님의 사랑과 은혜를 받은 자입니다. 주 예수 그리스도는 자신의 생명을 지불하시고 우리를 구원하시기 위해 십자가에 달리셨습니다. 그렇기 때문에 주의 은혜를 바로 아는 성도는,

주의 은혜에 감사하여 믿음으로 주를 사랑하고 봉사하며 충성해야 합니다. 그리고 우리 주님께서 자신의 생명을 희생해서 완성시키신 율법인 하나님 말씀에 따라 철저히 살아가려고 애쓰고 노력해야 합니다.

하나님의 말씀은 우리를 더 거룩하게 생활하도록 안내하는 책입니다. 롬 7:22에 진실한 성도는 하나님의 법을 즐거워한다고 했습니다. 우리는 율법을 통해서 죄가 무엇인가를 배웁니다. 따라서 율법을 통해서 죄를 깨달은 우리는 예수 그리스도가 필요하고 그 분을 만나야 합니다. 왜냐하면 율법으로는 구원을 받을 수 없으나, 율법의 요구를 완전케 하신 예수 그리스도를 통해서 구원을 받을 수 있기 때문입니다. 그러므로 예수 그리스도를 통해서 구원받은 우리 성도는 주의 은혜에 감사하여 하나님의 말씀을 사랑하고, 말씀대로 살아가며, 하나님 영광을 위해 더욱 더 고상하고, 더욱 더 많은 봉사를 하고, 더욱 더 격조 높은 생활, 더욱 더 거룩한 생활에 힘써야 합니다.

하나님의 백성인 우리는 주 예수 그리스도께서 완전케 하신 율법을 사랑하고 지키며 가르쳐야 합니다. 성경은 말씀합니다. 딤후 4:16-17에 "모든 성경은 하나님의 감동으로 된 것으로 교훈과 책망과 바르게 함과 의로 교육하기에 유익하니 이는 하나님의 사람으로 온전케 하며 모든 선한 일을 행하기에 온전케 하려 함이니라"고 나옵니다.

성도 여러분, 우리는 스스로 율법을 지킬 수가 없고 구원할 수 없는 죄인이었습니다. 그런데 우리 주 예수님께서 십자가의 희생으로 율법을 완전케 해주셔서 그를 믿는 자마다 구원받은 놀라운 은혜를 받아 천국 백성이 되었습니다. 우리는 이 사실에 감사하며 아무리 작은 것처럼 보이는 하나님의 말씀이라도 잘 지키고 순종하며, 또한 가르쳐서 천국에서 큰 자로 인정받는 성도가 되기를 바랍니다.

3. 의로운 자가 천국에 들어갑니다(5:20).

이것은 우리가 주의 깊게 생각해 보아야 하는 말씀입니다. "너희 의가 서기관과 바리새인보다 더 낫지 못하면 천국에 결단코 들어가지 못하리라" 여기에서 예수님께서는 서기관과 바리새인이 가진 것과 다른 새로운 의를 요구하고 계십니다.

그러면 여기에 나오는 "서기관과 바리새인의 의"는 무엇입니까? 서기관과 바리새인은 이스라엘에서 가장 엄격한 종교집단의 무리였습니다. 그들이 한 일이 전부 다 나쁜 것은 아닙니다. 그들은 율법에서 복잡할 정도로 많은 조문들을 만들어 내었습니다. 그리고 철저히 율법 조문에 순종했습니다. 모든 세금 이외에도 수입의 10분의 1을 헌금했습니다. 안식일을 거룩하게 지키며 율법의 가르침을 끝까지 파수하기 위하여 가장 잔인한 순교(Martyrdom)도 당했습니다. 그들은 사람 속에서 하나님이 가장 중요하게 나타나야 된다고 믿었습니다.

그러나, 그들의 잘못은 어디까지나 형식적이고 위선적이었다는데 있습니다. 그래서 우리 예수님은 그의 제자들에게 요구하셨습니다. 형식적이고 위선적이 아닌 내면적인 열정과 사랑, 그리고 경건을 요구하신 것입니다. 예수님은 중심을 보십니다. 자신들의 의를 나타내는 서기관과 바리새인들과는 다른 오직 하나님께서 영광 받으시는 하나님 중심의 의를 요청하십니다. 즉 하나님의 백성인 우리들을 통해서 하나님의 의가 나타나기를 원하시는 것입니다. 다시 말하면,

우리 주님이 원하시는 의는 단순히 많은 율법과 계명을 지켜야 한다는 의미가 아니라, 하나님을 사랑하고 이웃을 사랑하는 새로운 의, 더 넓고 포괄적인 의를 말합니다.

한 마디로 "의"는 무엇입니까?

서기관과 바리새인처럼 알맹이 없이 지켰던 율법이 아니라, 주 예수 그리스도를 믿음으로 얻는 것입니다. 예수 그리스도를 믿음으로 의롭게 되고 구원을 얻어 천국에 들어갑니다. 오직 율법을 완성시키신 예수 그리스도를 발견한 사람들만이 천국에 들어가는 것입니다. 왜냐하면 서기관과 바리새인이 요구하는 의, 즉 율법을 지키는 것만으로는 천국에 한 사람도 들어갈 수 없기 때문입니다. 예수님이 천국에 들어가지 못한다고 하신 말씀은(5:20), 천국은 상대적으로 남보다 더 나은 자가 들어간다는 말이 아닙니다. 오히려 율법의 형식이 아닌 율법의 내용, 즉 그 근본 정신인 하나님을 사랑하고 이웃을 사랑하며 실천하는 자가 들어간다는 말입니다. 다시 말해 주 예수님을 진실로 믿는 믿음으로 들어갑니다.

예를 들어, 율법은 마음속에 음욕을 품은 사람마다 이미 간음했다고 정죄합니다. 율법은 마음속에 남을 미워한 사람은 이미 살인했다고 정죄합니다. 율법은 마음속에 탐욕을 품은 자는 이미 도적질했다고 정죄합니다. 이 율법의 요구를 누가 지킬 수 있습니까? 그래서 성경은 의인은 없나니 하나도 없다고 합니다(롬 3:10). 그러면 누가 이 율법의 요구를 다 지킬 수 있습니까? 우리가 어떻게 해야 의롭다 함을 얻고 천국에 들어갈 수 있습니까? 길은 오직 하나, 바로 율법의 요구를 다 이루신 예수 그리스도를 믿음으로 가능합니다.

우리 예수님은 십자가 위에서 마지막으로 "다 이루었다"고 외치셨습니다. 이 말씀은 예수님이 모든 율법의 요구를 완전하게 다 이루셨기 때문에 더 가미할 필요가 없다는 말씀입니다. 그러므로 누구든지 예수 그리스도를 믿음으로 의롭다 인정을 받고 천국에 들어갈 수 있습니다. 따라서 예수 그리스도 없는 율법으로는 아무도 구원받을 수가 없습니다.

종교 개혁자인 마틴 루터는 뷔텐베르그(Wuttenberg) 대학에서 성경을 강의했습니다. 시편, 로마서, 갈라디아서를 강의하면서 그 당시의 교회가 가르치는 교훈과 행사가 성경 말씀과 차이가 있다는 것을 발견했습니다. 그는 많은 고민을 했습니다. 그때 로마 교황이 성 베드로 성당을 짓기 위해 모자라는 돈을 모금하면서 속죄표인 면죄부를 판매하기 시작했습니다. 이 표를 사는 사람은 죄 용서를 받아 연옥에서 해방되어 천국으로 들어갈 수 있다는 것입니다. 마틴 루터는 이것이 비성경적임을 지적하고 "오직 의인은 믿음으로 말미암아 살리라. 예수 그리스도를 믿음으로 의롭다 함을 받고 구원받아 천국에 갈 수 있다."는 사실을 주장하여 종교 개혁의 횃불을 일으켰습니다.

성도 여러분, 천국에는 서기관과 바리새인들과 같이 율법을 형식적으로 지키는 자는 결코 들어갈 수 없습니다. 오직 십자가에서 율법을 완성시키신 주 예수 그리스도를 믿는 믿음을 가짐으로 의롭다 인정받은 우리 성도들이 들어갈 수 있습니다.

이제 우리는 의롭게 살아야 합니다. 말씀대로 살아야 합니다. 오직 주님의 은혜로 의롭다 함을 받고 천국 백성이 되었으니 의로운 삶을 살아야 합니다. 우리의 신분이 의인으로 변했으니 의롭게 살아야 하는 것은 당연합니다. 의로운 생활은 은혜 받은 것에 감사함으로 사는 것입니다.

우리는 마지못해 율법을 지키고 말씀을 지키는 사람이 아닙니다. 주일 성수, 십일조 생활, 기도하는 것, 전도하는 것, 성경공부 하는 것, 봉사하는 것 이 모두가 하나님 은혜에 감사함으로 행하는 것이 되어야 합니다. 또한 교회의 직분자로서 목사, 장로, 안수 집사, 권사, 집사, 구역장, 권찰, 교사, 찬양대원, 각 기관 임원들, 이 모든 직분이 주님께서 내게 주신 은혜에 감사하여 충성하는 것이 될 때 그것이 바로 의롭게 사는 것입니다.

의롭게 사는 생활은 무슨 일을 할 때나 의를 생각하는 것입니다. 즉 예수 그리스도를 생각하는 것입니다. 안중근 의사는 見利 思義, 즉 '이익을 볼 때 의를 생각하라'는 말을 남겼습니다. 우리는 내 자신의 이익에 앞서 의를 생각해야 합니다. 예수 그리스도를 생각해야 합니다. 그러므로 은혜 받은 성도는 우리에게 주신 재능과 재물, 환경 모두 의롭게 사용해야 합니다.

이북에서 빈손으로 내려온 어느 성도는 말하기를, 그때 하나님께서 주신 재산과 재물들을 주를 위해 바르게 사용하지 못한 것을 후회했다고 합니다.

우리는 아르헨티나 대통령이 한 말을 기억할 필요가 있습니다. 그는 미국인들을 향해 이렇게 말했습니다. "당신네들은 신앙의 자유를 찾아와서 신앙도 찾고 금도 얻었다. 우리는 금을 찾아왔다가 금도 얻지 못하고 신앙도 잃어버렸다."

주님은 말씀하셨습니다. "그러므로 너희는 먼저 그의 나라와 그의 의를 구하라. 그리하면 이 모든 것을 너희에게 더하시리라" 우리는 하나님의 백성, 천국의 백성들입니다. 주 예수 그리스도의 십자가의 피로 구원받고 무한한 은혜를 받은 성도들입니다. 또한 지금까지 지내 온 것 모두가 주의 크신 은혜가 아닙니까? 그러므로 우리는 주님의 은혜에 감사하여 의롭게 살아야 합니다. 주를 위해 살아야 합니다.

우리 주님은 이 땅에 오셔서 철저히 순종의 생애를 통하여 율법을 완성하셨습니다. 십자가의 구속 사역으로 모든 율법을 완전케 하셨습니다. 우리는 예수 그리스도를 믿음으로 의의 백성이 되었습니다. 따라서 당연히 의롭게 살아야 하며 말씀대로 살아야 합니다. 율법의 정신대로 살아야 합니다. 우리 모두 율법을 완전케 하신 우리 주님께서 일점 일획도 남김없이 반드시 다 이루실 것을 믿고, 주의 은혜에 감사함으로 지극히 작은 율법이라도 기쁨으로 지키는 의로운 삶을 살아, 천국에서 크다 일컬음 받는 성도가 되기를 바랍니다. 아멘.

▨ 산상설교 강해 6 ▨

분노와 화목

(본문 / 마태복음 5:21-26)

 우리들이 살아가는 이 세상은 불완전합니다. 한 마디로 분노의 세상입니다. 하는 일들이 제대로 되지 않고, 주위 환경 때문에 서로 마찰하고 대립하며 만족치 못하게 됩니다. 여기에서 분노하고 미워하며, 나중에는 살인까지 이어지는 무서운 일이 발생하게 되는 것입니다. 천국 백성인 우리 성도들도 이 험악하고 어려운 세상에서 무서운 죄악의 영향 속에 살아가므로 때로는 분노하고 죄를 지으며 살고 있습니다. 이것은 피할 수 없는 일입니다. 우리를 화나게 하는 것이 한 둘이 아닙니다. 너무도 많습니다.

 그러면 이것을 어떻게 해야 할까요? 하나님의 백성인 우리는 어떻게 대처하며 살아가야 할까요? 예수님은 천국 백성인 우리에게 어려운 일들을 만날 때, 바로 이해하고 나갈 수 있도록 법의 정신을 가르쳐 주셨습니다. 그것이 오늘 성경 본문인 산상설교에 잘 나타나 있습니다. 예수님은 분노와 화목에 대하여 우리들에게 어떤 교훈을 주시는가 살펴보아야 합니다.

1. 분노와 살인 문제(5:21)

"옛 사람들에게 말한 바…. 들었으나"

여기에 나오는 옛 사람은, 하나님으로부터 모세의 율법을 직접 들은 시내산 세대의 사람들을 말합니다. 옛 사람들은 모세 율법을 통하여 "살인하지 말라 누구든지 살인하면 심판을 받게 되리라"하는 말씀을 들었습니다. 마찬가지로 예수님 당시의 사람들도 이 말씀을 회당에서 율법의 교사나 서기관과 바리새인들을 통해서 들어서 알고 있었다는 말씀입니다. 그들은 살인하면 심판을 받는다는 것을 알고 있었습니다.

이스라엘 백성들은 구약성경을 읽을 수가 없었습니다. 왜냐하면 유대인은 바벨론 포로 생활 중에 히브리어를 상실했고 예수님 당시에는 아람어를 사용했기 때문입니다. 따라서 서기관과 바리새인들이 읽어 주고 해석하는데 의존했습니다. 그런데 그들은 하나님 말씀 자체를 읽고 그 정신을 밝히는 것이 아니라 자기들의 해석과 전통을 말씀보다 앞세웠습니다. 그러므로 예수님은 5:2에 "나는 너희에게 이르노니…"라고 말씀하신 것입니다. 이 말씀은 바리새인과 서기관들로부터 잘못 들은 것을 바로 가르쳐 주겠다는 말씀입니다. 유대인의 선생들은 율법의 형식을 강조했으나, 주님은 율법의 정신보다 훨씬 더 영적이고 자기 마음을 살피는 규칙을 말씀하십니다.

그 첫 번째 예가 분노와 살인의 문제입니다.

십계명 가운데 제6계명은 "살인하지 말라"입니다. 유대인들은 이 율법을 잘 알고 있었습니다. 그런데 그들은 율법의 근본적인 요구와 정신을 몰랐습니다. 단지 살인 행위로만 알았습니다. 죽이지만 않으면 된다고 이해했습니다. 살인자는 각 마을마다 설치되어 있는 재판소(신 16:18; 대하 19:5)나 범죄 문제를 다루기 위하여 설립된 23인 평의회에서 진행되는 사법 절차에 의해서 심판을 받는다고만 생각하고 있었습니다(민 35:30-31).

이것은 근본 정신을 잘 알지 못하고 오해하고 있는 것이었습니다. 예수님의 교훈은 더 이상적이고 더 높았습니다. 살인자는 정부의 심판보다 더 중요한 하나님의 심판을 받는다는 것입니다. 예수님의 가르침은 '이 세상 속에 사는 천국 백성인 너희는 단순히 살인 자체만 하지 않으면 된다고 생각해서는 안된다'는 것입니다. 그것은 소극적인 태도입니다. 예수님의 가르침은 "너희는 천국 백성이다. 세상 사람들의 표준과 다르게 살아야 한다. 더 고상하고 더 이상적이고 더 순결해야 된다."는 뜻입니다.

그러면 천국 백성의 표준은 무엇입니까?

그것은 하나님은 마음의 상태를 더 중요하게 보신다는 사실입니다. 따라서 살인의 정의를 분노하는 것에서 찾아내고 있습니다.

(1) 예수님은 먼저 "형제에게 노하는 자, 즉 분노하는 자마다 심판을 받게 될 것이요"라고 말씀하셨습니다(5:22).

예수님은 살인의 근원을 분노로 보셨습니다. 까닭 없이 분노하고 욕설하는 것은 살인 행위로 간주되어 심판을 받게 된다는 말씀입니다. 가정에서 아내에게 또는 남편에게, 자녀들에게, 형제들에게 까닭 없이 성내고 분노하면서 '죽어 버리면 좋겠다. 없어져 버렸으면 좋겠다. 미워 죽겠다.'는 말을 하면 살인하는 것이 되고 그것으로 인하여 심판을 받아야 한다는 말입니다.

(2) "형제를 대하여 라가라 부르는 자는 공회에 잡히게 되고"

"형제"는 하나님을 아버지로 모시는 그리스도인 형제들을 말합니다. "라가"라는 말은 '바보'라는 말로, 경멸과 조롱으로 그 사람의 명성을 파괴하는 것입니다. 분을 품고 형제를 향하여 바보, 얼간이, 멍청이라고 부르거나 지나친 비판을 하는 것은 하나님 앞에서 무서운 죄를 짓는 것입니다. 왜냐하면 증오하고 경멸하고 냉소의 심정을 가진 자는 이미 살인한 것이기 때문입니다. 이런 사람은 영성이 모자라 하나님을 완전히 무시하는 자입니다. 누가복음 12장에 나오는 어리석은 부자의 이야기는 이것을 잘 나타내 주고 있습니다. 이런 자는 공회에 잡히게 된다고 했습니다. 형제를 모욕하면 산헤드린 공회 또는 하나님의 법정에 서게 된다는 말입니다.

(3) "미련한 놈이라 하는 자는 지옥 불에 들어가게 되리라"

미련한 놈이라고 부르는 것은 형제의 명예를 짓밟고 인격을 모독하는 행위입니다. 소위 흑색선전, 비방 등 멀쩡한 사람을 매장시켜 버리고 엄청난 타격을 주는 경우를 말합니다. 그런데 그런 소문을 낸 사람이나 당사자들은 사과를 하지도 않고 넘어가 버리는 것이 예사입니다. 설사 사과를 한다고 해도 이미 엎어진 물이라 담을 수도 없고 상처만 남습니다.

모방송사에 나온 서울의 모목사에 대한 인신 비방 방송은 많은 사람들에게 충격을 주었습니다. 그러나 그 교회와 교단 기독교 지도자들이 방송의 편파 보도와 왜곡 보도를 강력하게 항의하고 사과를 요구하며 고소를 하자, 그 방송국은 유감 자막 방송을 냈습니다. 그러나 무엇을 잘못했는지 내용은 말하지 않고 유감만 표명했습니다. 이것은 방송국이 잘못했다는 것이지만 이미 엎어진 물이었습니다. 교회와 목사는 욕을 먹을 대로 다 먹었는데 이 상처를 어떻게 치료하며 누가 보상할 것입니까?

바로 이런 것들이 살인 행위라고 예수님은 말씀하셨습니다.

이런 사람은 예수님께서 지옥 불에 떨어진다고 하셨는데, "지옥 불"이란 '불붙는 게엔나'라는 뜻으로 '힌놈의 골짜기'라는 말에서 나왔습니다. 이곳은 종말론적인 심판이 행해지는 장소를 상징합니다. 즉 영원한 지옥과 심판 이전의 상태에 있는 죽은 자들의 거처를 말합니다. 그리고 지옥을 뜻하는 말로 많이 쓰였습니다.

바리새인과 서기관들은 세상적인 것에 관심을 가졌습니다. 외적인 것에만 신경을 썼습니다. 그러나 예수님의 관심은 마음이었습니다. 즉 율법의 정신에 강조를 두신 것입니다. 무서운 것은 마음속의 분노입니다. 증오심이 가장 무거운 짐입니다.

찰스 램(Charles Ram)은 "저 사람에게 나를 소개시키지 마시오. 나는 그 사람을 계속 미워하고 싶어요. 일단 서로 아는 사이가 되면 미워할 수 없어요."라고 말했습니다. 이것은 우스운 이야기가 아닙니다. '다른 사람이 나를 미워한다. 그러면 나도 그를 미워해야지' 이것은 아주 단순한 논리입니다. '저 사람이 나를 미워하고 욕설을 퍼붓고 비평하는데 내가 가만히 앉아서 당하기만 한다면 나는 자존심도 없는 바보요 무시당하는 것이 아닌가? 사실 따지고 보면 내가 저 사람보다 못한 것이 무엇인가? 나도 가만 못 있겠다. 이는 이로 눈은 눈으로 나도 같이 투쟁해야지' 이렇게 되는 것입니다. 이것은 세상 사람들이 하는 것입니다. 결국은 나의 파멸이 되고 맙니다.

오래 전에 우리 한국에는 목사님을 장립시키려면 노회 시취원이 있어 시험을 주관하고 세우는 것이 아니라, 노회 앞에서 누구나 질문을 하고 거기에 대한 답변을 잘해야 목사로 안수를 받게 한 적이 있었다고 합니다. 두 사람의 전도사가 목사 시험을 치르는데 그런 대로 대답을 잘 했습니다. 그런데 선교사 한 사람이 아직 자격이 안되는 것 같다면서 반대해 불합격이 되고 말았습니다. 결국 한 노회 뒤로 연기하도록 결정이 되었습니다. 그러자 두 사람 중 한 사람은 "무언가 부족한 것이 있겠지. 좀 더 기다려 보자." 하고 겸손하게 순복하고 따랐는데, 다른 한 사람은 속에 분한 마음을 가지고 참지 못하여 하는 말이 "에이 그 선교사, 그 놈" 하면서 계속 분한 감정을 품고 있었습니다. 결국 순종한 사람은 목사가 되었고, 분을 품은 사람은 목사가 되지 못했습니다. 분한 마음을 계속 품으면 하나님의 은혜가 내게서 떠나고, 하나님의 사랑이 떠나고, 실패하고, 손해를 보고, 파멸하고 맙니다. 그래서 예수님은 우리를 향하여 "천국 백성인 너희는 그렇게 해서는 안된다. 너희는 세상의 소금이 되고 빛을 비추는 사람으로써 분노를 품으면 바로 살인이라는 것을 모르느냐? 나는 너희 마음의 순결을 원한다."고 하신 것입니다.

물론 분노 중에는 거룩한 분노, 의로운 분노가 있습니다. 우리 예수님은 하나님께 예배드리는 성전에서 소를 팔고, 양을 팔고, 비둘기를 팔고, 돈을 바꾸는 장사 행위를 보시고 분노하시며 성전을 청결케 하셨습니다. 이것은 거룩한 분노, 의로운 분노, 공의로우신 분노입니다. 이처럼 죄, 위선, 불의와 악을 보고 우리는 분노할 수 있습니다. 그러나 죄를 지어서는 안됩니다.

우리 하나님은 초월적이시며 거룩하신 분입니다. 하나님은 인간이 보통 보지 못하는 실수나 불완전한 일도 세미한 부분까지 다 아시고 살피시는 지극히 순결하시고 완전하신 분입니다. 즉 우리 마음의 동기까지 다 보시고 계십니다. 우리 주님은 형식적인 것을 반대하시고 그 중심을 기뻐하십니다.

　흔히 사람들은 제6계명인 "살인하지 말지니라"는 말씀을 잘 지키고 있다고 생각합니다. '나는 결코 사람을 죽인 일이 없다.'고 생각하고 만족하면서 살아갑니다. 율법에 흠이 없다고 생각합니다. 그러나 참으로 행복한 사람은 하나님의 법의 뜻을 바로 알고 있는 자입니다.

　바리새인들과 유대인의 랍비들은 '세상 사람들처럼 미워하고 분노하면 살인하는 것이다.'라고만 가르쳤습니다. 그러나 우리 예수님은 천국 백성인 우리들에게 요구하십니다. '너희 천국 시민은 형제를 미워해서는 안될 뿐만 아니라 사랑해야 한다.' 이것이 율법을 만족시키는 것입니다. 이것이 진정한 율법의 뜻이요, 우리 예수님의 가르침입니다.

　형식적인 교훈은 살인해서는 안된다는 것입니다. 그러나 예수님은 '천국 백성인 너희는 한 걸음 더 나아가서 사랑하라'고 말씀하십니다. 진정 주님을 사랑하고 주의 뜻대로 살아가려는 사람은 이 계명을 실천해야 합니다.

　하나님의 마음에 합당한 자로 기록된 다윗은, 아들 압살롬의 반란 때 급하게 도망을 가게 되었습니다. 그때 사울 왕을 지지하던 베냐민 지파 시므이가 다윗 왕에게 심한 욕설을 퍼부으면서 저주를 했습니다. "가거라 피흘린 자여 비굴한 자여, 사울의 족속의 피 흘린 자여, 여호와께서 네게로 돌리셨도다"라고 말하며 돌을 던지면서 욕을 했습니다. 그 때 옆에서 있던 장군들이 분노하며 칼을 들고 왕의 명령만 기다리고 있었습니다. 그러나 그 때 다윗은 인내했습니다. '저 사람이 내게 하는 것은 하나님께서 나를 향해서 주신 것이다.'라고 생각하며 참았습니다. 나중에 전쟁에서 승리를 거두고 돌아올 때 시므이가 다시 나와서 이번에는 다윗에게 살려 달라고 애걸했습니다. 얼마나 간사하고 얄미운 행동입니까? 그런데 다윗은 그를 용서해 주었습니다. 이것이 바로 천국 백성의 사랑입니다.

믿음과 성령이 충만한 스데반은 하나님의 말씀을 증거하다가 살기 등등한 원수들에게 끌려 성밖에서 돌에 맞아 순교를 하게 되었습니다. 피투성이가 된 채 마지막 순간에 그는 하나님께 기도했습니다. "주 예수여, 내 영혼을 받으시옵소서" 그리고 무릎 꿇고 크게 불러 "주여 이 죄를 저들에게 돌지 마옵소서"라고 용서의 기도를 드렸습니다. 이것이 천국 백성의 모습입니다. 바로 제6계명의 살인하지 말라는 말씀을 이루는 것입니다.

미 공군 조종사 한 사람이 제2차 세계 대전 때 중경으로 날아가다가 고장이 나서 낙하산을 타고 상해 방면에 떨어졌습니다. 일본군의 포로가 되어 전쟁 끝날 때까지 3, 4년간 상해, 대련, 북경 그리고 일본 감옥까지 전전하면서 말할 수 없는 학대를 받았습니다. 그러나 그는 고통과 시련 속에서 성경을 읽고 큰 은혜를 받았습니다. 그는 생각하기를 "왜 일본 사람들이 이렇게 포악할까? 그것은 성경을 모르기 때문이다. 하나님을 모르기 때문이다. 이 사람들에게 성경을 주고 복음을 전파하자."고 결심을 하게 되었습니다. 전쟁이 끝나고 포로 석방이 되자 미국으로 건너가 공부를 했습니다. 그리고 일본으로 다시 돌아와서 그들에게 전도하기 시작했습니다. 그가 바로 야곱 드 사제르(Jacob de Shazer) 선교사입니다. 그는 자기를 미워한 일본 사람들에게 사랑을 실천했습니다. 이것이 바로 천국 백성의 자세입니다. 이것이 살인하지 말라는 제6계명의 뜻입니다.

우리 주 예수님은 친히 십자가에서 그 모범을 보여주셨습니다. 예수님은 자기를 향하여 조롱하고 침을 뱉고 저주하는 그 사람들을 향해서 "아버지여 저들의 죄를 용서해 주옵소서. 저들이 하는 일을 알지 못하나이다."라고 기도하셨습니다. 우리 예수님은 자신이 제6계명의 완성을 보여주셨습니다.

성도 여러분, 우리는 이 세상 속의 천국 백성입니다. 우리의 법은 세상의 법과 분명히 다릅니다. 주님이 요구하시는 법은 살인 행위 그 자체가 아닙니다. 미워하지도 분노하지도 말라는 것입니다. 더 나아가 우리 주님을 본받아 사랑의 실천자가 되라는 것입니다. 우리 모두 율법의 정신을 바로 알아 세상의 요구 수준이 아니라 우리 주님이 요구하시는 천국 백성의 수준에 맞게 말씀대로 사랑을 실천하는 고귀한 천국 백성이 되시길 기원합니다.

2. 화목(5:23-24)

우리는 완전치 못하므로 때로는 실수를 하고, 불편한 관계를 가지게 됩니다. 원망들을 만한 일이 생길 수 있습니다. 쉽게 말해 마음의 응어리가 생기고 원수가 되어서 두고두고 복수심을 품게 되고, 그것도 모자라서 죽음을 맞이해서도 유언까지 해 가면서 대를 이어서 복수를 하도록 하는 일이 계속 되었습니다. 그런데 예수님은 적극적인 방법을 말씀하십니다. '천국 백성인 너희는 세상 사람과 다르기 때문에 해결할 수가 있다.'고 말씀하십니다. 그리고 그 방법을 제시하셨습니다. 그것은 화목하라는 것입니다.

"예물을 제단에서 드리다가" 이 말은 하나님의 존전에서 엄숙하게 예배드리다가 양심에 거스르는 죄나 형제에게 원망을 들을 만한 자기의 그릇된 행위을 기억난다면, 천국 백성들은 지체없이 화해하고 노력해야 한다는 말씀입니다.

(1) 하나님께 제사 드리기 전에 먼저 화목하라는 것입니다.

다시 말하면 근원이 해결되어야 한다는 말입니다. 우리 하나님은 하나님과 우리 자신들의 수직적인 관계를 중요하게 보십니다. 동시에 우리들이 형제들과 화목하게 지내는 수평적인 관계도 중요하게 보십니다. 왜냐하면 화목하지 않고 제사 드리는 것은 하나님께서 받지 않으시기 때문입니다. 수억 원의 헌금을 가지고 와서 하나님께 드려도 그것 때문에 죄 사유함을 받지 못합니다. 하나님은 중심을 원하십니다.

사무엘상 15장에는 사울 왕이 아말렉과 전쟁을 하는 장면이 나옵니다. 하나님 명령은 모든 백성을 다 죽이고 짐승까지 멸절하라는 것이었습니다. 그런데 사울은 불순종하여 일부는 살려 두고 살찌고 기름진 것은 남겨 두었습니다. 사무엘 선지가 이 사실을 알고 사울 왕을 책망했습니다. 그때 사울은 "내가 하나님께 제사 드리려고 살려 두었다."고 나름대로 정당성을 주장하면서 변명을 했습니다. 사무엘은 그에게 "하나님 앞에서 순종이 제사보다 낫다."고 잘라서 말했습니다.

우리 하나님은 아무리 좋은 예물을 가지고 와서 드린다고 해도 그 마음속에 하나님께 대한 순종과 사랑이 없으면 받지 않으십니다. 죄를 품고 드리는 것은 아무런 가치가 없고 소용이 없습니다. 성경은 말씀합니다. 시 66:18에 "내가 내 마음에 죄악을 품으면 주께서 듣지 아니하시리로다"라고 나옵니다. 먼저 가서 형제와 화목하고 그 후에 와서 예물을 드리라고 말씀하십니다. 이 말은 솔선하여 화해하라는 뜻입니다. 본문에서는 "먼저"라는 말이 강조되고 있습니다. 이것은 우리 하나님이 우리가 드리는 예물의 가치나 중요성보다는 형제와의 화해를 중요하게 보신다는 말입니다.

성도 여러분, 우리는 기억해야 합니다. 우리들이 정성으로 하나님께 예물을 드리는 것은 당연히 해야 할 일입니다. 그러나 우리 하나님은 그보다 형제와의 사랑과 화해, 그리고 봉사를 더 중요하게 여기십니다.

(2) 그리고 예수님은 우리가 해야 할 것을 가르치십니다.

"급히 사화하라"는 것입니다(5:25-26). 당시에 채무자는 빚을 갚지 못하면 감옥에 갇히게 되어 진 빚을 다 갚을 때까지 있어야 했습니다. 본문에 "너를 송사하는 자와 함께 길에 있을 때에 급히 사화하라"는 말은, 법정에서 시비를 가리기 위해 가는 도중의 길을 말합니다. 이 길은 마지막 기회입니다. 이때 화해하지 않으면 재판에 회부되어 형을 받게 되고 재판관은 관예, 즉 형리의 손에 넘겨주고 옥에 갇히게 되고 만다는 것입니다. 만일 시비가 있으면 법정에 갈 때에 법정 밖에서 문제를 청산해야지 그렇지 못하면 더 이상 화해의 순간은 오지 않는다는 말입니다. 여기에서 가르치는 교훈은 어떻게 하든지 화해하라는 것입니다. 그리고 이 본문의 종말론적인 교훈은 이스라엘이 더 늦기 전에 지체 말고 하나님 앞에서 회개하고 화해를 하라는 것입니다. 만약 죄인이 끝까지 회개하지 않고 하나님 앞에 나와서 화해를 하지 않으면 지옥의 심판을 면할 수 없다는 말씀입니다.

그렇습니다. 우리 하나님은 회개하는 자는 용서하시나 끝까지 회개할 기회를 놓치는 자는 반드시 심판하고 맙니다. 그러므로 우리는 항상 깨어서 기도하고 회개하고 하나님과 화해하는 일에 힘쓰는 성도가 되어야 합니다.

"네가 호리라도 남김이 없이 다 갚기 전에 결단코 거기서 나오지 못하리라"(5:26)

"호리"는 콰드란스, '사분의 일 앗사리온', '두 렙돈'에 해당하는 아주 작은 단위의 돈입니다. 즉 마지막 남은 한푼의 빚을 다 갚기 전에는 결코 거기서 나오지 못한다는 강조 표현입니다. 역시 이 말씀도 종말론적으로 볼 때는 세상 마지막에 하나님의 심판을 통한 최종적인 유죄선고를 나타냅니다. 하나님은 마지막 빚 한 푼이라도 다 지불하기 전에는 심판을 면해 주지 않으실 것입니다. 그러므로 여기에서 가르치는 교훈은 "급히 사화하라"는 것입니다. 빨리 마음속의 증오, 미움, 경멸, 저주하는 것들을 해결하고 교정하라는 뜻입니다. '남에게 끼친 손해가 있으면 배상하라, 내 잘못으로 인하여 생긴 손해는 배상하라'는 것입니다.

조지 4세(Gorge IV)라는 왕은 성찬식에 참석하고 싶었습니다. 그래서 사자를 보내어서 주교(목사)를 급히 모셔 오라고 했습니다. 시간이 지연되어 늦게 도착하자 왕은 사자를 책망했습니다. 거기에 머물지 않고 견책을 하고 해고 시켜 버렸습니다. 그리고 왕은 "자 이제 시작할까?"라고 했습니다. 그때 목사는 "왕의 마음에 분노가 남아 있어 못하겠습니다"라고 했습니다. 그러자 왕은 "옳습니다."라고 사과를 하고 해고한 사자를 다시 복직시켰습니다.

성도 여러분, 우리는 예물을 바치기 전에, 예배를 드리기 전에, 성찬식에 참여하기 전에 해결해야 할 것은 바로 해결해야 합니다. 회개할 것은 회개해야 합니다. 예수님은 "급히 사화하라"고 가르치십니다. "급히 하라"는 것은 지체 없이 지연하지 말고 바로 순종하라는 것입니다.

 창 23장에 하나님께서 아브라함을 시험해 보려고 100세에 낳은 아들 독자 이삭을 모리아산에 가서 제물로 바치라고 명령을 하셨습니다. 아브라함은 지체하지 않고 바로 순종하여 사흘 길을 가서 산 위에 올라 자기 아들 이삭을 결박했습니다. 그는 머뭇거리지 않고 즉시 하나님의 말씀에 순종을 했습니다. 칼을 들어 치려는 순간 하나님께서 멈추게 하시고 그를 축복하셨습니다.

 우리는 성령의 음성을 들을 때 바로 순종해야 합니다. 회개도 지체없이 해야 합니다. 봉사도 지체없이 해야 합니다.

 유명한 부흥사 무디(D. L. Moody)가 시카고에서 집회를 인도할 때, 저녁에 회개에 대하여 설교를 해야겠다고 결심을 했습니다. 그런데, 그 날밤에 설교가 끝나기도 전에, 대화재가 발생하여 많은 시민이 죽었습니다. 그때 그는 깨달은 것이 있었습니다. '지체 말고 설교할 것을…' 회개에 대한 설교를 더 빨리 했더라면 한 명이라도 더 구원을 받았을 것이라는 말입니다.

 우리에게 가장 중요한 것은 하나님과의 화목입니다. 하나님과 나 사이에 문제가 해결되어야 합니다. 성도 여러분, 우리는 지금 하나님과 나 사이에 가로막힌 문제가 없습니까? 제단에 예물을 드리기 전에, 예배드리기 전에 주님과 나 사이에 가로막고 있는 문제를 해결해야 합니다. 이 일을 위해서 우리 예수님이 이 세상에 오신 것입니다.

 이 세상에 의인은 하나도 없습니다. 우리 모두는 다 죄인입니다. 그러므로 예수님을 통해서 매일 매일 하나님과 화목하는 생활을 해야 합니다. 항상 자신을 먼저 살펴보아야 합니다. '지금 나는 하나님과 잘못된 것이 없는가?', '지금 하나님 앞에서 나의 형편은 어떠한가?', '해결해야 할 것은 없는가?' 빨리 해결해야 합니다. 주님의 십자가 앞에 엎드려 먼저 고백하고, 그 문제를 해결하고 와서 주님께 예배드려야 합니다. 우선 순위는 하나님과의 관계를 회복하는 것입니다. 그리고 형제와 나 사이에 화목해야 합니다.

성도 여러분, 우리가 십자가의 의미를 바로 안다면 형제를 사랑하고 용서할 수 있습니다. 주님의 십자가의 사랑이 얼마나 큰가를 바로 알면 형제와 화해할 수가 있습니다.

우리는 먼저 십자가의 사랑과 은혜에 젖어야 합니다. 십자가를 더 가까이 해야 합니다. 십자가를 더 가까이 하면 할수록 우리는 주님을 더 사랑하게 됩니다. 십자가를 더 가까이 하면 할수록 우리는 주님을 더 의지하게 됩니다. 십자가를 더 가까이 하면 할수록 우리는 나의 연약성을 고백하게 됩니다. 따라서 은혜를 더 사모하게 되고 의를 더 사모하게 됩니다. 이것이 천국 백성의 본질입니다.

이런 천국 백성의 본질을 가진 성도는, 형제를 사랑하게 되고 화목하게 됩니다. 이런 천국 백성의 본질을 가진 성도는, 형제의 허물을 용서하고 분노를 거두고 불화를 해결하지 않을 수 없습니다.

우리 천국 백성은 형제를 볼 때 현미경으로 보지 말고 망원경으로 보아야 합니다. 현미경은 아무리 깨끗한 물과 음식이라도 세균을 발견하고 더러운 것을 보고야 맙니다. 반면 망원경은 지금은 부족해도 멀리 장래에 좋은 신자가 될 것을 봅니다. 그러므로 우리는 내가 먼저 적극적으로 사랑을 베풀고 내가 먼저 화해를 청해야 합니다.

그 본을 우리 예수님이 보여 주셨습니다. 영원한 우리의 모범이 되신 예수님은 이 땅에 십자가에서 죽으시기까지 우리의 죄를 용서해 주셨습니다. 사람들이 예수님을 보내 달라고 서명운동하고 데모하고 상소를 올려서 된 것이 아니라, 주님 스스로 결정하시고 먼저 화해를 청하신 것입니다. 먼저 우리에게 사랑을 주시고, 구원과 영생을 주시고, 진리와 생명을 주셨습니다.

그러므로 천국 백성인 우리 성도들은 주님을 본받아야 합니다. 예수님을 본받아 우리가 먼저 사랑하고 용서하고 화해해야 합니다. 하나님을 믿는 우리 모든 신자들이 다같이 용서하고 사랑하고 화목한다면 우리 자신들이 먼저 행복해지고 평강을 누리게 됩니다. 뿐만 아니라 교회가 은혜와 사랑이 충만해지고 우리가 사는 이 세상이 행복하고 평화롭게 될 것입니다.

어떤 부부가 단란하게 살았는데 자주 불화를 일으키고 다투고 싸우다가 결국 이혼하고 말았습니다. 그 동안 아이도 하나 죽고 말았습니다. 이혼하고 보니 후회도 되었습니다. 그렇다고 다시 살자고 할 수도 없고, 상대편이 청하면 응해 주겠다는 은근한 마음은 있었습니다. 추석날이 되자 문득 죽은 아이 생각이 나서 아버지가 무덤에 찾아가서 울고 있었습니다. 아이 어머니도 아이 생각이 나서 무덤에 와 보니 남편이 울고 있었습니다. 그냥 갈까 하다가 그냥 서 있었습니다. 한참 울고 난 남편이 돌아보니 아이 엄마가 서 있었습니다. 남자가 "내가 그저 잘못했소. 내 성질이 못되어 당신 마음을 아프게 했소."라고 말했습니다. 그러자 여자도 "아닙니다. 제가 잘못했어요."라고 말하여 죽은 아이 앞에서 두 사람이 화해를 했습니다.

누가 '잘하고 못하고'가 없습니다. 우리 주님은 먼저 우리를 사랑하시고 화해해 주시고 구원을 주셨습니다. 천국 백성인 우리는 이러한 주님의 마음을 본받아 내가 먼저 사랑하고 내가 먼저 화해를 요청해야 합니다.

 성도 여러분, 우리는 천국 백성들로서 이 세상의 표준대로 살아가는 사람이 아닙니다. 우리는 율법의 근본 정신대로 살아가야 하고 주님의 표준으로 살아야 합니다. 천국의 표준은 미워하고 분노하는 것 자체가 벌써 살인입니다. 천국의 백성인 우리는 미워하고 분노해서도 안되지만 한 걸음 더 나아가서 적극적으로 사랑의 실천자가 되어야 합니다. 그리고 우리는 잘못했을 때 빨리 주님 앞에서 회개하여 하나님과 먼저 화해하고, 형제들과 화목해야 합니다. 그러기 위해서 우리는 예수님의 마음을 본받고 내가 먼저 화해하고 내가 먼저 사랑하는 천국 백성의 길을 걸어가는 성도가 됩시다. 아멘.

산상설교 강해 7

죄를 극복하는 방법

(본문 / 마태복음 5:27-30)

　하나님의 백성, 즉 천국 백성인 우리들이 세상을 살아갈 때 가장 고민되고 두려운 문제는 바로 죄의 위협입니다. 우리 자신은 죄 짓는 것을 싫어하고 멀리하고 싶어합니다. 그런데 우리는 자기 자신도 모르는 사이에 범죄를 하게 되는 경우가 많습니다. 우리 사람들은 마음속에 항상 죄를 짓고 싶어하는 욕망을 다 가지고 있다고 볼 수 있습니다. 이것이 큰 난제입니다.

　따라서 세상 사람들은 적당하게 죄를 짓기도 하고, 죄를 짓고 합리화하기도 합니다. 어떤 사람들은 죄 짓는 것을 잘 이용하고 즐기기도 합니다. 그러나 우리 하나님의 백성인 신자들은 이 죄의 위협을 극복하고 죄와 싸워 이겨야 합니다. 이것이 세상 사람과 천국 백성의 차이점입니다. 그러므로 우리는 항상 우리 가까이 다가오는 죄와 싸워서 이겨야 합니다. 오늘 예수님께서 하신 말씀 가운데 죄를 극복하는 방법을 찾아보아야 합니다.

1. 죄의 사악성을 알아야 합니다.

죄를 우습게 보아서는 안됩니다. 왜냐하면 죄는 무서운 것이기 때문입니다. 그리고 죄를 지었는데도 죄가 아닌 체하는 사탄의 교활성을 알아야 합니다. 분명 죄를 지었는데도 그것이 무슨 죄인가 하고 무시하는 것이 바로 사탄의 교활성이요, 죄의 사악성입니다.

예수님은 오늘 성경 본문에서 제7계명을 설명하십니다(5:27). 이스라엘 백성들은 구약의 십계명 가운데 제7계명을 이미 잘 알고 있었습니다. 구약성경에서는 간음을 남의 아내, 혹은 약혼자를 도둑질 하는 것으로 나타납니다. 바리새인들과 서기관들은 행위 자체만 안 하면 제7계명을 지키는 줄로 알았습니다. 그러나 예수님은 율법의 정신을 말씀하셨습니다. 바로 5:28입니다.

본문 속에 나오는 "음욕을 품는"이란 말씀은, '남자가 여자로 하여금 음욕을 품게 하려고 바라본다' 는 뜻입니다. 그러면 남자는 자신의 의도를 성취하며 그 여자와 간음을 하게 되고 여자도 간음한 여자가 되는 것입니다.

예수님은 마음속에 음욕을 품으면 이미 간음을 한 것이라고 가르치십니다. 우리 예수님은 행위 자체만 보지 않으시고 사람의 마음 중심을 보시고 있습니다. 비록 간음을 하지 않았다 하더라도 마음속에 음욕을 품으면 간음을 한 것이고, 고의적으로 마음속에 음욕을 품는 것이나 눈을 의식적으로 자기의 욕망을 불러일으키는데 사용하는 사람은 이미 간음한 것으로 보셨습니다. 율법의 정신은 행위 자체만 보지 않습니다. 오히려 사람 마음속의 생각이 벌써 간음을 한 것이라고 말합니다.

그런데, 문제는 이 세상 사람들의 죄에 대한 태도는 전혀 다르다는 것입니다. 죄를 짓고도 '나는 괜찮다', '나는 여전히 의롭다'고 생각합니다. 죄를 짓고도 '그것쯤이야' 하고 '그 정도는 아무 것도 아니다'라고 생각합니다. '누구나 다 그 정도의 생각은 할 수 있지 않는가' 하고 생각합니다. 이것이 바로 사탄의 방법이요 죄의 사악성입니다.

우리 사람은 모두 죄를 짓고 싶어하는 성품인 원죄를 가지고 있습니다. 우리 조상 아담과 하와가 에덴 동산에서 하나님께서 금하신 열매인 선과 악을 알게 하는 나무의 과실을 따먹고 불순종했을 때, 우리 모든 인류의 마음속에는 죄악의 씨앗이 심어졌고 우리는 그 죄를 안고 태어나게 되었습니다. 그리고 우리가 사는 이 세상 자체가 죄악에 오염되고 부패된 세상입니다. 그러므로 우리는 본능적으로 죄를 짓고 싶어하는 죄성을 가지고 있으며, 또한 쉽게 죄를 지을 수 있는 환경 속에서 살아가고 있습니다.

우리는 우리의 조상 아담이 죄를 지을 그 당시에는 죄를 모르는 상태에 있었다는 것을 알아야 합니다. 그는 지금 보다 훨씬 더 깨끗하고 지혜롭고 거룩한 상태에서 태어났습니다. 하나님의 법을 지킬 수 있는 능력이 있었습니다(행위언약). 그러나 그는 죄를 짓고 말았습니다. 그렇기 때문에 우리는 죄를 지을 수밖에 없는 에덴 바깥에서 태어났고, 항상 죄를 지을 수 있는 원죄를 가지고 있으며, 죄로 오염된 세상 속에서 살아가므로 더 많은 범죄를 할 수 있습니다. 그러므로 우리 예수님은 천국 백성인 우리들에게 죄를 극복하는 생활을 요구하십니다.

어떻게 죄를 극복할 수 있습니까? 먼저 죄가 얼마나 사악한가를 알아야 합니다. 죄가 무섭다는 것을 알아야 합니다.

위대한 믿음의 사람 사도 바울도 죄의 사악성 때문에 고민하고 기도했습니다. "내 속에 두 가지 종류의 사람이 있다. 한 사람은 선을 추구하고 또 다른 한 사람은 악을 추구한다. 그런데 이 둘은 항상 서로 싸운다. 내 마음속에서 선한 일을 하려고 하면 다른 편에서 악한 일을 하도록 한다." 선과 악 두 사이에서 고민하던 바울은 이렇게 고백합니다. "오호라 나는 곤고한 사람이로다. 누가 이 사망의 줄에서 나를 건져내랴?" 여기 "곤고하다"는 말은 풍랑으로 인해 파선을 당하여 도저히 살아날 가망성이 없는 상태를 말합니다.

우리가 죄를 극복하는 방법 중 제일 먼저 해야 할 일은, 죄가 얼마나 무서운 존재이며 사악한가를 깨닫는 것입니다. 사탄이 얼마나 교활하고 영리합니까? 광명한 천사처럼 위장하여 나타나 사람들을 유혹하고 넘어뜨립니다. 사탄은 사람들이 죄를 지으면서도 그것이 죄가 아닌 것처럼 생각하게 만듭니다.

그 대표적인 예가 요한복음 8장에 나오는 간음하다 잡혀 온 여인의 사건입니다. 두 사람이 간음을 하다가 잡힌 여자 한 사람을 끌고 왔습니다. 그 여자를 질질 끌고 와서 예수님께 고소했습니다. 율법의 가르침은 간음한 자는 돌로 쳐죽이라는 것이었습니다. 그들은 예수님께 물었습니다. "당신은 어떻게 할 것인가?" 이것은 예수님을 시험하여 올무에 빠뜨리기 위한 술수였습니다. 예수님은 사랑의 주님이시므로 죄 지은 자를 용서해 주시어 많은 사람들이 그를 계속 따랐습니다. 그러나 죄를 지은 자를 용서해 준다면 율법에 돌을 던져 죽이라는 명령을 어기는 것이 됩니다. 만약 죽이라고 해도 사형권을 가진 로마법을 어기는 것이 됩니다. 결국 예수님을 죽이려고 여자를 이용하고 있는 것입니다.

우리는 여기에서 이들의 완악성을 살펴보아야 합니다. 물론 간음을 행한 여인은 큰 죄를 지었습니다. 돌에 맞아야 합니다. 그런데 여인을 끌고 온 분노한 그들 자신은 어떻습니까? 이 사람들은 여인의 행위 자체만 보고 죽이라고 야단입니다.

그러나 우리 예수님은 차원이 달랐습니다. 예수님은 그들의 중심을 보시고 말씀하셨습니다. "너희 중에 죄 없는 자가 먼저 돌로 치라" 예수님의 판결은 명쾌하였습니다. 죄인은 돌로 쳐야 합니다. 그러나 죄 없는 자가 치라는 것입니다.

예수님의 표준은 무엇입니까? 그것은 마음입니다. 여인을 고소하는 그들을 향하여 우리 주님은 "너희의 마음은 어떠하냐? 불쌍한 여인의 인권을 유린하면서, 간음 현장에 함께 있던 남자는 돌려보낸 너희는 어떤 사람들이냐? 여인만 끌고 와서 짓밟고 창피와 모독을 주고 너희 자신만 의로운 척 하고, 결국은 예수님을 잡아죽이려고 무서운 올무와 흉계를 꾸미고 있는 것이 아니냐? 죄 없다고 믿는 너희의 마음엔 간음보다 더 무서운 죄가 가득차 있지 않느냐? 죄 짓고 눈물 흘리는 여인보다 죄를 짓고 있으면서도 죄와 상관없다고 여기고 있는 이것이 더 무서운 죄다."라고 책망하신 것입니다. 주님은 이것이 바로 죄의 사악성임을 가르쳐 주셨습니다. 동시에 천국 백성인 우리를 향하여 "행위 자체 보다 그 중심이 더 중요하다. 항상 죄를 죄인 줄 알고 마음이 깨어 있어야 한다."라고 말씀하십니다.

성도 여러분, 우리는 영혼이 바로 깨어 있어 죄의 사악성을 발견할 수 있어야 합니다. 이렇게 될 때 우리도 사도 바울과 같이 될 수 있습니다. "오호라 나는 곤고한 사람이로다. 누가 나를 이 사망의 몸에서 구원하랴" 우리 힘으로는 안됩니다. 우리의 이성의 능력으로도 안됩니다. 피할 수도 없고 이길 수도 없습니다. 왜냐하면 죄는 너무 사악하고 교활하기 때문입니다. 아무리 애쓰고 노력하고 결심하고 기도해도 또 죄를 짓고 맙니다.

그러면 우리는 어떻게 해야 합니까? 오직 한 가지 방법밖에 없습니다. 그것은 십자가에서 우리 죄를 위하여 피흘리신 예수 그리스도를 의지하는 것뿐입니다.

성경은 말씀합니다. "의인은 없나니 하나도 없다" 우리 모두는 죄인입니다. 죄악의 위협 속에 살아갑니다. 그러므로 천국 백성인 우리는 날마다 주님 앞에 나아가야 합니다. 오직 주님의 십자가의 보혈을 믿고 의지하여 죄를 극복해야 합니다.

코페르라는 유명한 과학자의 묘비에 이런 글이 적혀 있다고 합니다. "주여, 나는 사도 베드로에게 주신 은혜를 구하지 않습니다. 바울에게 주신 은혜도 구하지 않습니다. 다만 강도에게 주신 은혜를 간구할 뿐입니다."

성도 여러분, 우리는 하나님 앞에 내 지식과 내 힘으로 설 수 없습니다. 죄 때문에 지옥을 향해 내려가고 있는 십자가의 강도처럼 "주여 당신의 나라에 임하실 때 나를 생각하소서. 주님 나는 죄인입니다. 주님께 나의 모든 것을 맡깁니다."라는 믿음이 있어야 구원받습니다. 천국 백성인 우리는 항상 죄의 사악성을 알고 두려워하여 오직 주 예수님만을 의지하고 십자가만을 바라보는 성도가 됩시다.

2. 죄를 극복하기 위해서는 죄악의 도구를 제거해야 합니다.

예수님은 본문 5:29-30에 말씀하셨습니다. "네 오른 눈이 실족케 하거든 빼어버리라. 네 오른 손이 실족케 하거든 찍어 버리라"

"오른 눈"은 가장 좋은 눈을 말합니다. "실족케 하다"는 말은 헬라어로 'σκαδαλον'(스칸달론)인데, 이 말은 '미끼가 달린 막대기' 또는 '죄짓게 하는 유혹'이라는 의미를 가집니다. 영어로는 'stumble'로 걸려 넘어져 자빠지게 하는 것을 말합니다. 즉 영혼이 넘어지게 하는 것입니다. 따라서 본문에서 "실족케 한다"는 말은, '너의 오른 눈이 너의 전존재를 죄 짓는 유혹으로 이끌거든'이라는 말입니다.

혹자는 "오른 눈"을 남성의 성기를 가리키기 위한 완곡 어법이라고 주장합니다. 사 57:8에서 이러한 용법으로 사용했을 가능성이 있다고 보는 것입니다. 여기서는 유혹의 도구와 동기, 또는 원인으로 볼 수 있습니다. 그래서 "빼어버리라", "잘라버리라"고 한 말씀은, 죄를 짓는 부분을 잘라 내거나 빼어 버리라는 뜻입니다. 이 말은 천국 백성은 죄의 문제를 단호하고도 철저하게 해결하여야 한다는 점을 강조한 것입니다.

"네 백체중 하나가 없어지고 온 몸이 지옥에 던지우지 않는 것이 유익하며"라는 말씀 역시 영혼의 중요성을 강조하는 것입니다. 다시 말하면 우리가 영혼의 중요성을 알 때 담대히 육신적인 것을 끊을 수 있다는 뜻입니다. 이런 사람이 죄를 극복할 수 있습니다.

그러므로 예수님의 가르침은 "천국 백성인 너희들은 영혼이 중요함을 깊이 인식하고 살아라. 세상 사람들은 육체 중심, 물질 중심, 현실 중심적이다. 그러나 너희는 천국 중심으로, 영혼 중심으로 살아라"고 말씀하신 것입니다. 예수님은 "너희는 영혼의 구원을 위해서 네 몸의 육체 중 일부라도 단호히 찍어 버릴 수 있는 각오를 하라"고 가르쳐 주셨습니다.

그렇다고 죄지을 때마다 눈을 빼 버리고 손을 찍어 버리면 어떻게 되겠습니까? 눈이 수백개, 수천개가 되어도 모자라고 손이 수백개, 수천개 되어도 부족할 것입니다. 여기서 말씀하시는 예수님의 교훈은 한 마디로 영원한 영혼의 구원을 위해서 육신적인 것도 희생할 줄 알라는 뜻입니다.

유대인 랍비들은 눈은 나쁜 욕망을 자극시키고 흥분시키는데 사용되며, 눈과 마음은 죄의 두 시녀이며, 제7계명도 눈으로 보고 음욕을 품을 때 범죄하는 것으로 보았습니다.

우리의 생명은 이 세상에서만 한정된 것이 아닙니다. 영원한 세계가 있습니다. 이 세상에서는 사람 사이에도 차이가 있습니다. 건강한 사람도 있고 병든 채로 사는 사람도 있습니다. 부자도 있고 가난하게 살아가는 사람도 있습니다. 그러나 이 육의 생활은 잠깐입니다. 죽음 이후의 세계는 영원합니다. 그리고 그 세계는 두 가지 중의 하나입니다. 바로 천국과 지옥 둘 중의 하나일 뿐입니다. 그런데 천국도 영원하고 지옥도 영원한 곳입니다.

그러면 '누가 천국에 가며 누가 지옥에 갈 것인가?' 라는 근본적인 문제가 남아 있습니다. 그것은 죄가 결정합니다. 죄의 문제를 해결하지 못한 사람은 영원한 지옥의 불로 떨어지고, 죄의 문제를 예수님의 십자가 보혈로 해결한 사람은 영원한 천국으로 가게 됩니다. 그러므로 우리는 영혼의 구원을 얻기 위해서 아무리 소중하고 귀중한 육체라 할지라도, 눈이나 손이라도 죄를 짓게 할 때는 빼어 버릴 수도 있고 찍어 버릴 수 있는 결단력 있는 신앙 생활을 해야 합니다. 그것이 바로 성한 몸으로 지옥에 가는 것보다 건강한 몸으로 천국 가는 것이 낫다는 말씀의 뜻입니다. 순간적으로 있는 세상보다 영원한 생명, 영원한 구원이 낫다는 말씀입니다. 천하를 얻고도 내 생명을 잃으면 아무 유익이 없다는 말씀입니다.

　성도 여러분, 가장 중요한 것은 영혼의 문제입니다. 예수 그리스도안에 있는 우리는 십자가의 피로 죄씻음 받고 구원받은 천국 백성이 되었습니다. 그러므로 우리는 이 세상의 표준이 아닌 천국의 표준대로 살아야 합니다. 육신 중심이 아닌 영혼 중심으로 살아야 합니다. 성경 중심으로 거룩하게 살아야 하고 죄를 멀리 해야 합니다. 이런 천국 백성의 삶을 위해서는 어떤 희생이라도 지불할 수 있어야 합니다. 이것이 천국 백성의 특성이며 자세입니다.

　주후 4세기 애굽의 한 청년이 있었는데, 그는 많은 재산을 상속한 부자였습니다. 어느 날 성경을 읽는 가운데, 어떤 부자 청년이 예수님 앞에 나와서 "선생이여 내가 어찌하여야 구원을 얻으리이까?"라고 질문하자 예수님이 "네 가진 것 다 팔아서 가난한 자들에게 주고 너는 나를 따르라"는 대답을 듣고 그 청년이 심히 근심하며 돌아갔다는 내용을 읽었습니다. 자신도 부자 청년과 같이 재산이 많은 부자였습니다. 상당한 유산이 있었습니다. 그에게는 여동생 하나 뿐이었습니다. 그는 결심했습니다. "나는 이 청년의 전철을 밟지 않겠다. 주의 말씀대로 살아야겠다"고 말입니다. 그는 많은 재산을 정리했습니다. 가난한 사람들에게 나누어 주었습니다. 그리고 여동생을 위해 재산을 조금 남겨 두고 자기는 "일하기 싫은 자는 먹지도 말라", "항상 기도하라"는 성경의 교훈대로 자기 손으로 일해서 먹고 기도 생활을 하기로 결심하고 애굽 광야로 나갔습니다. 손수 농사를 짓고 기도와 묵상을 하면서 평생을 살았습니다. 이 분이 바로 수도원을 처음으로 세운 성 안토니오입니다. 성 안토니오는 주님을 따르기로 결심하고 거리끼는 것을 과감하게 버릴 수 있는 결단력 있는 성도였습니다.

오늘날의 성도들의 모습은 어떻습니까? 영혼의 순결과 신앙생활을 위해서 오른 눈이나 오른 손이라도 희생하려는 의지를 가지고 있습니까? 너무도 쉽게 세상과 타협하고 너무도 쉽게 허물어져 버리지 않습니까? 우리의 손과 눈이 홍수처럼 밀려들어오는 죄의 영향 앞에 오염되고 묻혀 버리지 않습니까?

성도 여러분, 우리는 세상의 소금과 빛된 천국 백성답게, 영원한 생명을 가진 하나님의 백성답게, 육의 것이 아무리 귀한 것이라도 그것이 우리의 영혼과 신앙을 실족시키는 것이라면 과감하게 제거하며 희생시킬 수 있는 결단력 있는 성도가 됩시다.

3. 죄를 극복하는 적극적인 방법이 있습니다.

(1) 선한 생각으로 충만케 하는 것입니다.

중요한 것은 내 마음이요 내 생각입니다. 그러므로 내 마음의 죄를 피해야 합니다. 멀리해야 합니다. 우리가 할 일은 먼저 피하는 일입니다. 더 적극적으로는 선한 마음과 선한 생각을 가지는 것입니다.

선한 마음이 손과 눈을 선하게 움직입니다. 선한 마음은 어떤 마음입니까? 그것은 바로 예수 그리스도의 마음입니다. 빌2:5이하는 말합니다. "너희 안에 이 마음을 품으라. 곧 그리스도 예수의 마음이니 그는 근본 하나님의 본체시나 하나님과 동등됨을 취할 것으로 여기지 아니하시고 오히려 자기를 비어 종의 형체를 가져 사람들과 같이 되었고 사람의 모양으로 나타나셨으며 자기를 낮추시고 죽기까지 복종하셨으니 곧 십자가에 죽으심이라." 우리는 예수 그리스도의 마음을 품어야 합니다. 이 마음을 달라고 기도해야 합니다.

옛날 믿음이 좋은 성자라 불리는 한 분이 있었는데, 모든 사람들에게 칭찬과 존경을 받았습니다. 천사들까지도 그를 보고 감동해서 은혜를 더 주려고 물었습니다. "참으로 신앙생활을 잘하니 감사합니다. 앞으로 그대에게 기도만 하면 무슨 병이나 다 낫고 죽은 자라도 살릴 수 있는 권세를 드리려 합니다." 그는 잠시 생각을 한 후에 대답하기를 "감사합니다만 저는 그런 은혜를 받을 수 없습니다."라고 했습니다. "왜 그렇죠?"라는 천사의 물음에, 그는 "병 고치는 것이나 사람이 죽고 사는 것은 하나님이 하시는 일이지 제가 할 수 있는 일이 아닙니다. 나는 사양합니다."라고 대답했습니다. "그러면 그대에게 당신이 어떤 죄인이라도 회개하고 새사람 되게 하는 권세를 드리려고 하는데 이것은 어떻습니까?"라고 천사가 다시 말했습니다. 그러자 그는 "받을 수 없습니다."라고 대답했습니다. 천사는 "왜죠?"라고 물었습니다. 그는 "그것은 성령께서 하셔야 할 일이지 어찌 제가 그 일을 하겠습니까?"라고 대답했습니다. "그러면 그대는 무슨 은혜를 사모합니까?"라고 천사가 말하자 그는 이렇게 대답했습니다. "한 가지가 있습니다. 그것은 제가 이 세상에 살 동안 어떻게 하든지 죄 짓지 않고 선을 행하되 그 선을 행하는 것을 제가 알지 못하고 행할 수 있는 은혜를 주시기를 바랍니다." 이 말에 감동을 받은 천사는 의논 끝에 성자의 그림자가 뒤로 비칠 때 그 그림자에 들어가는 모든 병자와 죄인들이 고침을 받고 새 사람이 되게 하는 은혜를 주었다고 합니다.

성도 여러분, 우리는 하나님의 천국 백성들로서 이 세상에 살 동안에 세상의 다른 어떤 유별난 것보다도, 어떻게 하든지 죄 짓지 않고 죄를 이기고 선을 행할 수 있는 선한 마음, 곧 그리스도 예수의 마음을 가지고 살도록 기도하고 죄악을 이기는 성도가 됩시다.

(2) 죄를 극복하는 적극적인 방법은 부지런한 신자의 활동을 통해서입니다.

천국 백성은 부지런해야 합니다. 바빠야 합니다. 범죄할 여유를 가져서는 안됩니다. 성경의 가르침은 부지런하여 게으르지 말고 열심을 품고 주를 섬기라는 것입니다. 우리는 더 적극적으로 선행을 하는데 힘써야 합니다. 언제 죄를 짓습니까? 시간이 한가하여 남아 돌아갈 때 범죄하게 됩니다. 남녀노소 청소년 모두 시간에 여유가 있고 한가할 때 죄를 짓습니다.

다윗 왕도 한창 전쟁터에서 싸우고, 예배드리는 일에 최선을 다하고, 나라를 다스리는데 힘을 다할 때는 훌륭했습니다. 그러나 그가 한가할 때 남의 아내를 범하는 죄를 짓고 말았습니다. 경건한 일에 힘쓰지 않을 때 위험한 것입니다. 조심해야 할 때입니다. 이때 마귀가 찾아옵니다. 죄가 파고 들어옵니다.

어떤 사람이 발명 왕 에디슨에게 질문을 했습니다. "당신은 시험에 들어 본적이 있는가?" "아니오. 나는 연구 생활이 너무 바빠서 시험에 들 시간이 없었습니다."라고 대답했습니다.

천국 백성인 우리는 어떻게 해야 합니까? 적극적으로 주를 위해 일해야 죄를 극복할 수 있습니다. 그러기 위해서 그리스도에게 순종해야 합니다. 전적 그리스도안에서 생활해야 합니다.

천국 백성인 우리 기독 신자의 삶은 수레바퀴와 같습니다. 수레바퀴는 살이 네 개가 서로 받쳐 줍니다. 먼저 기도의 살입니다. 우리는 매일 기도하며 살아야 합니다. 두 번째 살은 성경입니다. 우리는 하나님의 말씀을 배우고 묵상하고 먹고 가르쳐야 합니다. 세 번째는 증거와 전도입니다. 모든 생활 속에서 복음을 전하는 생활을 해야 합니다. 네 번째는 교제와 봉사입니다. 하나님의 교회에서 할 일을 찾아서 열심히 섬기며 봉사해야 합니다. 이웃을 위해 봉사할 일을 찾아야 합니다.

카나다 피플스 처치(Canada People's Church)의 스미스(O. J. Smith) 목사는 38회 생일 때(1927) 하나님께 다음과 같이 기도했다고 합니다. '주님의 마음과 꼭 같은 마음을 가지는 사람이 되게 하소서. 주님과 동행하게 하여 주소서. 저는 오늘까지 하나님의 일을 하고 복음을 전하였으나 내 노력은 분산되었으니 이제부터 100% 하나님만을 위하여 충성하게 하여 주소서.' 그의 기도는 응답되었고 큰 부흥이 일어나 단독으로 그 교회에서 400명 이상의 선교사를 파송하는 대 교회가 되었습니다.

주님을 위해 적극적으로 100% 충성하고 힘쓰는 사람에게 죄가 감히 달려들지 못합니다. 오더라도 능히 이길 수 있습니다. 성도 여러분, 시험에 들지 않는 비결, 즉 죄를 극복하는 비결이 무엇입니까? 그것은 하나님께서 우리에게 맡겨 주신 사명에 부지런하고 충성하여, 가정과 교회와 직장과 학교, 또는 일터에서 최선을 다하며 전심 전력을 다하는 것입니다.

이 세상은 유혹과 시험과 죄의 세력이 너무도 강합니다. 우리는 이 죄들을 극복해야 합니다. 먼저 죄가 얼마나 무섭고 사악한가를 바로 알아야 합니다. 그리고 세상에 잠시 있다가 사라지는 즐거움과 명예와 물질적인 것보다는 영원한 생명이 더 중요하다는 것을 알아야 합니다. 따라서 영원한 것을 얻기 위하여 우리의 영혼과 신앙과 영생을 위해서 이 세상에서 우리를 죄짓게 하는 어떤 것이라도 제거하고 희생할 줄 아는 결단력이 있어야 합니다.

우리는 선한 생각과 마음을 가져야 합니다. 그리고 한가한 시간을 보내는 사람이 아니라 내게 맡겨 주신 사명에 최선을 다하고, 경건한 일에 열심을 다하고, 오직 믿음의 주요 온전케 하시는 주님을 바라보며 모든 유혹과 시험과 죄악을 극복하고, 성령의 충만함을 받아 승리하는 천국 백성이 됩시다. 아멘.

■ 산상설교 강해 8 ■

결혼과 가정 생활

(본문 / 마태복음 5:31-32)

어느 젊은 부부가 하루 종일 땀 흘려 일하다가 멀리 예배당의 종소리가 들려 올 때, 잠시 일손을 멈추고 두 손 모아 하나님께 기도하는 모습을 화가가 그림으로 그렸습니다. 이것이 유명한 프랑스의 화가 밀레가 그린 "만종"입니다. 그것은 원래 70 달러밖에 되지 않는 물감과 종이를 들여서 그린 것인데, 나중에 어느 미국인이 12만 5천 달러에 샀습니다. 나중에 프랑스인들이 이 명화를 보고 다시 본국으로 찾아와야겠다는 생각에 15만 달러를 주고 사다가 루브르 미술관에 걸어 놓았습니다.

이 만종의 그림에서 세 가지의 신성함이 있습니다. 먼저 가정의 신성함이 그려져 있고, 두 번째로 노동의 신성함, 그리고 세 번째로 종교의 신성함이 담겨져 있습니다.

오늘날 우리가 살고 있는 이 세상은 문명이 발달하고 문화 수준이 아주 향상되었지만, 그와 비례하여 성도덕이 너무도 문란하여 가정이 파괴되고 분열되는 위기를 맞이하고 있습니다.

어느 데이터를 보면 최고의 문명을 자랑하는 미국의 가정은 심각할 정도입니다. 좀 오래된 데이터에 의하면 하루에 9,077명의 출생하는 아기 중 1,284명이 사생아이고, 하루에 결혼하는 5,962쌍 중에 이혼이 1,986쌍이고, 하루에 가출하는 아이들이 2,740명, 성병에 걸린 아이들이 69,493명, 강간은 매 8분마다, 살인은 매 27분마다, 강도는 매 78초마다, 절도는 매 10초마다, 자동차는 매 33초마다 분실, 하루에 임신하는 소녀가 2,740명이라고 합니다. 어느 대학교수는 가정 문제를 연구했는데, 가정의 최대 불행은 75%가 십계명 중의 제7계명인 '간음하지 말라'는 명령을 어긴 것 때문이라고 합니다.

예수님은 천국 백성들의 결혼과 가정의 원리를 말씀하셨습니다. 예수님은 '천국 백성인 너희들은 이 세상 사람들과는 신분이 다르며, 생활하는 것도 다르다.'고 말씀하셨습니다. 그리고 오늘 성경 본문에 하나님의 백성의 결혼과 가정 생활에 대하여 말씀하셨습니다.

1. 천국 백성의 결혼은 세상과 다른 영구성을 가지고 있습니다.

즉, 결혼의 영구성입니다. 결혼은 남자와 여자 사이의 영원한 결합입니다. 우리 예수님께서 결혼에 관하여 말씀을 하셨을 때, 그 교훈은 당시 사람들에게는 너무도 새롭고 놀라운 것이었습니다. 다시 말하면 너무도 고상하고 차원이 높은 것이었습니다. 당시의 결혼의 배경들을 살펴보면 잘 알 수 있습니다.

(1) 유대인의 결혼

유대인들은 결혼을 사람에게 주어진 가장 신성한 의무라고 생각했습니다. 율법을 평생 연구하는 사람의 경우에 한해서 결혼을 연기하거나 거부할 수 있었습니다. 그러나 일반적으로 결혼을 거부하거나 자녀 낳기를 거절하면, 생육하고 번성하라는 적극적인 하나님의 명령을 거부하는 것이 됩니다. 그래서 세상에서 하나님의 형상을 감소시켰고, 하나님 자손을 학살했다는 말을 듣게 됩니다. 따라서 유대인들은 이혼을 대단히 혐오했습니다. 그들은 말2:16에 하나님께서 "나는 이혼을 미워하노라"는 말씀을 항상 기억했습니다.

그런데 문제는 법률상으로 여자를 사람이 아니고 하나의 소유물이라고 잘못 생각한 것입니다. 따라서 여자는 그 아버지나 남편의 처분 여하에 달려 있었습니다. 여자는 전혀 법률적인 권리를 가질 수가 없었습니다. 그러나 남자는 마음대로 이혼할 수 있었습니다. 그래서 모세 시대에는 여자의 지위와 인권을 보호하기 위한 안전 보장책으로 이혼 증서(a certificate of divorce)를 가지게 해 주었습니다. 즉, 이혼은 여자가 수치스런 일을 했을 때 한해서 이혼 증서를 주고 할 수 있다는 것입니다. 그러나, 이 이혼법은 차츰 남자의 손 안에서 편리한 도구가 되어 남자들에게 일시적인 결혼을 허용함으로서, 성적인 방종이 실제적으로 허용되는 악법으로 변해버리고 말았습니다. 따라서 여자는 남자가 버리거나 소유할 수 있는 남자의 소유물로 전락하고 말았습니다.

이 문제에 대해서 유대 율법의 두 학파는 다르게 해석했습니다. 샴마이 학파(School of Shammai)는 엄격했습니다. 이혼은 수치되는 일, 즉 음란과 간음 이외는 절대로 안된다고 주장했습니다.

반면 힐렐 학파(the Hillel School)는, 자유주의파로 어떤 이유에서든지 어느 한 쪽에서 이혼 의사가 있을 때는 이혼을 허락해야 한다고 가르쳤습니다(19:3). 예를 들어 남자 음식에 소금을 많이 쳐서 불쾌하게 했다면 이혼할 수 있습니다. 여자가 머리를 가리지 않고 공중 앞에 나가면 이혼할 수 있습니다. 거리에서 다른 남자와 수다를 떨면서 이야기하면 이혼할 수 있습니다. 시부모에게 무례하고 까다롭고 다투기를 좋아한다면 이혼할 수 있습니다.

이것이 무슨 이혼 사유입니까? 만약 오늘날에도 이것이 적용된다면 아마 집집마다 다 이혼할 것입니다.

예수님 당시에는 이혼하는 것이 더 쉬웠습니다. 그래서 사실상 처녀들은 결혼하는 것이 불안했습니다. 결혼을 안 할 수도 없고, 하면 이혼 당할 것이고 하니 얼마나 모순된 사회 구조였겠습니까? 이때 예수님께서 "너희는 음행 외의 연고로 아내를 버리는 것은 간음하는 것이라"고 선포하신 것은 가히 혁명적인 사건이었습니다.

(2) 당시 헬라인의 결혼관

헬라 사람들은 여자들을 천하게 보았습니다. 따라서 결혼 이외에 관계를 맺는 것은 악이 아니라 당연한 것으로 보았습니다. 또한 여자는 혼자서 거리에 다닐 수 없었고 남자들과 한 곳에서 식사를 못했습니다. 여자들은 사회 생활에도 참석할 수 없었습니다. 헬라 남자들은 가정의 안정을 위해서는 결혼하자마자 자신의 쾌락을 다른데서 찾았습니다. 자연히 창부와 불륜을 허락했습니다. 고급 창부, 즉 'hetairi' 라는 계급의 여인들이 등장했고 이들은 명사들의 애인이 되었다고 합니다. 이들의 결혼 생활은 예수님이 가르치시는 것과는 전혀 다른 것이었습니다.

(3) 로마인의 결혼

로마의 경우는 달랐습니다. 여자는 자기의 생활 전체에 참여했습니다. 첫 500년간 이혼에 관한 기록이 없었습니다. 하지만 헬라의 문명이 들어온 후부터 타락하기 시작했습니다. 이혼이 성행했습니다. 세네카는 "여자는 이혼하기 위해 결혼하고 결혼하기 위해 이혼한다."고 까지 말했습니다. 로마의 여자들도 여러 명의 남편을 두었습니다. 자연히 쾌락주의로 전락해 버렸습니다. 따라서 결혼을 기피하는 현상이 일어났고 자녀를 갖지 않으려는 풍습이 생겼습니다. 이렇게 되자 정부에서 보호 대책을 강구했는데, 독신자들에게 특별 세금을 부과하고 결혼하지 않는 사람은 상속받을 권리를 주지 않았습니다. 반면 자녀를 가진 자에게는 특권을 주었습니다.

이렇게 예수님 당시의 고대 사회는 결혼 제도와 가정 생활이 타락해 있었습니다. 그들의 가정은 비정상적이었으며 순결을 상실하고 있었습니다.

오늘날에도 이와 비슷한 제도를 가진 사람들이 있습니다. 바로 이슬람교도들입니다. 법적으로 5명에서 7명의 아내를 두는 것을 허락하고 있습니다. 500불만 주면 이혼이 가능합니다. 어떤 73세의 부자는 235번 결혼한 경력이 있고, 자녀를 83명이나 낳았으며, 죽기 전 부인의 나이는 13세였습니다. 아버지가 며느리를 구하러 갔다가 마음에 들면 자기가 결혼해 버립니다. 어떤 때는 언니는 아버지가, 동생은 아들이 아내로 삼는 경우도 있었습니다. 이것이 이슬람교이며 완전히 도덕 질서가 파괴되고 타락한 종교입니다.

이상 소개한 모두는 타락하고 부패한 결혼과 가정 생활의 예입니다. 그들의 가정과 결혼은 신성함이 없습니다. 모두 동물적이고 쾌락적입니다. 기독교의 규범과 완전히 배치되는 것입니다.

우리 예수님은 말씀하셨습니다. "너희는 천국 백성이다. 너희의 법은 이 세상의 것과는 완전히 다르다. 너희는 천국 백성이므로 세상의 법과 다른 천국의 표준대로 살아야 한다. 너희는 이 세상의 법을 따르지 말고 이 세상의 사람을 따라가지 말라. 결혼은 남자와 여자의 영원한 결합이다."라고 말씀하십니다.

그렇습니다. 결혼은 자기들의 정욕대로 하는 것이 아니라 거룩한 결합이 되어야 합니다. 결혼은 영구한 것입니다. 하나님이 주신 법입니다. 이것을 바로 알아 심각하게 생각하고 기도하며, 하나님 말씀의 가르침을 바로 받고 마음에 깊이 명심하는 천국 백성이 되어야 합니다.

2. 예수님의 교훈

우리 예수님은 결혼에 관해서 복음서에 여러 번 언급하셨습니다. 오늘 본문 역시 결혼과 가정 생활에 대한 예수님의 가르침입니다.

(1) 먼저 예수님은 결혼의 성결을 강조하셨습니다.

결혼은 거룩한 계약입니다. 남자와 여자 모두는 성결해야 할 의무가 있습니다. "음행한 연고없이 아내를 버림은 저로 간음하게 함이요"(5:32) 당시 여자들은 이혼을 하면 경제적, 사회적으로 안정을 얻기 위해 다시 재혼을 하는 것이 가장 확실한 방법이었습니다. 그렇게 될 때 결혼은 이혼 당한 여자의 입장에서도, 여자와 결혼하는 남자의 입장에서도 간음이 되는 것입니다.

여기에 "음행한 연고없이"라는 말은, '부정한 일을 저지른 확실한 사실이 없이'라고 표현할 수 있습니다. 물론 음행을 한 경우에는 이혼을 허락할 수 있다는 교훈을 포함합니다. 그러나 여기에서는, 결혼 생활에서 가장 중요한 것은 성결임을 강조하고 있습니다. 특히 남자의 독단을 경고하고 있습니다. 남자는 타락해도 됩니까? 안됩니다. 남편과 아내 두 사람이 다 성결할 것을 요구하고 있습니다.

남자와 여자는 똑같은 인격체입니다. 모두 동일한 하나님의 자녀입니다. 십자가 피로 구속받은 하나님의 백성입니다. 결혼을 한다는 것은 영혼과 육체가 다 순결해야 한다는 것을 의미합니다. 머리와 손이 잘 맞아야 되듯이 마음과 몸이 하나가 되어야 합니다. 결혼은 성결을 지키는 것입니다. 성결을 파괴하면 문제가 발생합니다. 분열이 일어납니다.

우리 나라도 고유 결혼식을 할 때, 기러기를 놓고 신랑 신부가 절을 하는 순서가 있습니다. 짐승 중에서 기러기는 정조를 잘 지키는 동물로 알려져 있습니다. 자기 짝을 잃으면 평생을 혼자서 살다가 죽어 간다고 합니다. 그런데, 오늘날 이 시대에는 결혼의 신성함과 순결이 파괴되어 가고 있습니다. 주위의 많은 사람들이 결혼의 순수성을 상실한 채 타락하고 있습니다. 사람들이 오염되고 부정하고 잘못된 것을 알면서도 할 수없이 따라가는 풍조입니다.

그러면 하나님의 백성인 우리는 어떻게 해야 할까요?

예수님은 우리에게 말씀하셨습니다. "너희는 성결을 지켜라. 천국 백성인 너희만은 결혼의 순수성을 바로 알고 성결을 이루어야 한다."고 교훈 하셨습니다.

성도 여러분, 우리는 예수님의 십자가의 피로 깨끗함을 받은 성결한 백성입니다. 주 예수 그리스도를 영접한 우리 속에 하나님의 성령이 거하십니다. 그러므로 우리는 하나님의 거룩한 성령이 거하시는 성령의 전이 되었습니다. 따라서 우리는 날마다 거룩한 하나님의 자녀로서 성결한 생활을 해야 합니다. 결국 그리스도인의 결혼 생활과 가정 생활에 있어서 가장 중요한 것은, 아내와 남편이 성결한 생활을 해야 한다는 것입니다. 남편과 아내 모두 다 거룩한 생활을 해야 한다는 것이 예수님의 가르침입니다.

(2) 예수님의 가르침은 이혼을 원치 않으신다는 것입니다.

바리새인과 서기관들은 이혼 증서를 주고 이혼하면 된다고 생각을 했습니다. 수치스러운 일이 발견되면 이혼 증서를 주고 이혼하라고 했습니다. 이혼 증서에는 "이제 내가 그대에게 이혼 증서와 절연장 및 행위의 자유에 대한 각서를 주노니 그대가 원하는 자와 결혼해도 좋으니라"라고 기록되어 있습니다.

그러나 원래 이혼 증서는 여자를 보호하기 위한 것입니다.

① 먼저 재판을 받아야 합니다. 정당한 이유를 제시하고 증인을 세워야 합니다.

② 증서가 있어야 여자가 죽임을 당하지 않습니다. 증서가 없을 때 여자는 부정한 여인으로 오해를 받아 돌에 맞아 죽을 수도 있습니다.

③ 증서가 있으면 그 여자와 남편은 재결합 할 수 없습니다. 이것은 아주 중요한 의미를 가집니다.

예수님은 결혼이란 하나님 앞에서 신실하고 영광스러운 거룩한 계약이라고 교훈 하셨습니다. 그러므로 결혼도 마음대로 하고 이혼도 마음대로 하는 것이 아닙니다. 따라서 예수님의 의도는 이혼이 아닙니다. 설사 한번의 실수가 있더라도 이혼하기를 원하지 않으십니다. 사랑과 용서를 원하십니다.

구약성경에 나타나는 호세아와 고멜의 사랑을 봅시다. 호세아의 아내 고멜은 음란한 여인입니다. 세 아이를 낳고도 다른 남자에게 가서 사는 여인입니다. 하나님은 호세아에게 "가서 돈을 주고 그 여자를 데려와서 같이 살아라"고 명령하셨습니다. 호세아는 순종했습니다. 이 이야기는 하나님을 배반하고 범죄한 우리 인생들을 그래도 용서하시고 사랑해 주시는 크신 사랑을 가르쳐 주고 있습니다. 하나님은 부정하고 타락한 우리들을 사랑하시어 독생자 예수 그리스도를 이 땅에 보내셨습니다. 예수님은 우리의 모든 죄를 대신 지시고 십자가에서 죽기까지 사랑해 주셨습니다.

그러므로 예수님의 가르침은, 천국 백성인 우리 성도는 불화보다 화평을, 심판보다 용서를 미움보다 사랑을 강조하신 것입니다. 예수님은 이혼이 아니라 사랑과 용서를 원하십니다. 그리스도안에서 결합을 원하십니다. 이것은 하나님의 뜻입니다. 세상의 법이 아니라 하나님의 법입니다.

(3) 그러므로 주님은 순결하기를 누구보다도 열망하셨습니다.

순결을 유지하는 방법은 무엇입니까? 순간적 호기심과 성적 충동을 피해야 합니다. 계획적으로 또는 지속적으로, 구체적으로 악한 생각이나 계획을 시도해서는 안됩니다.

① 범죄의 결과를 알면 순결한 생활에 도움이 됩니다.

불의한 방법이나 고의적으로 계속 악한 생각을 하고 추구하며 행동에 옮길 때, 그것은 지옥에 갈 죄가 되는 것입니다. 성경은 무서운 지옥의 불에 던져진다고 했습니다. 또한 성적인 범죄는 무서운 병을 얻게 됩니다. 그 결과 부모의 성범죄로 인해 자손까지 육체적으로 정신적으로 피해를 입게 됩니다. 이 범죄의 무서운 결과를 우리가 알면 순결한 생활을 하는데 도움이 됩니다.

② 영원한 상을 바라볼 때 순결한 생활을 할 수 있습니다.

하나님의 백성으로서 우리가 잠깐 맛보는 세상의 죄악과 쾌락을 이기기 위해서는 영원한 하늘나라의 상을 바라보아야 합니다. 우리는 진리를 위해 사는 사람들로서 진리를 지키기 위해 고난도 받을 수 있어야 합니다. 우리의 신분은 천국 백성입니다. 비록 우리가 이 세상에 살더라도 세상 사람들이 행하는 음행과 죄악을 따라서는 안 됩니다. 하나님의 백성은 이 세상의 순간적인 향락과 쾌락을 위해서 범죄하지 않고, 오히려 영원한 하나님의 나라에서 누릴 축복된 삶을 바라보고 인내함으로 순결을 지킬 수 있습니다.

③ 피해야 합니다.

이것은 대결해서 싸울 것이 아니라 피해야 할 것입니다. 범죄할 수 있는 자리와 장소를 피해야 합니다. 범죄할 수 있는 환경을 피해야 합니다. 범죄할 수 있는 사람을 피해야 합니다. 믿음의 사람 요셉은 보디발의 아내의 유혹을 받았을 때 어떻게 했습니까? 요셉은 "내가 하나님 앞에서 어떻게 득죄하리이까?" 하면서 그 자리에서 피해 도망쳤습니다.

정욕의 불에 기름을 붓지 말아야 합니다. 피해야 합니다. "사람이 불을 품고서야 어찌 그 옷이 타지 않겠는가?" 그 기름은 무엇입니까? 우리는 텔레비전, 비디오, 잡지 등을 통해서 자극을 받습니다. 이것을 피해야 합니다. 범죄할 수 있는 유혹적인 장소나 사람을 피해야 합니다. 어떤 대가를 지불하고서라도 피해야 합니다.

주님의 가르침은 오른손이나 오른 눈이라도 범죄하면 희생할 줄 아는 믿음과 결단을 가질 때 지킬 수 있습니다.

성도 여러분, 예수님은 천국 백성인 우리들의 결혼 생활과 가정에 순결을 요구하십니다. 우리 매일의 생활 속에 성결을 요구하십니다. 사랑과 용서를 요구하십니다. 범죄의 무서운 결과를 알고 영원한 하나님 나라의 기쁨과 상을 바라보고 죄를 피할 줄 아는 지혜롭고 순결한 성도가 되기를 바랍니다.

3. 적극적인 결혼 생활을 해야 합니다.

예수님 말씀의 의도는 천국 백성들의 가정은 행복해야 한다는 것입니다. 하나님의 백성은 차원 높은 생활을 하고, 신분이 다른 생활을 하라는 것입니다. 부부 관계, 가정의 행복은 모든 영역 중에서 가장 중요합니다. 이혼한다는 소리가 나오기 전에 적극적으로 행복한 가정 생활을 시작하면서 즐거움과 보람된 천국 백성으로서 살아야 합니다. 이것이 천국 백성의 자세임을 말씀하셨습니다.

(1) 그러기 위해서 먼저 서로 사랑해야 합니다.

서로 사랑하기 위해서는 일방적인 것이 아닌 쌍방의 노력이 필요합니다. 사랑의 운동을 전개해야 합니다.

75세의 할아버지가 종합 진단을 받았는데 병이 하나도 없이 너무도 건강했습니다. 의사가 물었습니다. "건강의 비결이 무엇입니까?" 그러자 웃으면서 할아버지가 하는 말이 "내가 50년 전에 내 아내와 결혼을 하였는데 결혼할 때 우리는 이런 약속을 했습니다. 살아가다가 내가 잘못해서 당신이 성이 날 때 당신은 대답하지 말고 얼른 주방으로 나가시오. 또 당신이 실수해서 내가 성이 나면 나는 말하지 않고 꾹 참고 바깥으로 얼른 산보를 나가겠소. 그런 약속을 하고 50년쯤 지내고 보니 산보를 너무 많이 해서 이렇게 건강하게 되었소." 라고 건강 비결을 말씀했습니다.

이처럼 사랑은 오래 참는 것입니다. 적극적으로 서로 노력하는 것입니다.

하나님께서 부부를 짝지어 주셨습니다. 부모를 떠나 둘이 한 몸을 이루라고 하셨습니다. 하나님께서 짝지어 주신 것을 사람이 나눌 수 없습니다. 그러므로 부부는 서로 사랑을 만들어 가야 합니다.

예수님은 가정을 소중하게 보셨습니다. 사실 가정이 튼튼해야 교회도 튼튼하고 국가도 튼튼해집니다. 하나님의 백성은 사랑의 가정을 만들어야 합니다. 기독교인의 가정은 사랑의 가정이 되어야 합니다. 그러기 위해서 우리는 그리스도의 사랑을 간직해야 합니다. 아내와 남편의 마음속에 그리스도의 사랑을 가져야 합니다. 참 사랑에는 희생과 봉사가 따릅니다.

미국에서 오래 전에 신학 공부를 하다 폐결핵에 걸려 요양소에서 치료하던 청년이 있었습니다. 그 사람에게는 장래를 약속한 처녀가 있었습니다. 처녀는 멀리서 병원까지 찾아와 병원장의 서기가 되어서 근무하며 그 환자의 치료비를 담당하고 간호를 해주었습니다. 몇 달 후 그 환자는 더 이상 살 수 없다는 진단이 나왔습니다. 이 말을 들은 처녀는 목사님을 찾아가 이 남자와 일생을 같이 하려고 결심했으니 이 남자가 죽더라도 그의 성(姓)을 인계 받도록 결혼식을 올려 달라고 간청을 했습니다. 미국 풍속은 아내가 남편의 성을 받게 되어 있습니다. 간절한 부탁에 목사는 허락을 했습니다. 그 남자는 침대에 누워 있고 여자는 신부로 단장을 하고 병실에서 결혼식을 올렸습니다. 그리고 병원에서 일하면서 극진히 남편을 사랑하면서 보살폈습니다. 그런데 곧 죽는다던 그 남자는 한 여인의 사랑의 힘에 의해서인지 결혼 후 8년을 더 살았습니다. 그 남편이 떠났을 때 여인은 "내가 지금까지 한 남성을 위해 내 온몸과 마음을 다 바치며 봉사해 왔지만, 이제는 이 병원에 들어오는 모든 환자를 위해 내 일생을 바치겠다."고 말했습니다. 그리고 열심히 봉사하며 그 병원에 총무가 되었습니다.

성도 여러분, 그리스도의 백성은 사랑을 만드는 사람들입니다. 그 사랑을 만들기 위해서는 희생할 줄 알아야 합니다. 그 때 역사가 나타나고 변화가 일어나고 가정에 평화가 임합니다.

우리 모두 헌신적으로 사랑을 주는 남편과 아내가 되어서 주님이 원하시는 천국 백성의 가정을 이루어 가는, 사랑을 창조하는 성도가 됩시다.

(2) 기도해야 합니다.

사랑의 가정은 기도 없이는 불가능합니다. 기도 없는 가정은 마귀가 항상 침략하고 지배하려고 듭니다. 기독교인 가정의 특징은 항상 기도 소리가 끊어지지 않는 것과, 가정 예배가 계속되는 것입니다. 일년 내내 기도 소리와 찬송 소리가 들리지 않으면 그 가정은 기독교인의 가정이라고 말하기 어렵습니다. 기도를 항상 같이 하는 부부는 갈라질 수 없습니다. 기도하는 부부는 행복을 만들어 가며 사랑의 가정을 이루어 가는 사람들입니다.

알버트 비벨(Albert Bibel) 목사님은 결혼 주례를 많이 했습니다. 말년에 그가 주례해 준 750쌍의 부부에게 편지를 보내면서 질문을 했습니다. "당신들이 결혼 생활을 해 나가는 가운데 가정을 행복하게 하는 가장 큰 요소는 무엇입니까?" 그 대답이 "가정에서 매일 매일 종교를 실천하는 것입니다. 즉 신앙생활을 실천하는 것입니다." 였습니다.

매일 기도하고 성경을 읽고 배우며 찬송을 부르는 가정, 그리고 성경이 가르치는 대로 사랑하는 가정이 되어야 합니다. 이런 가정에 어떻게 마귀가 득세하겠습니까? 이런 가정에 어떻게 파탄이 오며 분열이 오겠습니까? 아내의 기도, 남편의 기도가 끊어지지 않는 가정은 행복한 가정입니다.

지금 여러분의 가정이 심각한 어려움에 봉착되어 있습니까? 부부 사이에 갈등이 깊어져 있습니까? 먼저 아내는 기도 생활을 점검해 봐야 합니다. 남편 역시 가장으로서 기도 생활을 얼마나 하고 있는가 체크해 봐야 합니다. 당장 기도 생활에 들어가야 합니다. 그 후에 다시 점검해 보아야 합니다. 지금 당하고 있는 문제를 위해서 간절히 시간을 정해 놓고 기도해야 합니다.

성도 여러분, 우리의 가정은 세상 가정과 다른 하나님 나라의 가정입니다. 예수님을 모시고 사는 가정입니다. 예수님의 십자가의 사랑을 가지고 살아가는 가정입니다. 물론 우리의 부부 사이나 가정에도 갈등과 어려움이 나타납니다. 그러나 우리는 세상 사람들과 같이 행동하지 않습니다. 먼저 우리를 짝지어 주신 하나님 앞에 엎드립시다. 천국의 주인이신 주님 앞에 기도하며 도움을 구합시다. 성도의 가정은 예수님을 모신 가정이 되어야 합니다.

중국 오지에 말을 타고 지나가던 사람이 있었습니다. 갑자기 마음 속에 주님의 모습을 보고 싶은 충동이 생겼습니다. 그래서 기도했습니다. "오 주님, 주의 얼굴을 보여주소서" 성령께서 사진을 찍으라는 음성을 들려 주셨습니다. 그곳은 허허 벌판이요 눈 덮인 밭이었습니다. 그러나 성령께 순종하여 사진을 찍었습니다. 그후 사진을 현상해 보니 눈 덮인 밭 속에 인자하신 주님의 얼굴이 나타났습니다. 이 그림 밑에 이런 글이 적혀 있습니다.

"그리스도는 이 가정의 머리이시요(Christ is the head of this home). 모든 식사에 보이지 않는 손님이시요(Unseen guest at every meal). 모든 대화에 말없이 듣는 이시다(The silence listener to every conversation).

성도 여러분, 우리의 결혼 생활과 가정에 예수 그리스도를 주인으로 모셔야 합니다. 천국 백성의 결혼과 가정은 영원합니다. 이 세상이 비록 타락하고 부패해도, 가정이 파탄되어도 하나님 백성의 가정은 영원한 성격을 가지고 있습니다. 따라서 죄를 멀리하고 성결한 가정을 이루어 가야 합니다. 이를 위해서는 용서와 사랑이 필수적입니다. 우리는 적극적으로 사랑을 만들어 가야 합니다. 항상 예수 그리스도안에서 기도해야 합니다. 아내와 남편, 모든 가족 구성원들이 가정의 주인이시고, 천국의 왕이신 예수 그리스도께 항상 기도하며 도움을 구하고 주님을 우리의 주인으로 모시며, 순결하고 사랑이 넘치는 행복한 그리스도인의 가정을 이루어 가기를 소원하고 기도하여 모든 가정이 하나님의 은혜와 사랑과 행복으로 충만하기를 기원합니다. 아멘.

■ 산상설교 강해 9 ■

말의 신실성

(본문 / 마태복음 5:33-37)

 서울시 120개 중고등학교를 대상으로 각 학교의 교훈을 조사해 보니 제일 압도적으로 많은 교훈은 "성실한 사람이 되자"가 86개교로 나타났습니다. 학교뿐만 아니라 기업체도 "성실"과 "근면"을 사훈으로 많이 정해 놓고 있습니다. 우리 민족이 강조하는 것은 성실입니다. 다른 말로 하면 사람에게 가장 소망스럽고 바람직한 것은 바로 성실이라는 사실입니다.

 유대인 교사들은 항상 진리를 강조했습니다. "세계는 정의, 진실, 그리고 평화 위에 확고하게 서 있다. 그리고 조롱하는 자, 위선자, 거짓말하는 자, 중상 모략하는 자는 하나님 앞에서 쫓겨나리라. 약속하고도 실행치 않는 자는 우상 숭배자만큼 악하다."고 말합니다

 현대는 말의 홍수시대입니다. 매스컴을 통하여 많은 말들이 흘러 넘치고 있습니다. 사람들은 자기 주장이나 자기 선전도 아주 잘하는 말의 풍요시대 속에 살아가고 있습니다. 그런데 문제는 이 많은 말들이 얼마나 신실성이 있고 가치가 있는가 하는 것입니다. 말을 잘

하고, 자신을 잘 소개하고, 자신의 주장을 조리 있게 설득력을 가지고 말하는 것이 모두 중요합니다. 그런데 말을 잘하는 것 보다 더 중요한 것은, 그 말들이 신실한 것인가 하는데 있습니다. 오늘날 우리가 살고 있는 이 시대는 말은 풍성하나 신실한 말은 기근인 상태에 있습니다.

예수님 당시에도 말의 신실성이 심히 결여된 시대였습니다. 그래서 예수님은 산상설교 중에서 천국 백성인 우리들에게 정말 필요한 것은 말의 신실성임을 강조하셨습니다.

예수님은 "맹세하지 말라"고 하셨습니다. 이것은 제3계명, 즉 "네 하나님 여호와의 이름을 망령되이 일컫지 말라"는 말씀과 관계가 있습니다.

맹세는 정말 필요할까요? 사실 정직한 말만 하는 사회에서는 맹세가 필요 없습니다. 오히려 이상합니다. 그냥 말하는 것은 믿을 수가 없으니, 맹세라는 특별한 수단을 사용하여 강조하는 것입니다. 따라서 맹세를 너무 자주 하거나 과장법이 많이 사용될수록 우리의 말의 신실성이 격하되고 감소됩니다.

요사이는 기독교인들이 말을 잘 한다고 소문 나 있습니다. 말을 못하는 것보다는 말을 잘하는 것이 얼마나 좋습니까? 그러나 우리에게 강하게 요구되는 것은 우리의 말이 얼마나 신실한가 하는 것입니다. 기독교인의 말은 신실해야 합니다.

1. 맹세에 대한 구약의 교훈

(1) 모세 율법에 맹세를 금하고 있습니다.

왜냐하면 사람들이 너무 거짓말을 많이 하고 서로가 불신하므로 맹세가 남발되었기 때문입니다. 그래서 모세는 맹세하지 말라고 지시했습니다. 이것은 거짓말을 제거하기 위한 것입니다.

"헛맹세를 하지 말고"(5:33)

이 말은 여호와 하나님 앞에서 거짓 맹세를 하거나 여호와의 이름으로 맹세한 것을 깨뜨리지 말라는 것입니다. 신 19:12에는 거짓말하는 것과 맹세하는 것이 연관되어 있습니다. 민 30:2에도 "사람이 여호와께 서원하였거나 마음을 제어하기로 서약하였거든 파약하지 말고 그 입에서 나온 대로 다 행할 것이니라"고 했습니다. 신 23:21에 "네 하나님 여호와께 서원하였거든 갚기를 더디하지 말라. 네 하나님 여호와께서 반드시 그것을 네게 요구하시리니 더디면 네게 죄라"고 했습니다. 이 모두가 말은 신실하게 지켜져야 하며, 맹세한 것은 지켜야 한다는 것을 강조하시는 말씀입니다.

(2) 그렇다면 우리는 절대로 맹세해서는 안되는 것일까요?

우리가 사는 이 세상에는 꼭 맹세하고 서약해야 하는 일들이 많습니다. 어떻게 해야 할까요? 성경에도 하나님의 맹세와 여러 신앙인들의 맹세가 나옵니다. 신 6:13에는 "네 하나님 여호와를 경외하고 그 이름으로 맹세하라"라고 나옵니다. 신 6:14에 "다른 이방신의 이름으로 맹세하지 말라"라고 말씀합니다(레 19:12).

아브람이 전쟁에서 승리하고 돌아올 때 소돔왕이 너무 고마워하며 "사람들은 내가 취하겠으니 물품은 아브람 네가 취하라" 할 때 아브람은 천지의 주재요 지극히 높으신 하나님께 맹세했습니다. "네 말이 내가 아브람으로 치부케 하였다 할까 하여 네게 속한 것은 무론한 실이나 신들메라도 내가 취하지 아니하리라"(창 14:21-23)

이삭도 브엘세바에서 아비멜렉과 맹세하였습니다. 야곱도 벧엘 들판에서 자신에게 나타나 약속하신 하나님 앞에 맹세를 했습니다(창 28장). 요셉도 맹세를 했습니다(창 47장).

구약성경의 교훈은 맹세했으면 지켜야 함을 강조합니다. 절대로 맹세하지 말라는 것은 아닙니다. 성경은 맹세의 심각성을 가르쳐 줍니다. 맹세하면 반드시 지키라는 것입니다. 우리의 보통 말도 지켜야 합니다. 하물며 맹세한 것은 반드시 지켜야 합니다. 그러므로 맹세를 함부로 해서는 안됩니다. 아무렇게나 생각 없이 사소한 맹세도 함부로 해서는 안됩니다. 분별력 없이 맹세하지 말아야 합니다. 말은 바로 인격과 관계가 되므로 신실하게 해야 합니다.

유대인의 탈무드(Talmud)에 나오는 글입니다. 유대인 두 사람이 많은 재물을 배에 싣고 장사를 떠났습니다. 바다 한 복판에서 큰 풍랑을 만났습니다. 배가 깨어지고 죽게 되었습니다. 하나님께 기도했습니다. "구명대 하나 주십시오." 구명대 하나씩을 구했습니다. 살려 달라고 아무리 소리질러도 대답이 없었습니다. 죽었구나 생각하고 있는데 한 가지 생각이 떠올랐습니다. 다시 기도하기 시작했습니다. "하나님 섬이라도 보이게 해주십시오. 내 재산 1/3을 바치겠습니다." 3일 간을 버텨 냈습니다. 다시 기도하기 시작했습니다. "하나님 목숨만 살려 주십시오. 그러면 재산의 2/3를 하나님의 사업을 위해서 바치겠습니다." 그래도 섬이 나타나지도 않고 구조선도 오지 않았습니다. 이제 마지막 기도를 드리기 시작했습니다. "하나님 나의 생명만 살려주시면 우리들의 재산 전부를…" 하는데, 멀리 섬이 하나 보였습니다. 옆에 친구가 말했습니다. "기도 그만해라. 섬이 보인다. 하나님께 약속하거나 맹세를 하지 않아도 섬은 우리 곁에 오고 있단 말이야." 기도를 그만했습니다. 드디어 섬 위에 상륙하여 목숨을 건졌습니다. 감사 기도를 하는데 "서원하고 맹세한 것은 어떻게 할까?" 하고 고민이 되기 시작했습니다. 한 친구가 말하기를 "구명대가 저절로 내려가서 섬에 걸린 것인데 돈은 무슨 돈이야" 라고 소리를 질렀습니다.

이들은 하나님을 속였습니다. 맹세를 어긴 것입니다. 하나님과의 약속을 어기고 기도 응답 받은 것을 무시해 버렸습니다. 그런데 이 두 사람의 결과가 궁금하지 않습니까? 이 두 사람은 섬 위에서 쉴 곳을 찾아가다가 큰 구렁이를 만나 피하다가 물려서 죽고 말았습니다.

2. 맹세에 대한 바리새인들의 태도

예수님 당시에 바리새인들과 서기관들도 맹세를 남발했습니다. 그러나 그들은 맹세를 문자 적인 것에만 관심을 가졌습니다. 다시 말하면 그 행위 자체만 범하지 않으면 된다는 것입니다.

예를 들면 간음도 행위 자체만 안하면 된다고 생각했습니다. 이혼도 이혼 증서만 주면 된다고 생각했습니다. 맹세도 법정에서 거짓 증언만 안하면 맹세를 남발해도 된다고 생각했습니다. 그리고 대상에 따라서 맹세를 지키기도 하고 지키지 않기도 했습니다. 이들은 회피적인 맹세 방법을 사용했습니다. 즉 하나님의 이름으로 하는 맹세는 절대적인 구속력을 가지기 때문에 반드시 지켜야만 한다고 생각했습니다. 그래서 하나님 이름을 걸고 맹세를 하지 않고 "하늘에 맹세하고, 땅에 맹세하고, 예루살렘에 맹세하고, 자기 머리로 맹세하고, 내 생명을 걸고 맹세하고, 나의 머리를 걸고 맹세했다. 만일 맹세를 지키지 아니하면 결코 이스라엘의 위로를 받지 못하리라"고 했습니다. 그들은 함부로 맹세를 했습니다. 우리 나라도 천지신명께 맹세를 합니다. '만일 내가 거짓말하면 내가 무슨 자식이다.'는 식으로 말합니다.

이 모든 것이 다 율법의 정신에서 위배되는 것입니다. 하나님의 이름으로 맹세하지 않았으니 어겨도 된다는 것입니다. 성도 여러분, 우리가 교통 위반을 밥먹듯이 하면서 하나님 이름으로 약속한 것이 아니므로 지키지 않아도 된다고 말할 수 있습니까? 우리 하나님은 중심을 보십니다.

바리새인들과 서기관들은 중심 사상을 무시하고 형식만 지키면 된다고 잘못 알고 행하다가 예수님으로부터 호된 책망을 받았습니다. 오늘날 많은 사람들이 중심 사상보다 형식을 중요하게 봅니다. 법망에만 걸리지 않으면 된다고 생각합니다. 피해만 다니면 된다는 식으로 생각합니다. 세상의 법적인 사건도, 매매하는 문제도, 사업에도, 장사하는 것도, 대인관계에도 이런 생각이 다 통합니다.

심지어 교회 안에도 이런 풍조가 밀려들고 있습니다. 이것은 사탄의 유혹이므로 경계해야 합니다. '형식만 갖추면 된다', '법적으로 하자만 없으면 아무렇게나 해도 된다'는 생각들이 주류를 이룹니다.

그러나 우리는 꼭 기억해야 합니다. 하나님의 이름으로 맹세하지 않는 일도 하나님은 다 알고 계십니다. 하나님이 보시는 것은 그 중심입니다. 그 동기를 보십니다. 우리 하나님은 어떤 계약에도 참여하시는 분입니다. 하나님의 간섭에서 벗어날 사람은 아무도 없습니다. 하나님은 이미 거기에 와 계십니다.

바리새인과 서기관들은 하나님 이름만 빼고 그 대신 하늘, 땅, 예루살렘, 머리에 맹세하면 되겠다고 생각했습니다. 그러나 하나님은 하늘, 땅, 예루살렘, 내 머리 속의 일들을 다 알고 계시며 주관하십니다.

그러므로 오늘 본문 5:34에 "하늘로 말라 이는 하나님의 보좌임이요"라고 했습니다. 하늘은 원래 하나님의 창조물이지만 하늘로 맹세하는 것은 창조의 주인 되시는 하나님께 맹세하는 것입니다. "하늘은 하나님의 보좌임이요"란 말은, 하나님은 절대 주권을 가지시고 하늘의 보좌에서 통치하시는 하나님의 권위를 강조해 주고 있습니다. 따라서 경솔한 맹세나 습관적인 맹세, 위선적인 맹세는 철저히 삼가야만 합니다.

5:35에 "땅으로도 말라 이는 하나님의 발등상임이요"라고 말씀합니다. 하늘을 보좌로 삼으신 하나님은 땅을 당신의 발등상으로 삼으시고 그곳을 통치하십니다. 따라서 땅은 맹세의 대상이 될 수가 없습니다.

또한 "예루살렘으로도 말라 이는 큰 임금의 성임이요"라고 말씀합니다. 예루살렘은 하나님의 성전이 있는 곳으로 유대인들에게는 궁극적인 본향이요 지향점이었습니다. 따라서 그들은 기도와 맹세 등 각종 종교적 행위를 할 때 항상 예루살렘을 향하여 관심을 가지고 사모하며 눈길을 돌렸습니다. "큰 임금의 성이요"라는 말에서, "큰 임금"은 모든 역사를 통하여 너무도 잘 알려진 탁월한 왕, 곧 여호와 하나님을 가리키는 것입니다.

"네 머리로도 하지 말라"(5:36)고 하십니다. 머리는 인간 신체의 필수적인 부분입니다. 그러나 만물이 다 하나님께 속한 것 같이 우리의 머리도 하나님의 것입니다. 하나님은 우리의 머리털도 다 세시고, 우리의 머리털을 희게 하시고 검게 하시는 것도 다 하나님의 소관입니다.

물론 요즘 염색 기술이 발달해서 흰머리도 검게 만들고 갈색으로도 만듭니다. 그러나 본래 색깔은 아무도 바꿀 수 없습니다. 하나님은 우리의 머리를 만드셨고, 머리털도 만드셨고, 그것의 모든 원동력과 힘을 조성하셨습니다. 그러므로 우리 인간이 자신의 머리털을 검게 하거나 희게 할 수 없습니다. 그러므로 머리털의 원소유자는 하나님입니다. 따라서 인간은 자신의 머리털로 맹세해선 안됩니다.

이 세상에 하나님께 속하지 않는 것은 하나도 없습니다. 그러므로 맹세할 때 하나님 이름을 사용하거나 불려졌다는 것이 중요한 것이 아니라, 하나님은 이미 거기에 계신다는 사실이 중요합니다. 여기에 위대한 진리가 있습니다.

성도 여러분, 우리는 분명히 기억해야 합니다. 우리의 모든 생활 중 하나님과 관계가 없는 것은 하나도 없으며, 모든 것이 다 하나님과 관계를 가지고 있습니다. 그러므로 우리의 말을 사용하는 것도 일관성 있어야 하고 신실성이 있어야 합니다. 우리 모두는 말을 사용하는 일에 신중해야 합니다. 교회에서 공적으로 예배를 드릴 때 격식을 갖추고 품격 있는 말을 사용하는 것은 물론이고, 가정에서도 함부로 말을 해서는 안됩니다. 회사에서나 학교에서도, 장사를 할 때도, 공장에서도 욕을 하거나 상스러운 소리를 하거나 해서는 안됩니다. 물론 행동도 교회에서, 가정에서, 사회에서, 대인관계에서 아무렇게나 해서는 안됩니다.

왜냐하면 우리 하나님이 다 보고 계시며 안 계신 곳이 없기 때문입니다. 우리 하나님은 우리의 모든 생활 가운데 계시며 우리의 모든 대화를 다 들으시고 계시는 무소부재 하신 하나님입니다. 따라서 우리들은 하나님의 이름으로 맹세하는 말뿐만 아니라 우리의 모든 말, 모든 약속, 모든 계약은 하나님 앞에서 이루어지고 있다는 사실을 알아야 합니다. 우리가 집 계약 한 것, 결혼 문서, 법정 문서, 보증서, 추천서 모두가 다 하나님 앞에서 한 것입니다. 또한 교회 안에서 한 서약, 학습, 세례, 집사 임명, 장로나 집사 장립, 권사 취임식 등, 이 모두가 다 하나님 앞에서 서약한 것입니다.

사람들은 잊어버렸을 지라도 하나님은 잊지 않으십니다. 그러므로 우리는 하나님 앞에서 처음 맹세하고 서약할 때의 그 감격과 그 신앙, 그 다짐, 그 헌신이 식어서는 안됩니다. 왜냐하면 이것은 하나님과의 약속이기 때문입니다. 우리는 서약을 할 때 엄숙히 해야 합니다. 약속을 어기면 안됩니다. 하나님은 모든 것을 다 아십니다.

어느 가정에는 부부 싸움이 자주 일어나자 결혼식 때 녹음 한 테이프를 틀어 놓고 비디오 녹화 테이프를 보면서 은혜를 받고 새 힘을 얻는다고 합니다. 하나님 앞에서 서약한 것을 지켜보려는 노력입니다. 우리 예수님은 교훈 하셨습니다. '너희는 이 불신과 거짓 맹세가 가득한 세상 속에서 살아가지만, 너희는 하나님의 백성답게 말의 신실성을 가지고 살아라'고 말씀하셨습니다.

사랑하는 성도 여러분, 우리는 이 세상 사람들과 신분이 다른 하나님의 자녀들입니다. 우리는 형식을 중요하게 여기고 위선적인 바리새인들과 다릅니다. 이 세상의 모든 사람들이 다 형식주의에 빠져 있고 외식주의에 취해 있다 하더라도, 이 세상 사람들이 밥먹듯이 거짓 맹세를 한다 해도, 우리는 중심을 보시는 하나님 앞에서 안 계신 곳이 없으시고 우리의 모든 삶을 주관하시며 바로 이 자리에 계시는, 우리의 주인 되시고 모든 것을 다 아시는 하나님의 뜻대로 신실하게 살아가는 성도가 됩시다.

3. 맹세에 관한 예수님의 교훈

예수님도 완전히 맹세하지 말라고 하지는 않으셨습니다. 본문 5:37에 예수님은 "오직 너희 말은 옳다 옳다 아니라 아니라 하라 이에서 지나는 것은 악으로 좇아 나느니라"고 하셨습니다. 좀 더 정확히 번역하면, "그러나 너희는 단순히 '옳다'고 말하든지 '아니다'라고 말하든지 하라"라고 할 수 있습니다.

예수님이 강조하시는 말씀은 진실성입니다. 맹세를 핑계로 이용하지 말고 무분별한 맹세를 하지 말고 오직 진실만을 말해야 합니다 (Simply let your yes be yes and your no, no). 예수님은 "이에서 지나는 것은 악으로 좇아 나느니라"고 하셨습니다(anything beyond this comes from the evil one). 옳고 그름에 대한 분명하고도 책임감 있는 답변을 회피하면서 오히려 그것을 넘어 하나님의 권위를 빌어 구구한 맹세를 하는 것은, 분명 '악한 자로부터' 생겨난 허위와 위선에 따른 결과라는 것입니다.

우리는 옳은 것은 옳다고 하고 잘못된 것은 잘못되었다고 솔직하고 진솔하게 말할 수 있어야 합니다. 그러므로 우리는 필요한 경우에는 맹세가 가능합니다. 법정에서 맹세할 수 있습니다. 결혼식에서도 신랑과 신부는 맹세해야 합니다. 위임식에서도, 안수식에서도, 취임식에서도 서약을 합니다.

5:34에 나오는 도무지 맹세하지 말라는 말을 문자적으로 절대 맹세하지 말라고 해석해서는 안됩니다. 그렇다면 맹세 자체가 무용합니다. 우리 예수님도 빌라도의 법정에서 맹세하셨습니다(마 26:63, 64). 사도 바울도 자주 맹세했습니다(롬 1:19; 고후 1:23; 갈 1:20). 그러므로 예수님께서 도무지 맹세하지 말라고 말씀하신 것은, 유대인들이 계속 습관적으로 범해 온 거짓 맹세나 진실치 못한 위선적인 맹세를 단호히 거부하라는 것입니다.

우리 예수님께서 원하시는 것은 진실한 말을 해야 하고 지킬 수 있는 신실한 맹세를 해야 한다는 것입니다. 그러므로 우리 예수님이 원하시는 것은 맹세하지 않고 신실하게 사는 것입니다. 일상 대화가 통하는 사회, 상식이 통하는 사회는 맹세가 필요 없습니다. 자주 법이 생기고 규칙이 정해지는 것은 불신에서 온 것입니다. 사람은 한 번 거짓말하면 자꾸 거짓말을 하게 됩니다. 맹세도 자꾸 남발하게 됩니다.

정당한 이유 없이 날마다 집에 늦게 들어오는 남편들은 상습적으로 거짓말하게 되고 맹세를 남발할 수밖에 없습니다. 또한 합당한 사유 없이 자꾸 바깥으로만 나가는 버릇을 가진 부인들도 자꾸 핑계하고 구실을 대고 맹세를 남발합니다. 학생들도 엉뚱한 곳에 신경을 쓰고 잡념을 가지고 성적이 떨어지면, 거짓말하게 되고 맹세를 남발합니다. 정치가들도 약속은 해 놓고 못 지키는 일들이 많으면 결국 거짓 맹세를 남발한 것이 되고 맙니다. 부부 사이도, 친구 사이도, 자녀들과 부모 사이도, 교회 안에서 성도들끼리도 맹세를 남발하는 일들이 많습니다.

예수님은 맹세하지 말고 과장하지도 말고 정직하게 진실하게 살아가기를 원하십니다. 그러므로 '너희는 yes면 yes, no면 no 하라. 다른 것 포함시키지 말고 말과 생활의 일치를 이루라'고 하신 것입니다. 진실한 말만 하고 그것을 보증하고 증명하는 맹세를 하지 말라고 하십니다.

성도 여러분, 우리는 하나님의 자녀답게 불신과 거짓이 팽배한 세상에서 소금과 빛이 되어야 합니다. 사람은 어떤 서약보다도 자신을 더 믿을 수 있는 인생으로 끌고 가야 합니다. 이상주의 사회란 아무도 진실을 보증하기 위해서 서약을 요구할 필요가 없는 사회입니다.

역사적으로 모든 서약을 완전히 거부한 두 종류의 집단이 있었습니다.

(1) 첫 번째 집단이 고대 유대의 한 종파 엣세네파입니다(the Essens).

이 엣세네파들은 광야에서 금식하며 기도하며 절제된 생활을 하면서 하나님의 말씀을 가르치며 배우고 기록한 무리들입니다. 세례요한이 바로 이 집단의 출신입니다. 유대인의 역사가 요세푸스(Josephus)는 말하기를 "그들은 신실성이 뛰어난 평화의 사도들이었다. 그들이 말한 것은 어떤 서약보다도 더 확고하고 그들은 맹세하는 것을 피했다. 맹세하는 것은 거짓보다도 악한 것으로 평가했다."라고 했습니다. 맹세하지 않으면 믿을 수 없는 자는 이미 정직하지 못한 자입니다. 맹세가 전혀 필요 없는 사람의 인격은 훌륭합니다.

(2) 퀘이커 교도입니다.

이들은 과거에도, 현재에도 맹세하지 않는 무리들입니다. 지도자인 조지 폭스(Gorge Fox)는 아주 진실하고 성실한 사람이었습니다. 그는 맹세를 하지 않았습니다. 강조할 일은 "진실로"란 말을 사용했습니다. 그들은 말하기를 "만일 조지 폭스(Gorge Fox)가 '진실로'란 말을 했다면 거기에는 어떠한 변경도 없습니다. 만약 맹세와 서약을 받을 필요가 있다면 거기에는 악이 존재합니다."라고 했습니다. 왜 이 세상에 맹세가 남발할까요? 왜 서약이 많습니까? 한마디로 이 세상이 악하기 때문에 맹세가 필요한 것입니다.

그런데 맹세가 전혀 필요 없는 곳이 있습니다. 그곳은 하나님의 나라입니다. 하나님의 나라는 완전한 세계입니다. 악이 전혀 존재할 수 없는 의와 평강과 화평으로 충만한 나라입니다. 그러므로 예수님은 우리에게 교훈 하십니다.

① 하나님의 백성인 너희는 맹세가 필요 없는 진실하고 신실한 삶을 살아라.
② 다른 사람들이 너희에게 맹세를 요구할 필요가 없도록 선하고 진실하게 살아라.
③ 하나님의 백성인 너희는 이 세상의 빛과 소금이 되어서 거짓과 불신을 일소해야 할 책임과 의무가 있다.
④ 그리하여 하나님의 백성인 너희들을 통하여 이 땅에 하나님의 나라가 이루어지도록 힘쓰고 기도해야 한다.

문제는 우리의 마음입니다. 말의 성실성 역시 사람의 마음에서 나옵니다. 다른 말로 하면 신앙의 인격에서 나온다는 말입니다.

믿음의 조상 아브라함이 처음에는 자기 아내 사래가 너무 아름다우므로 사람들이 자기를 죽이고 자기 아내를 빼앗아 갈까 봐 자기 아내를 보고 누이동생이라고 말하라고 했습니다. 얼마나 비겁합니까? 자신의 생명을 유지하기 위해서 아내의 순결도 팔아먹으려는 비겁한 짓이 아닙니까? 그러나 아브라함이 나중에 신앙의 인격이 성숙했을 때, 하나님은 백세에 낳은 아들 이삭을 모리아산에 데리고 가서 번제로 잡아서 바치라고 명령하셨습니다. 그는 아무 소리도 않고 지체없이 아들을 데리고 가서 바치려고 했습니다. 그것은 하나님께서 불가능한 나이인 백세에 아들을 주신 능력을 믿고, 죽여도 다시 살려 주실 줄 믿는 믿음이 있었기 때문입니다.

일본의 한 교수는 일본 경제의 성장 비결을 말하면서 중소기업의 중요성을 들었습니다. 일본은 중소기업의 수출이 반 이상을 차지한다고 합니다. 다른 나라는 유능한 사원들이 대기업으로 몰려가지만 일본은 한번 직장에 몸담으면 대개가 그 직장에서 일생을 끝낼 생각을 가지고 일한다고 합니다. 이것이 일본 중소기업의 발전과 안정의 비결이라고 말합니다. 그리고 한가지 물건을 만들 때 서구인들은 기계에만 의존하지만, 일본인들은 같은 기계라도 정성을 부으면 좋은 상품을 만들어 낼 수 있다고 생각합니다. 그 결과 그들은 좋은 상품을 만들어 냈습니다.

세탁소도 미국인 세탁소는 빨래를 해도 얼룩이 그대로 남아 있으나, 일본이나 중국 사람들은 세탁기에 넣기 전에 손으로 비누칠하고 세탁기에 넣어 더 깨끗하게 한다고 합니다. 이렇게 정성을 부어넣으니 상대방에서 신의와 봉사의 뜻을 알게 되고 장사가 잘 되었습니다.

한창 수출을 할 때 우리 나라 수출 품 가운데 불량 제품으로 돌아오는 것들이 얼마나 많았습니까? 반면 우리들의 선조들이 만든 고려청자는 800년이 지나도 빛이 변하지 않고 그 아름다움을 그대로 간직하고 있습니다. 이것은 무엇을 말해 줍니까? 정성을 다하는 마음의 자세가 필요하다는 것입니다. 도산 안창호 선생은 진실한 기독교인이었습니다. 그는 말하기를 "우리는 죽더라도 거짓말하지 말자"고 외쳤습니다.

성도 여러분, 우리는 하나님의 백성들입니다. 아무리 이 세상이 악하고 불신과 거짓으로 가득하더라도 우리는 하나님의 백성임을 항상 기억하고 신실하고 진실한 말을 해야 합니다. 우리 하나님은 우리의 대화를 다 듣고 계십니다. 우리의 모든 일에 함께 하십니다. 모든 일을 알고 계십니다. 그러므로 우리는 예수님의 마음을 가지고, 맹세가 필요 없도록 일상 생활에서 인정받고 존경받는 신앙 인격을 소유하여 진실하고 신실한 말을 하는 하나님의 백성이 됩시다. 아멘.

■ 산상설교 강해 10 ■

기독교인은 어떻게 보복할 것인가?

(본문 / 마태복음 5:38-42)

　기독 신자는 생각과 생활이 비신자와는 다릅니다. 다른 말로 하면 윤리적으로 본질이 다릅니다. 기독 신자는 세상과 다른 윤리적 특성을 가집니다. 그러므로 우리들이 세상을 살아갈 때 생기는 여러 가지 문제들, 즉 억울한 일을 당하거나, 모욕을 당하고 무시를 당할 때, 그리고 손해를 볼 때 기독 신자로서 우리는 어떻게 하여야 할까요? 계속 당하기만 하고 있어야 합니까? 아니면 우리들도 보복을 해야 합니까?

　예수님은 오늘 본문인 산상설교를 통해 하나님의 백성들이 이 세상을 살아갈 때, 이런 여러 가지 일들을 당하면 어떻게 행해야 하는가를 잘 가르쳐 주고 있습니다. 산상설교를 통하여 어떻게 보복해야 할 것인가를 생각해 봅시다.

1. 옛 교훈은 무엇입니까?

오늘 성경 본문 5:38에서 말해 주고 있습니다. "눈은 눈으로 이는 이로 갚으라"

옛 율법서에는 억울하게 손해나 상해를 입었을 때 동일한 대가로 보복을 하라고 가르쳤습니다. 그래서 "눈은 눈으로 이는 이로 갚으라"고 말하는 것입니다. 구약시대는 복수를 정당하게 여겼습니다. 그래서 소위 동해 복수법(同害 復讐法-Lex Talionis)이라는 세칙을 만들었습니다. 이것이 동일한 대가로 보복하는 율법이라고 불리는 것입니다.

구약성경 출 21:23-25에 "그러나 다른 해가 있으면 갚되 생명은 생명으로 눈은 눈으로 이는 이로 손은 손으로, 발은 발로, 데운 것은 데운 것으로, 상하게 한 것은 상함으로, 때림은 때림으로 갚을 지니라"(신 19:21)라고 말씀합니다. 이런 것은 아주 야만적이고 무시무시하게 보입니다. 그러나 사실은 그것이 아닙니다. 우리는 이 율법의 중심 뜻을 알아야 합니다.

(1) 동해 복수법(Lex Talionis)은 자비에서 나온 것입니다.

눈을 뽑히면 큰 보복을 당합니다. 사람은 자기가 피해를 보면 제일 먼저 복수할 것을 생각합니다. 자기가 받은 그 이상의 복수를 하고 싶어합니다. 눈이 상하면 눈만 상하게 하지 않고 죽이려고 달려듭니다.

원시시대는 부족과 부족 사이, 가족과 가족 사이에 싸움이 있었습니다. 자기 가족이나 부족 중에 한 사람이 상하게 되면, 전 가족과 부족이 일어나서 상대방 가족과 그 부족을 쳐들어가 죽이는 유혈 복수가 일어났습니다. 그러므로 율법에는 복수의 한계를 분명히 정했습니다. 그래서 눈은 눈으로 이는 이로 갚으라는 것입니다. 이렇게 함으로써 더 큰 희생을 막고 더 큰 보복을 막으려는 것입니다. 상해를 입힌 자만이 그 벌을 받게 한 것입니다.

이 벌은 자기가 상해를 입힌 것 이상의 손상을 주어서는 안된다고 규정하여 더 큰 희생을 막고자 했습니다. 그러므로 구약의 복수에 대한 율법은 야만적이 아니라 자비에서 나온 것입니다.

(2) 이 법은 개인이 자기 혼자서 마음대로 복수를 못하게 했습니다.

벌은 공평히 시행되어야 합니다. 개인들이 자기 마음대로 복수를 한다면 큰 희생과 걷잡을 수 없는 불행을 초래할 것입니다. 그러므로 율법에서는 개인이 자기 마음대로 복수를 못하게 하고 법정에서 재판관이 형벌을 주고 벌금을 시행하게 했습니다(출 18:19). 개인은 자신이 잘못한 벌을 받아야 합니다. 그리고 이것은 재판관이 행해야 합니다. 공평하게 판단해야 합니다. 이것이 평등의 원리입니다.

구약의 교훈은 눈은 눈으로 이는 이로 보복하라는 그 자체에 있는 것이 아니라, 공의를 실천함으로 개인적인 보복을 막고 공정한 재판에 의한 바른 사회를 유지하며 사회 생활의 혼란을 방지하려는데 목적이 있습니다. 정의 사회를 실현하는 것입니다. 그런데 바리새인들은 이 자비의 정신에서 나온 율법의 정신도 모르고 눈은 눈으로 이는 이로 보복해야 된다고 생각하고 문자적으로만 실천하려고 했습니다. 그러나 하나님은 그 중심을 보십니다.

유명한 신학자요 설교자인 아이런 사이드(Iron Side) 박사가 교회에서 회의를 진행하는 데 갑자기 청년 하나가 손을 들고 큰 소리로 고함을 질렀습니다. "법대로 합시다!" 그 때 목사는 놀라운 말을 했습니다. "여보게 젊은이 법대로 하기를 원하는가? 만약 하나님께서 법대로 자네를 다루었다면 자네는 어떻게 되었을까? 자네는 벌써 지옥에 가 있어야 마땅할 걸세."

그렇습니다. 우리는 법보다 더 위대한 원리가 있습니다. 그것은 하나님의 은총에 따라 사는 것입니다. 우리 하나님이 원하시는 것은 우리의 중심이고 내용입니다.

구약성경의 여러 곳에 동일한 대가의 보복만이 아니라 자비에 관한 말이 나옵니다.
 - 원수를 갚지 말고 동포를 원망말라
 - 네 원수가 배고파하거든 식물을 먹이고 목말라 하면 물을 마시우라(잠 25:2; 24:29; 애 3:30)

우리 기독교인들은 항상 보복과 복수에 집착하는 사람이 아닙니다. 눈은 눈으로 이는 이로 보복하는 사람이 아닙니다. 우리는 항상 자비의 정신을 가져야 합니다. 우리는 공평하고 의롭고 정의 사회를 이루어 가는 일에 힘써야 합니다.

2. 예수님의 교훈

예수님은 구약의 옛 법에 익숙해져 있는 사람들에게 새로운 법, 새로운 정신, 새로운 교훈을 주셨습니다. 그것은 원한이 없고 보복이 없는 전혀 새로운 것이었습니다. 예수님의 가르침은 원래 하나님의 중심 뜻이 무엇인지를 가르쳐 주는 것입니다.

(1) 악한 자를 대적지 말라(5:39)

"대적한다"는 말은 '법정에서 대항하다'라는 뜻입니다. 이 말씀은 개인적으로 보복해서는 안된다는 교훈을 내포하고 있습니다. 기독교인은 죄를 미워해야 합니다. 왜냐하면 죄 때문에 모든 불행과 어려움이 오고 결국 패망하기 때문입니다. 그러나 죄인인 사람을 미워해서는 안됩니다.

예수님의 교훈도 악 자체는 미워하고 대적하라는 것입니다. 마귀와 싸워야 하고 타협이나 양보를 해서는 안됩니다. 그러나 악한 자, 즉 사람은 대적치 말고 보복을 하지 말고 복수를 하지 말라는 것입니다. 원수 갚는 것을 금해야 합니다. 그렇다고 해서 악한 자를 격려하고 칭찬하고 협조하라는 것은 아닙니다. 결코 그렇게 해서는 안됩니다.

이 말씀은 오직 악행자들에게 보복이나 복수를 하지 말라는 것입니다. 그 이유는 악행자도 하나님의 은혜 가운데서 회개하고 변화되어 새 사람이 될 수도 있을 것이기 때문입니다. 예수님의 가르침은 악행자들도 성도의 선행을 보고 회개함으로 하나님께 영광을 돌리게 하려는 것입니다. 우리 예수님은 하나님의 백성인 우리들의 선행을 통해서 죄인들이 회개함으로 하나님 아버지의 영광을 나타내기를 원하십니다.

오래 전, 중국에 예수님을 믿는 농부가 논에다 물을 많이 대어 놓아 소출이 아주 풍성했습니다. 그런데 가뭄이 시작되자 하룻밤 자고 나니 그 많은 물들이 다 빠지고 없었습니다. 알고 보니 옆의 논 주인이 밤에 와서 물을 빼내어 간 것이었습니다. 자기 논의 물을 빼 갔으므로 주장할 권리가 있다고 생각하여 이웃 사람에게 따졌습니다. "왜 남의 논의 물을 빼 가느냐?" 그 쪽에서는 아무 말도 하지 못했습니다. 그리고 물을 다시 자기 논으로 빼 가지고 왔습니다. 그 이튿날 가보니 또 논의 물을 빼 갔습니다. 또 다짐을 받았고 이런 일이 여러 번 계속되었습니다. 그러자 마음에 평안이 없고 괴로웠습니다. 그래서 그는 기도하기 시작했습니다. "주님 제가 정당한 일을 하는데, 왜 마음속에 평화가 없습니까?" 주님의 음성이 마음속에 들려 왔습니다. "왜, 너는 정당한 일만 하려고 하느냐? 정당한 일보다 더 위대한 일을 할 수는 없겠느냐?" "하나님 그것이 무엇입니까?" 주님이 말씀하셨습니다. "내가 너희에게 베풀어 준 것처럼 그 사람을 대하라" 마침내 주님의 뜻을 깨닫고 그 날밤에 큰 결심을 하고 이튿날 새벽 일찍 논에 나가서 그 이웃 사람이 물을 빼 내가기 전에, 자기가 먼저 자기 논의 물을 빼어서 이웃의 논에 대어 주었습니다. 그러자 마음속에 놀라운 평화와 기쁨이 다시 솟아올랐습니다. 그리고 이웃 사람도 감격하여 회개하고 돌아왔습니다.

예수님께서 천국 백성인 우리에게 요구하시는 가르침은 '상대방이 내게 손해를 주었을 때 어떻게 보복을 할 것인가?', 혹은 '어떻게 복수를 할 것인가?'를 생각하는 것이 아니라, 또는 어떤 것이 옳고 그른 것인가를 따지는 것이 아니라, 더 위대한 원리에 의해서 살아가야 한다는 것입니다. 그 위대한 원리는 바로 하나님의 뜻, 즉 하나님이 기뻐하시는 것이 무엇인가를 알아내는 것입니다. 그리고 우리는 그대로 사는 것이 천국 백성의 자세임을 기억해야 합니다.

(2) 예수님은 구체적으로 말씀하셨습니다.

"오른 뺨을 치거든 왼편 뺨도 돌려 대라"(5:39)

여기서 뺨을 치는 행위는 육체적인 아픔을 주기 위한 것뿐만 아니라 야비하고 모욕적인 행위도 포함합니다(고후 11:20). 만약 오른 손잡이가 다른 사람의 오른 뺨을 쳤다면 그것은 손등으로 때린 것입니다. 유대인들은 손등으로 사람을 때리면 손바닥으로 때리는 것보다 두배나 더 모욕적이고 이중적인 멸시를 하는 오만한 행위로 생각했습니다.

만약 우리에게 어떤 사람이 손등으로 뺨을 쳤다면 어떻게 할 것입니까? 우리의 생활 속에 종종 모욕과 멸시와 창피를 당할 때가 있습니다. 큰 모욕도 있고 작은 모욕도 있습니다. 이때 우리는 어떻게 해야 할까요? 복수를 하겠습니까? 이때 보통은 두 가지 본능적인 반응이 나타납니다. 먼저 상대하지 않고 피해 버리는 것입니다. 그리고 똑같이 때려 주고 싶은 마음이 불같이 일어나는 것입니다.

하나님의 백성인 우리 성도들은 많은 어려움과 모욕을 당하기 쉽습니다. 부모로부터, 남편으로부터, 혹은 아내로부터, 때로는 친구나 동료들로부터, 이웃이나 심지어 신앙 생활을 같이 하는 성도들로부터도 모욕을 당할 수 있습니다.

우리 예수님도 세상에 계실 때 많은 모욕을 당하셨습니다. 예수님을 향하여 먹기를 탐하는 자, 술을 즐기는 자, 또는 세리와 창녀의 친구라고 했습니다. 초대교회 성도들도 모욕을 당했습니다. 주님의 이름으로 모여서 성찬식을 행할 때, 사람들은 그것을 보고 '식인종', '방화범', '부도덕한 자', '야비하고 염치없는 자'라고 욕했습니다.

그러나 예수님은 끝까지 인내하셨습니다. 초대교회 성도들도 끝까지 인내했습니다. 우리 예수님은 복수할 생각을 추호도 가지지 않았습니다. 예수님은 오히려 우리들에게 "복수하고 싶은 충동이나 생각을 버리고 오른 뺨을 치거든 왼뺨도 돌려 댈 수 있는 정신을 가져라"고 말씀하셨습니다. 예수님은 우리에게 '너희는 세상 사람들과는 다르다' 라는 것을 강조하셨습니다.

빌리 브레이(Billy Bray)는 유명한 권투 선수였습니다. 나쁜 일을 많이 하여 모든 사람들이 다 겁을 낼 정도였습니다. 그런데 이 사람이 회개하여 예수를 믿게 되었습니다. 이 소식을 들은 사람들 중에 평소에 겁을 많이 내던 한 사람이 시험하려고 마음먹고 그에게 달려가서 무조건 구타했습니다. 앙갚음이라도 하듯이 복수하는 마음으로 마음껏 두들겨 패 주었습니다. 한참 후에 빌리 브레이(Billy Bray)는 그 사람을 바라보면서 이렇게 말했습니다. "내가 너를 용서하는 것처럼 하나님께서 너를 용서하시길 바란다." 그러자 그를 때린 사람이 감동을 받았습니다. 예수님을 믿기 전 같았으면 자기를 구타한 사람을 벌써 죽도록 때리고 보복했겠지만, 오히려 자기를 용서하는 것을 보고 자신도 회개하고 예수님을 믿게 되었습니다. 이 사건은 우리 기독교인들이 어떻게 보복할 것인가를 보여주었습니다.

톰 스키너(Tom Skinner)는 뉴욕의 할렘가(흑인가)의 깡패였습니다. 그런데 그가 예수 그리스도를 영접하였습니다. 그리고 부흥사가 되었습니다. 어느 날 과거에 미식 축구를 같이하던 동료가 그를 시험하여 지나가는 스키너의 뺨을 후려쳤습니다. 그는 넘어졌다가 다시 일어나면서 그 사람을 향해서 이렇게 말했습니다. "친구여, 예수 그리스도의 사랑 때문에 나는 너를 용서하노라"

성도 여러분. 이것은 우리 그리스도인들이 어떻게 살아가야 하는지를 보여주는 교훈입니다. 우리는 중상 모략을 당하기도 하고, 때로는 무시당할 때도 있습니다. 교회 안에서도 무시당할 때가 있습니다. 내게 주어진 지위와 자리가 모욕을 당하고 무시당할 수 있습니다.

이럴 때 우리는 어떻게 해야 할까요? 그때 우리는 복수할 마음을 가지거나 보복할 생각을 가져서는 안됩니다. 원한도 품어서는 안됩니다. 우리는 세상 사람들과 다른 하나님의 백성입니다. 천국 백성인 우리는 예수 그리스도의 정신을 배우고 그대로 살아야 합니다. 설사 누구에게 멸시를 받고 모욕과 수치를 당해도 분개하지 말고, 복수할 생각도 하지 말고, 뺨을 맞는 것이 하나님의 영광을 위한 것이라면 오른 뺨 뿐만 아니라 왼편 뺨도 돌려 댈 수 있는 성도가 됩시다. 우리 예수님처럼 용서를 할 줄 아는 성숙한 신앙인의 모습이 진정한 승리요. 이것이야말로 하나님께서 중심으로 원하시는 완전한 승리임을 믿으시길 바랍니다.

(3) "속옷을 가지고자 하는 자에게 겉옷도 주라"(5:40)

사람에게는 소유의 본능이 있습니다. 가지고 싶은 것은 빼앗기지 않고 계속 붙들고 싶어합니다. 예수님은 법적 권리에 대하여 말씀하십니다. "너를 송사하여 법정에서 어떤 사람이 속옷을 빼앗으려 할 때 어떻게 할 것인가?"라는 말씀입니다.

"속옷"(Chiton)은, 긴 무명이나 아마로 만든 자루와 같은 것으로 속에 입는 옷입니다. 아주 가난한 사람도 한번 바꾸어 입을 정도의 것을 가지고 있습니다. "겉옷"은 모포와 같이 크고 담요와 같은 외투입니다. 낮에는 의복처럼 입고 다니다가 밤에는 이불로 사용하기도 합니다. 단지 겉옷은 한 벌뿐입니다. 그래서 유대의 율법에는 속옷은 저당 잡을 수 있으나, 겉옷은 저당 잡을 수가 없었습니다. 출 22:26-27을 보면 "네가 만일 이웃이 옷(겉옷)을 저당 잡거든 해가 지기 전에 그에게 돌려보내라. 그 몸을 가릴 것이 이 뿐이라"고 나옵니다. 타인의 옷을 영구히 취할 수는 없다는 말씀입니다.

　세상 사람들은 자기 권리를 찾기 위하여 수단과 방법을 가리지 않습니다. 세상 사람들은 조그만 손해나 침해를 받아도 가만있지 않습니다. 그러나 우리 기독 신자는 권리만을 찾으려고 주장하거나 내세워서는 안됩니다. 교회 안에도 자신의 권리나 지위에 집착하여 절대로 양보하지 않는 사람이 있을 수 있습니다. 사소한 침해를 받아도 그것 때문에 싸우는 사람도 있습니다. 또 교회 안에서 어떤 개인의 권리와 체면 때문에 하나님의 나라를 위한 중요한 일을 결정하지 못하고 추진하지 못하는 일도 일어날 수 있습니다. 이것은 기독교의 기본 정신에서 잘못된 것입니다.

　우리 기독 신자는 자기의 권리보다 의무를 먼저 생각하는 사람입니다. 하나님의 백성은 자신의 특권보다는 자신의 책임을 먼저 생각하는 자입니다. 그렇다고 우리가 불의를 보고 가만히 있으라는 것은 아닙니다. 우리는 불의에는 항거해야 합니다. 왜냐하면 개인은 손해를 보아도 진리나 정의가 손해를 보아서는 안되기 때문입니다. 우리 예수님도 법정에서 그를 치는 사람에게 "내가 잘못하였으면 그 잘못한 것을 증거하라 잘 하였으면 네가 어찌하여 나를 치느냐?"(요 18:23)고 항거하셨습니다.

　바울과 실라가 빌립보 감옥에 갇혀서 그들은 죄를 묻지도 않고 매를 치고 나중에 석방해 주려고 할 때 항의했습니다. "로마 사람인 우리를 죄도 정치 아니하고 공중 앞에서 때리고 옥에 가두었다가 이제는 가만히 우리를 내 보내려 하느냐? 아니다. 저희가 친히 와서 우리를 데리고 나가야 하리라"(행 16:17) 그리고 천부장이 알고 달려와서 사과를 하게 했습니다.

성경의 교훈은 개인적으로는 어떤 일을 당해도 참고 견디며 자신의 권리를 주장해서는 안되지만 불의가 행해질 때는 항거해야 한다는 것입니다.

성도 여러분, 우리는 하나님 나라의 백성입니다. 천국 백성은 자신이 가진 권리를 주장하기보다는 의무와 책임을 먼저 생각하는 사람이라는 사실을 항상 기억하고, 우리는 하나님의 영광을 위해서 속옷뿐만 아니라 겉옷도 줄 수 있는 사람이 되어야 하겠습니다.

(4) "오리를 가고자 할 때에 십리를 동행하라"(5:41)

예수님 당시에는 로마 사람들이 유대를 지배하고 있었습니다. 언제든지 그들은 유대 사람들을 불러서 강제로 짐을 지워서 가게 했습니다. 고대 페르시아 시대에 우편 배달을 위해 하루 길 정도의 거리마다 역을 만들었습니다. 그리고 각 역을 급사로 이용했습니다. 만약의 경우에는 누구에게나 강제로 음식이나 물건, 또는 말과 숙소를 제공하게 했습니다. 그리고 다음 역까지 강제로 전해 주어야 했습니다. 로마 군인들은 민간인을 징발해서 군수물자를 규정된 거리인 약 1마일(로마 도량형으로)인 5리 정도(우리 나라 치수로는 약 3리이고 성인의 발걸음으로 약 1,000보)를 운반하게 했습니다.

"억지로 오리를 가게 하다"의 "억지로 가게 하다"는, 헬라어로 'αννάρευω'(앙가류오)로 '강제적으로 징발하다'는 뜻이 있습니다. 로마 군인들은 강제 징용제도를 이용하여 자주 그러한 봉사를 요구했습니다. 예수님의 십자가를 구레네 시몬이 강제로 지고 가도록 한 것도 이런 이유 때문입니다. 이러다 보니 유대인들은 로마에 대해 심한 반발심을 가지고 있었습니다. 이런 때에 예수님께서 오리를 요구하면 십리도 가라고 말씀하시니 놀라지 않을 수가 없었습니다.

그러나 예수님이 하신 말씀의 뜻은, 정부의 어떤 법이 싫어도 법을 기쁨으로 지켜야 한다는 것입니다. 정부가 요구하는 것이 비합법적인 것이나 증오스러운 것이라 할지라도 증오심을 품거나 원한을 품거나 해서는 안된다는 것을 강조하신 말씀입니다.

여기에 두 가지 태도가 달려 있습니다.

① 최소한의 것만 하고 그 이상은 조금도 안 하려는 사람, 시간만 따지는 사람, 억지로 마지 못해서 하는 사람입니다. 이런 사람은 직장이나 교회에도 마찬가지로 있습니다.

② 호의나 친절, 자원하는 심정으로 훌륭히 기대 이상으로 훨씬 더 잘하는 사람이 있습니다. 교회에는 이런 사람이 필요합니다. 사회와 국가도 마찬가지입니다. 이러한 사람들이 많을 때 교회는 부흥됩니다. 이런 사람이 많을 때 사회는 더 발전하고 성장하고 국가는 튼튼해집니다.

사실 요즘처럼 바쁜 세상에 오리를 같이 가는 것도 어려운데 십리를 동행한다는 것은 여간 어려운 일이 아닙니다. 그러나 그것이 하나님의 영광을 위한 길이요, 주님이 원하시는 길이라면 오리가 아니라 십리를 갈 수 있어야 하는 것이 천국 백성의 자세입니다. 따라서 참된 기독 신자는 자기가 좋아하는 일만 아니라, 무례한 일을 당하거나 불행한 일을 당하고 난폭한 일을 당해도 오직 남을 돕겠다는 생각을 가지고 내 자신을 희생할 줄 아는 사람입니다.

(5) "기쁘게 주는 사람이 되라"(5:42)

이것은 무이자로 돈을 빌려줄 수 있는 관대한 정신을 요구하는 말입니다. 즉 이웃에 대한 열려진 마음의 자세인 더 나은 의를 다루고 있습니다. 구약성경에는 "가난한 자를 도와 주라", "구제할 때는 아끼는 마음을 품지 말라"고 했습니다. 내가 소유한 것은 내 것이라는 태도를 내어버리고 필요한 사람에 기쁨으로 물질을 제공할 수 있어야 합니다. 바로 우리는 주인의 것을 잘 사용하는 신실한 청지기가 되어야 합니다.

그렇다고 해서 돈을 꾸고자 하는 자에게 무한정으로 돈을 주라는 명령은 아닙니다(잠 11:15; 17:18; 22:26). 잠 22:26에는 "너는 사람으로 더불어 손을 잡지 말며 남의 빚에 보증이 되지 말라"고 했습니다. '구하는 자에게 무조건 다 준다면 살인자에게 칼도 줄 것인가?'라고 반문하는 자도 있습니다. 술주정뱅이나 거지들이 상습적으로 무리한 요구를 할 때는 어떻게 해야 합니까? 사기성이 있어 보이는 요구들은 어떻게 해야 합니까? 우리가 말할 수 있는 것은 돈이 바르게 사용되지 못할 경우에는 줄 필요가 없다는 것입니다.

우리가 여기서 기억해야 할 것은 우리 예수님의 중심이 무엇인가 하는 것입니다. 우리는 여러 가지 상황들을 잘 생각해 보고 판단하고 결정해야 합니다. 베풀 때는 베풀어야 합니다. 경우에 따라서는 거절할 수도 있습니다. 문제는 이 사람에게는 주고 저 사람에게는 주지 말라는 규정이 없다는 것입니다. 다만 중요한 것은, 하나님의 말씀을 잘 이해하고 주님의 사랑에 입각하여 판단하고 사랑을 베풀어야 합니다.

우리 인생은 빈손으로 왔다가 빈손으로 갑니다. 내가 가진 것 모두는 다 이 세상에 온 후에 하나님께서 주신 것입니다. 따라서 나의 소유는 모두 다 하나님의 것입니다. 우리의 소유자는 하나님입니다. 그러므로 하나님께서 우리에게 주신 모든 것은 하나님의 영광을 위하여 유용하게 사용할 줄 알아야 합니다.

어느 날 아침 출근길에 백발이 성성한 미국 노인이 우리 나라 택시 기사와 말다툼을 하고 있었습니다. 모든 사람들은 무심코 지나가 버렸습니다. 그때 젊은 의사 한 사람이 관심을 가지고 다가가서 알아보니 택시 요금이 잘못 계산되어 서로 다투고 있다는 것을 알고 자기가 택시 요금을 대신 지불해 주고 미국 노인에게 같은 한국 사람으로 정중히 사과했습니다. 곤란한 처지에서 도움을 받은 미국 노인이 명함을 한 장 요구했습니다. 세월이 지난 후 젊은 의사에게 믿기 어려운 일이 생겼습니다. 자기가 도와준 미국 노인이 미국에서 큰 농장을 가진 부자였는데, 임종하면서 변호사에게 유언으로 모든 자신의 유산을 한국인 의사에게 양도한다는 소식이 온 것이었습니다.

남에게 사랑과 친절을 베풀어 줄 때 주는 자가 복이 있습니다. 우물은 자꾸 퍼내어야 새 물이 솟아나옵니다. 내가 움켜쥐고 있다고 해서 부자가 되는 것은 아닙니다. 하나님의 영광을 위하여 선한 일을 위하여 사용할 때 하나님의 축복의 역사가 일어납니다. 우리가 구제를 하고 자선을 베푸는 것은 기계적으로 되는 것이 아닙니다. 깊은 생각으로 진정한 사랑을 지켜야 합니다.

성도 여러분, 우리는 하나님의 백성들입니다. 그러므로 어떤 경우에서든지 하나님의 영광을 위해서는 왼뺨도 내어 좋고 겉옷도 주고 십리도 기쁨으로 갈 수 있고, 즐거움으로 자선도, 구제도 할 수 있는 깊은 생각과 진정한 사랑을 가진 지혜롭고 성숙한 믿음의 성도가 됩시다.

3. 그러면 하나님의 백성인 우리는 어떻게 살아야 합니까?

참된 신자는 십자가 앞에서 자기 부인의 원리를 가지고 살아야 합니다. 자기 본능에 대해서 좋은 사람이 되어야 합니다. 우리가 계획적으로 치명적인 모욕을 받았을 때 결코 분개하거나 복수를 해서는 안됩니다. 모든 것을 법의 조문대로 살아서는 안됩니다. 법보다 더 위대한 원리, 즉 하나님의 은총으로 살아야 합니다.

기독교인은 자기의 법적 권리나 자기 권리를 내세우지 않습니다. 내가 하고 싶은 것을 내 마음대로 하는 권리보다 남을 돕는 것을 의무로 생각해야 합니다. 그러기 위해서는 자기를 부인해야 하고 진리를 위해 살아야 합니다.

유명한 기도의 성자로 불리는 조지 뮐러가 주님을 만난 후에 변화를 받고 그의 친구에게 보내는 편지에서 이런 간증을 했습니다. "나는 이제 죽었다. 이제 나는 다만 하나님을 기쁘시게 하기 위해서만 살고자 한다." 그는 성경을 읽다가 하나님은 고아의 아버지라는 말씀에 감동을 받아 고아원 총무가 되었고, 나중에는 수천 명의 고아를 키워 낸 고아의 아버지가 되었습니다.

한국 교회의 유명한 부흥사였던 김익두 목사님은 예수 믿기 전에는 황해도 재령 땅에 유명한 깡패였다고 합니다. 그가 예수 믿고 회개한 후에 부고장을 돌렸다고 합니다. "김익두는 죽었다." 많은 사람들이 좋아했습니다. 그러던 어느 날 죽었다는 사람이 시장에 나타났는데 시커먼 성경책을 들고 있었습니다. 어떤 사람이 그를 시험해 보려고 물통을 들고 뒤집어 씌웠습니다. 그때 물을 툭툭 틀고 쳐다보면서 김익두 목사님이 하는 말씀이 "너는 옛날 김익두가 죽었다는 그 사실을 인해서 기뻐하라. 살았다면 너는 요절이 났을 것이다."라고 했습니다.

　성도 여러분, 우리는 천국 백성으로서 법조문보다 그 중심에 있는 하나님의 자비와 은총의 법을 발견해야 합니다. 우리는 자기 자신의 권리를 주장하기보다는 모든 일에 자기를 부인하면서 진리를 위해 사는 사람임을 기억해야 합니다.

　예수님은 말씀하셨습니다. "너희는 천국 백성이다. 그러므로 비록 세상 사람들이 너희를 모욕하고 괴롭히고 어렵게 만들지라도 오직 그리스도의 말씀대로 십자가 앞에서 자신을 부인하고 진리를 위해 살고 진정한 사랑의 실천자가 되라"

　성도 여러분, 우리 모두 천국 백성답게 예수님 말씀대로 하나님의 은총과 예수님의 가르침 안에서 십자가를 바라보면서 내 자신을 부인하고 진리를 위하여 살고, 진정한 사랑을 실천하기를 소원하고, 기도하며 애쓰는 천국 백성이 됩시다. 아멘.

■ 산상설교 강해 11 ■

기독교인의 사랑

(본문 / 마태복음 5:43-48)

　세상의 모든 사람들은 사랑을 주고받으며 사랑하면서 살아갑니다. 이 사랑 때문에 인간은 살아간다고 할 수 있습니다. 사랑의 내용도 다르고, 질도 다르고, 방법도 다르고, 목적도 다르나 제각기 다 사랑하면서 살아갑니다. 세상의 사랑은 조건부 사랑도 있고, 억지로 강요된 사랑도 있고, 위선적인 사랑도 있고, 일시적인 사랑도 있습니다. 그러나 하나님의 백성인 기독교인의 사랑은 이 세상의 사랑과는 다른 특수한 것입니다.

　그러면 기독교인의 사랑은 어떤 것입니까? 한 마디로 기독교인의 사랑은 하나님의 사랑을 표현한 것입니다. 즉 원수를 사랑하는 사랑입니다. 어떤 신학자는 말하기를 이것은 하나님의 성품을 땅으로 끌어내리는 것이라고 했습니다. 우리 예수님은 산상설교인 본문에서 기독교인의 사랑에 대해서 말씀해 주셨습니다.

1. 먼저 사랑의 의미를 살펴봅시다.

(1) 바리새인들은 사랑에 대하여 잘못된 생각을 가지고 있었습니다 (5:43 이하).

구약에는 원수를 미워하라는 교훈이 없습니다. 그런데 바리새인들은 하나님의 말씀을 왜곡하고 가감하여 원수를 미워하라고 가르쳤습니다. 하나님은 레 19:18에서 "네 이웃 사랑하기를 네 몸과 같이 하라"고 말씀하셨습니다. 그런데 바리새인들은 네 이웃에서 원수를 제외시켰습니다. 즉 원수는 이웃이 아니라는 것입니다. 그러면 도대체 그들은 어디에 근거하여 말씀을 왜곡했을까요? 그들은 하나님이 이스라엘 백성만 사랑하시고 이방인은 사랑하지 않는 것으로 잘못 생각했습니다. "네 이웃을 사랑하라"는 말씀을 이스라엘 백성만 이웃이요 그 외 이방 백성은 원수라고 해석했던 것입니다. 하나님께서 이스라엘 백성들에게 가나안에 들어가거든 모든 이방 족속들을 멸망시키라고 하신 명령에 근거하여 이스라엘만 사랑하고 나머지 모든 이방 사람들은 다 원수이므로 미워해도 좋다고 생각했습니다(시 69:24; 시 139:19-22).

그러나 그것은 잘못입니다. 자기들 편의대로 율법을 해석한 것입니다. 그들은 율법의 근본 정신을 오해하고 있었습니다.

하나님은 이스라엘 백성만 사랑한 것이 아닙니다. 주님은 모든 사람들, 즉 이방인들도 사랑하셨습니다. 레 19:9-10에 하나님은 말씀하셨습니다. "너희 땅의 곡식을 벨 때에 너는 밭의 모퉁이까지 다 거두지 말고 너의 떨어진 이삭도 줍지 말며 너의 포도원의 열매를 다 따지 말며 너의 포도원에 떨어진 열매도 줍지 말고 가난한 사람과 타국인을 위하여 버려두라. 나는 너희 하나님 여호와니라" 하나님은 이방인, 즉 타국인을 사랑하라고 명령하셨습니다.

(2) 예수님의 교훈

우리 예수님은 산상설교 중에서 서기관들과 바리새인의 잘못된 교훈을 교정해 주셨습니다. "나는 너희에게 이르노니 너희 원수를 사랑하며 너희를 핍박하는 자를 위하여 기도하라"(5:44) 예수님은 사람들이 설정해 놓은 인위적이고 한정적인 사랑의 울타리를 모두 철거하시고 그 위에 무한한 사랑의 비전을 제시하셨습니다.

"원수를 사랑하라" 이것은 상당히 어려운 문제입니다. 지금까지 바리새인들과 서기관들이 원수를 미워하라고 가르친 것과는 너무도 대조적인 것입니다. 또한 너희를 핍박하는 자를 위하여 기도하라고 하셨는데, "핍박하다"는 말인 'επερεαζειν'(에페레아제인)은 '협박하다', '공갈하다', '학대하다', '천대하다', '욕하다' 등의 뜻으로 정신적이고 물리적인 박해 행위를 모두 포함한 말입니다. 예수님은 우리를 미워하고 해치려는 사람들을 위해 적극적으로 기도하라고 하셨습니다. 자기를 괴롭히고 피해를 주려는 원수를 향하여 기도하는 것이야말로 그를 사랑하는 가장 확실한 방법입니다.

우리는 여기서 사랑과 기도의 상호보완적이며 밀접한 관계를 알 수 있습니다. 사랑하려면 기도해야 합니다. 기도하면 사랑하게 됩니다. 사랑을 많이 하면 기도를 더 많이 합니다. 기도를 많이 하면 더욱 더 사랑하게 됩니다. 여기에서 예수님께서 사랑하라고 하신 사랑은 일반적인 사랑과는 전혀 다른 것입니다. 예수님께서 사랑하라고 말씀하신 사랑은 아가페의 사랑입니다.

헬라어에는 사랑이란 말이 네 종류로 나타납니다. 'στοργε'(스토르게-storgeia)는 가족과의 사랑, 부모와 자녀와의 사랑입니다. 'ἑρος'(에로스-eran)는 남녀간의 사랑, 정열적 사랑, 성적인 사랑입니다. 'φιλια'(필리아-pileian)는 참된 사랑, 가장 친밀한 사랑, 진실한 친구간의 사랑입니다. 'αναπη'(아가페-agapan)는 억제할 수 없는 자비적인 사랑, 무한히 주는 사랑입니다.

예수님께서는 '아가페'의 사랑을 하라고 말씀하십니다. 예수님의 명령은 친구간의 사랑이 아닙니다. 주님이 말씀하신 사랑은 감정적으로 좋은 사이의 사랑이 아닙니다. 가까운 사이니까 좋아하는 사랑이 아닙니다. 나를 미워하는 원수를 감정적으로 좋아할 사람은 아무도 없습니다.

그런데 예수님은 우리들에게 원수를 사랑하되 아가페의 사랑으로 사랑하라고 요구하십니다. 이 사랑은 어떤 사랑입니까? 이 사랑은 감정적인 사랑이 아니고, 인정적인 사랑도 아닙니다. 이 사랑은 원수가 밉거나 싫어도 그것을 극복하고 사랑하는 사랑입니다. 이 사랑은 조건 없는 사랑입니다. 내가 싫어도 사랑의 대상인 원수를 있는 그대로 용납하는 사랑입니다. 이것은 하나님의 사랑입니다. 그러므로 이 사랑은 하나님의 사랑을 받은 사람만이 할 수 있습니다.

요일 4:10에 "사랑은 여기 있으니 우리가 하나님을 사랑한 것이 아니요 오직 하나님이 우리를 사랑하사 우리 죄를 위하여 화목제로 그 아들을 보내셨느니라"고 말씀하셨습니다. 그리고 요 3:16에는 "하나님이 세상을 이처럼 사랑하사"라고 나옵니다. 롬 5:18에는 "우리가 아직 죄인 되었을 때에 그리스도께서 우리를 위하여 죽으심으로 하나님께서 우리에게 대한 자기의 사랑을 확정하셨느니라"고 말씀합니다. 이것은 하나님의 사랑을 받은 하나님의 백성들이 해야 될 사랑입니다. 우리 주위에는 나의 원수들이 많이 있습니다. 앞으로도 많이 생길 것입니다.

그러면 누가 원수입니까?

어느 목사님과 스님과의 대화입니다. 스님이, "기독교는 불교보다 저차원적인 윤리를 가지고 있소. 기독교는 원수를 사랑하라고 하는데 우리 불교는 아예 원수도 없소."라고 말했습니다. 여기에 대해 목사님은 이렇게 물었습니다. "스님, 인생을 살아가면서 마음속에 미워하거나 싫어했던 분은 없었나요?" 그러자 "있소."라고 대답했습니다. "그렇습니다. 성경은 바로 그렇게 미워하는 사람을 원수라고 합니다. 그 사람까지 우리는 사랑해야 합니다."라고 목사님은 말씀했습니다.

솔직히 말해서 우리가 원수를 감정적으로 좋아할 수는 없습니다. 그러므로 우리 예수님은 원수를 좋아하라고 말씀하지 않으시고 사랑하라고 명령하셨습니다. 예수님의 말씀은 원수를 감정적으로 좋아하기는 어렵기 때문에 원수를 사랑해야 한다는 말씀입니다. 하나님도 죄인을 그대로 좋아하지는 않으셨습니다. 예수 그리스도를 통해서 먼저 십자가에서 용서해 주신 후에 사랑해 주셨습니다. 스데반은 자기에게 돌을 던지는 원수를 좋아하지 않았습니다. 사랑했습니다. 그리고 그 원수를 위해 용서의 기도를 했습니다.

사랑은 감정, 즉 좋아하는 것 이상입니다. 사랑은 의지와 행위입니다.

손양원 목사님은 아들을 죽인 원수를 좋아할 수는 없었습니다. 그러나 그리스도의 사랑으로 그 어려운 감정을 이기고 사랑하여 원수를 아들로 삼았습니다.

선한 사마리아인은 강도를 만난 유대인이 쓰러져 있는 것을 보고 감정적으로 좋아할 수 없었을 것입니다. 그러나 그는 사랑하여 포도주로 기름을 바르고 붕대를 감고 응급 처치를 하여 자기의 나귀에 태워서 여관에 가서 밤새도록 간호를 했습니다. 그리고 아침에 떠날 때에 부비를 더 주고 모자란 것은 자신이 돌아올 때 갚겠다고 약속을 하고 떠났습니다. 이것이 아가페의 사랑입니다.

하나님의 백성과 불신자의 차이점은 무엇입니까? 하나님의 백성은 원수도 사랑해 줄 수 있다는 것입니다. 이것이 기독교의 진수입니다.

어떤 신실한 신자가 병에 걸려 고생을 하고 있었습니다. 아무리 고쳐도 낫지 않습니다. 목사님이 물었다. "혹시 당신이 남을 용서해 주지 못한 것 없는가?" 그러자 그 신자는 "목사님 아무리 생각해도 나는 모르겠는데 기도해 보겠습니다."라고 말하고 간절히 기도했습니다. 성령께서 그에게 은혜를 주셨습니다. 자신이 용서해 주어야 할 사람이 무려 500여명이나 있었고, 자기를 용서해 주어야 할 사람, 즉 자기를 미워하는 사람이 약 500여명이나 있었다는 것을 발견했습니다. 그는 하나님께 회개했습니다. 회개하고 나니 그들을 사랑할 수 있었습니다. 평온이 찾아왔고 드디어 병고침을 받았습니다.

성도 여러분, 우리는 하나님의 백성입니다. 천국의 백성입니다. 예수님은 명령하셨습니다. "네 원수를 미워하지 말고 사랑하라" 우리는 미워하는 사람이 없습니까? 아직도 용서하지 못한 사람은 없습니까? 우리는 하나님의 사랑을 먼저 받고 주님의 십자가의 피로 죄 용서함을 받고 구속받은 백성들입니다. 그러므로 우리는 비록 나를 미워하고 괴롭히는 원수가 있더라도 그것을 이기고, 예수님이 우리를 사랑하신 아가페의 사랑으로 원수를 사랑하는 자리에 이르는 하나님의 백성이 되어야 합니다.

2. 왜 원수를 사랑해야 합니까?

(1) 우리는 하나님을 닮아 가야 하므로 사랑해야 합니다(5:45 이하).

하나님의 자녀인 우리는 하나님을 닮아 가야 합니다. 하나님은 사랑의 하나님입니다. 우리 하나님은 하나님을 따르는 사람도 사랑하시고 불순종하는 사람도 사랑하십니다.

그 예로 햇빛과 비를 악인에게도 똑같이 주십니다. 우리 하나님께서 악인을 싫어하신다면 햇빛을 주지 않을 것입니다. 악인들에게 햇빛과 비를 주지 않으면 농사도 짓지 못하고 굶어서 죽을 것이고, 추워서 얼어죽을 것입니다. 그러나 하나님은 불의한 자에게도, 하나님을 거역하는 자에게도 똑같이 햇빛과 비를 주십니다. 이것을 하나님의 일반은총이라고 합니다.

우리 하나님은 자신께서 만드신 이 세상의 모든 피조물들이 멸망되기를 원치 않으십니다. 알프레드 플럼머(Alfred Plummer)는 이렇게 말했습니다. "선한 일에 대해 악으로 갚는 것은 마귀의 일이며, 선한 일에 대해 선한 것으로 갚는 것은 인간의 일이며, 악한 일에 대해 선으로 갚는 것은 하나님의 일이다." 시편 145:15-16에 "중생의 눈이 주를 앙망하오니 주는 때를 따라 저희에게 식물을 주시며 손을 펴사 모든 생물의 소원을 만족케 하시나이다."라고 했습니다. 하나님의 사랑은 너무도 보편적이며 넓고 커서 우리 성도를 미워하는 자들도, 상처를 주는 사람도 버리지 않으시고 원수들에게도 사랑을 베풀고 있습니다.

성도 여러분, 천국의 백성된 우리는 최선을 다해 하나님 아버지를 닮아 가야 합니다. 그러므로 우리는 원수를 사랑해야 합니다. 왜냐하면 원수를 사랑하는 것이 바로 사랑의 하나님을 닮아 가는 것이기 때문입니다.

(2) 우리는 하나님의 아들이 되기 때문에 원수를 사랑해야 합니다 (5:45).

우리는 "하늘에 계신 너희 아버지의 아들"이라 했습니다. 요 1:12에는, "영접하는 자 곧 그 이름을 믿는 자에게는 하나님의 자녀가 되는 권세"를 주셨다고 했습니다. 5:46-47에는 하나님의 자녀된 우리가 사랑해야 할 대상을 말씀하십니다. "너희가 너희를 사랑하는 자를 사랑하면 무슨 상이 있으리요 세리도 이같이 아니하느냐?"

그 당시 세리는 로마 정부 밑에서 한 지방의 세금을 거두는 본토 출신 사람들로서 멸시받는 존재였습니다. 세리들은 조세 과정에서 대규모의 부정 부패를 낳고 유대인의 세금을 징수하여 로마 사람들에게 갖다 바치는 매국노로 인식되어진 사람들입니다. 또한 세리는 이방인들과 접촉하므로 의식적(儀式的)으로 더럽혀진 부정한 존재로 여겨졌습니다. 그래서 세리들은 창녀와 다른 죄인들과 같이 취급되었습니다.

그런데 멸시받는 세리들도 자기를 사랑하는 사람들을 사랑합니다. 자기의 가족, 형제, 부모, 친구를 사랑합니다. 이것은 인간의 본능적이고 당연한 것입니다. 이것은 상 받을 일이 아닙니다. 자기 가족이나 자기를 사랑하는 사람을 사랑하는 것은 상 받을 일이 아닙니다. 그래서 예수님은 "무슨 상이 있으리요"라고 말씀하신 것입니다.

"또 너희가 너희 형제만 문안하면"(5:47)

자기의 형제, 혹은 자기와 가까운 사람들에게만 인사하는 것은 보편적이며 상식입니다. 누구나 다 합니다. 이방인들도 합니다. 예수님의 제자들이 자기들과 같은 생각을 가지고 같은 목표를 향해 나아가는 사람들과만 인사한다면 이방인들과 똑같이 될 것입니다. 이스라엘이 멸시하고 조롱하는 이방인들도 자기들과 친한 사람들과는 인사를 잘합니다.

여기서의 예수님의 가르치심은 "하나님의 백성인 너희들도 가까운 형제들과만 인사를 한다면 남보다 더하는 것이 무엇이냐? 이 세상 사람들, 이방인들과 다른 점이 무엇인가? 그런 사랑은 이기적인 사랑에 불과한 것이다. 그것은 결코 아가페의 사랑이 될 수가 없다. 그러므로 너희는 이 세상 사람들과 다른 아가페의 사랑으로 원수도 사랑하고 그들과도 인사를 할 수 있어야 한다"고 말씀하신 것입니다.

성도 여러분, 우리 하나님은 원수까지도 사랑하시는 하나님입니다. "상한 갈대를 꺾지 아니하시고 꺼져가는 심지도 끄지 아니하시며 회개하고 돌아오기를 기다리시는" 사랑의 하나님입니다. 우리 하나님은 죄인들을 심판하시기보다 회개하고 돌아오기를 인내하시며 기다리십니다. 노아 홍수 때 120년 동안 심판을 유보하시고 기다려 주신 하나님입니다. 니느웨 백성들이 악행을 저질렀지만 그들의 영혼을 불쌍히 여기시어 요나 선지자를 보내어서 회개하고 돌아오도록 기다리시는 사랑의 하나님입니다.

우리는 하나님의 자녀들입니다. 그러므로 원수를 사랑하시는 하나님의 사랑을 배워서 우리의 삶 속에 실현해야 합니다. 우리들도 하나님께서 먼저 사랑해 주셨으므로 하나님의 자녀가 된 것입니다. 우리들도 주님을 알기 전에 하나님을 대적하고 성도를 조롱하고 교회를 핍박하며 욕했던 사람들이 아닙니까? 그러나 원수까지도 사랑하시는 하나님께서 우리를 사랑해 주셨으므로 우리가 회개하고 예수님을 믿어 천국 백성이 되었습니다. 우리는 예수님 안에서 세리와 이방인들과 다른 하나님의 자녀의 신분이 되었습니다. 따라서 이제 우리는 하나님의 자녀로서 아버지 하나님의 성품을 닮아 원수도 사랑하는 성숙한 믿음의 자녀로서 사명을 다하는 성도가 됩시다.

3. 우리는 사랑할 수 있기 위해서 어떻게 해야 합니까?

원수를 사랑하고 미워하는 사람을 사랑하기 위해서 우리가 해야 할 방법은 무엇일까요?

(1) 기도해야 합니다(5:45).

예수님은 원수를 사랑하며 미워하는 자를 위하여 기도하라고 말씀하셨습니다. 기도는 변화의 역사가 일어나게 만듭니다. 기도의 성자 바운즈(E. M. Bounds)는 "기도는 상황을 변화시키기도 하지만, 더 많은 경우에 기도는 기도하는 사람을 변화시킨다."고 했습니다. 기도하면 환경을 변화시킵니다. 기도하면 미워하는 사람이 변화됩니다. 기도하면 내 원수가 변화됩니다. 기도하면 어려운 상황이 변화됩니다. 기도하면 일어나는 최대의 변화는 바로 내 자신이 변화되는 것입니다. 기도하면 미움이 사랑으로 변화됩니다. 기도하면서 계속 미워할 수는 없습니다.

싱가폴의 어그스텐 박사는 미국 스탠포드 대학교에서 경제학 박사

학위를 받고 싱가포르 대학교 교수를 지내며 국회의원이 된 사람입니다. 그는 수상의 총애를 받는 유능한 사람이었는데, 결혼한지 3년만에 아내와 뜻이 맞지 않아 헤어지게 되었습니다. 아들 하나를 두었는데 독신으로 10년간을 키웠습니다. 수상이 중매를 하여 좋은 규수와 약혼을 하고 결혼 날짜까지 정했습니다. 그런데 그가 예수 그리스도를 영접하고 교회에 나가서 기도를 하는데 성령께서 강하게 그의 마음속에 역사 하셨습니다. "하나님, 저와 제 자식을 버리고 집을 나간 아내를 여태까지 미워했는데 이제 아내를 용서하게 해 주옵소서." 그때 성령께서 말씀하시기를 "너와 네 아내 사이에 낳은 아들이 있지 아니하느냐? 네 행복만 추구하지 말고 아들의 행복을 생각해라. 그러므로 새로운 여인과 결혼하지 말고 전처와 재결합하라."고 하는 것입니다. 너무 괴로웠습니다. 그러나 기도할수록 계속 "용서하라. 사랑하라. 재결합하라"는 소리가 들려 왔습니다. 끝내 10년만에 전처에게 연락을 했습니다. "당신도 회개하고 예수님을 믿으시오. 미움을 버리시오. 그리고 우리 함께 삽시다." 아들이 아버지와 어머니 사이를 왔다갔다하는 중에 아내는 회개하고 예수님을 영접했고 두 사람은 재결합을 했습니다.

　미움도 증오도 기도할 때 사라졌습니다. 하나님 앞에서 미운 사람을 위해 기도할 때 용서 할 수 있습니다. 하나님 앞에서 미운 사람을 위해 기도할 때 사랑할 수 있습니다.

　성도 여러분, 아직도 우리 마음속에 용서하지 못하는 사람이 있습니까? 아직도 우리 마음속에 미워하는 사람이 있습니까? 내 주위에 신경을 건드리고, 괴롭히는 사람이 있습니까? 상처를 주며 마음을 아프게 하는 사람이 있습니까? 그렇다면 그 사람을 위해서 기도하십시오. 미움이 변하여 그 사람을 사랑하게 될 것입니다.

우리 주님은 "네 원수를 사랑하며 너를 핍박하는 자를 위하여 기도하라"고 말씀하셨습니다. 이것이 하나님 나라 백성의 생활 자세라고 가르쳐 주셨습니다. 우리는 하나님의 백성입니다. 원수도 사랑할 수 있습니다. 우리 모두 매일 하나님 앞에서 기도함으로 원수도 사랑하여 승리자의 자리에 이르시는 하나님의 자녀가 됩시다.

(2) 원수를 사랑하기 위해서는 십자가를 바라보아야 합니다.

십자가는 하나님 사랑의 능력이 나타난 가장 위대한 장소입니다. 예수님이 고통스런 십자가에 달려 계실 때 원수들이 예수님을 향하여 "네가 메시아이거든 거기서 내려오라"고 조롱하며 외칠 때 주님은 십자가에서 내려오지 않으셨습니다. 조롱과 멸시를 다 받으셨습니다. 이것이 십자가의 능력입니다.

예수님은 십자가에서 내려오셔서 그들을 심판하지 않으시고 오히려 십자가 위에서 가장 고통스런 순간에 그들을 위하여 용서의 기도를 해 주셨습니다. "아버지여 저희를 사하여 주옵소서. 자기의 하는 것을 알지 못함이니이다." 이 용서의 능력이 바로 십자가입니다. 원수를 사랑해 주시고 그들의 죄를 용서해 주시는 사랑의 능력이 십자가에서 나타나셨습니다.

우리는 자연인 그대로 원수를 용서해 줄 수 없습니다. 우리는 자연인 그대로 원수를 사랑할 수 없습니다. 그러나 십자가를 바라볼 때 가능합니다. 예수님의 십자가는 바로 내 죄를 위한 것입니다. 나의 모든 죄를 예수님께서 십자가 위에서 다 용서해 주셨습니다.

성도 여러분, 예수 그리스도의 십자가는 바로 내 죄를 위한 것입니다. 나의 모든 죄를 예수님께서 십자가 위에서 다 용서해 주셨습니다. 예수 그리스도의 최대의 능력은 사랑의 능력입니다. 마귀는 결코 사랑할 능력을 갖고 있지 않습니다.

  6.25 동란 직후 나병환자 수용소에 미국에서 파견 나온 간호사 선교사 한 사람이, 나환자의 몸에서 흐르는 고름을 치료하고 있었습니다. 한 사업가가 그 장면을 카메라에 닮기 위해서 사진을 찍으면서 말했습니다. "이것은 백만 불 짜리 가치가 있는 사진이다. 그러나 나는 누가 나에게 백만 불을 주어도 이 일은 못할 것이다." 그때 그 간호사는 "저도 그 일을 못합니다."라고 대답했습니다. 그러자 그 사진을 찍으려던 사람이 "어떻게 그 일을 할 수 있었습니까?"라고 묻자, 그녀는 대답했습니다. "그리스도의 사랑이 저를 강권하기 때문입니다."

  그렇습니다. 십자가에 달리신 그리스도의 사랑이 우리를 강권하므로 우리는 원수를 사랑할 수 있습니다. 원수 사랑은 매일 우리가 십자가를 바라봄으로 가능합니다. 우리 모두 나를 위해 십자가를 지시고 십자가 위에서 원수를 위해 용서의 기도를 해 주신 예수님을 바라봄으로 원수를 사랑하고 핍박하는 자를 위해서 기도하는 자리에 이르는 성도가 됩시다.

  (3) 우리가 원수를 사랑하는 것은 날마다 하나님의 온전하심을 본 받을 때 가능합니다(5:48).

  "온전"이라는 말은, 히브리말로 תמים'(탐밈)으로 희생 동물이 흠이 없는 것, 즉 하나님께 합당한 것을 말합니다. 그리고 여호와께 전적으로 헌신하는 것, 곧 의로움을 말합니다. 헬라어로 'τελειος'(텔레이오스)는 '성숙한', '다 성장한'이라는 뜻입니다.

주님은 천국 백성인 우리들에게 하나님 아버지의 온전하심을 요구하셨습니다. 사실 우리가 온전하기란 불가능합니다. 그러나 우리는 하나님의 자녀로서 아버지의 온전하심을 본받아야 합니다. 왜냐하면 하나님께서 사람을 창조하신 목적이 바로 아버지의 형상을 닮게 하는 것이기 때문입니다. 그러므로 우리의 모든 삶 속에서 하나님을 닮아 가는 생활이 계속되어야 합니다. 우리는 비록 억울한 일을 당하고 누가 나를 상처 주고 피해 주고 미워할 때도 하나님의 온전하신 성품을 나타내어야 합니다. 날마다 우리의 인격이 완성되어 가야 합니다.

원수를 미워하는 것은 일시적으로는 시원할 수는 있을지 모르나 결국은 나를 파괴하고 맙니다. 원수를 사랑할 때 결국 내게 유익이 오고 승리를 가져오게 됩니다. 이것이 바로 하나님의 인격을 닮아 가는 것입니다. 그러므로 우리는 매일 매일 노력하고 힘써야 합니다. 그리스도안에서 기도하면서 쌓아 가야 가능합니다.

우리는 「피난처」의 저자 코리텐붐 여사의 감동적인 위대한 용서를 잘 압니다. 제2차대전 때 유태인을 숨겨 주었다는 이유로 독일군에게 체포되어 강제노동 수용소에서 아버지와 언니가 죽고 자신은 구사일생으로 살아나 귀국했습니다. 그녀에게 하나님의 음성이 들려 왔습니다.
"독일은 전쟁을 일으킨 민족으로 지금 큰 상처를 입고 있다. 그들에게 복음을 증거하라." 그때 그녀는 "하나님 하나님께서 가라고 하시면 어떤 곳이든지 가겠습니다. 그러나 독일만은 못 가겠습니다. 그곳만 빼 주십시오."라고 항의했습니다. 그러나 하나님은 "사랑하는 딸아, 내가 나를 저주하고 욕하고 등진 사람을 위해 십자가를 짊어졌다. 네가 내 딸이면 독일인에게 가서 복음을 증거하라."고 말씀하셨습니다. 코리텐붐은 순종하여 독일에 가서 복음을 증거 했습니다. 많은 사람들이 눈물을 흘리며 회개했습니다. 말씀 증거를 마친 후 강단 아래 많은 사람들이 찾아와 손을 잡고 인사를 했습니다. 그때 어떤 남자 한 사람이 자기 앞에 섰는데 그 사람을 보자 심장이 멈추는 듯했습니다. 바로 그 사람은 강제수용소의 악명 높은 감옥 소장이었습니다. 그는 추운 겨울에 여자를 나체로 서 있게 하고, 먹을 것을 제대로 주지 않고 온갖 횡포를 부린 장본인이었습니다. 이 일로 자기 언니가 감옥에서 죽었습니다. 꿈에도 잊지 못할 악몽의 장본인이 자기 앞에 손을 내밀고 있었습니다. 그녀는 기도했습니다. "하나님, 저는 하늘에서 진노의 벼락이 내려 이 사람을 때리기 전에는 용서해 줄 수 없습니다. 저를 도와주십시오."

여러분 같으면 이런 상황에서 어떻게 하겠습니까? 선뜻 손을 내밀어 악수를 할 수 있겠습니까? 그러나 하나님의 용서가 이 여인의 마음에 임했습니다. 그녀는 천근같이 무거운 손으로 그 원수의 손을 붙잡았습니다. 그때 그 사람은 "화란 사람인 당신이 전쟁 때 우리가 저지른 죄를 용서해 주시고 독일에 와서 복음을 증거해 주셔서 얼마나 기쁜지 모르겠습니다. 저는 죄를 용서받고 새사람이 되기 위해 주님 앞에 나왔습니다." 이 말을 듣는 순간 갑자기 하늘 문이 열리고 그리스도의 부활의 생명이 코리텐붐 여사에게 쏟아지기 시작했습니다.
 여사의 마음속에 그리스도의 사랑이 넘치면서 독일인에 대한 원한이 다 사라져 버렸습니다. 하나님의 용서와 사랑을 충만히 받은 여사는 전 세계를 두루 다니면서 그리스도의 사랑과 용서를 전파했습니다.

리차드 범브란트 목사는 그리스도인의 사랑에 대한 이야기를 들려 주었습니다. 그가 루마니아의 어느 교도소에서 약 30명의 그리스도인들과 함께 지내고 있었습니다. 어느 날 새로운 죄수가 들어왔는데 그 사람이 누구인줄 알고는 모두가 깜짝 놀라고 말았습니다. 바로 그는 꽤 알려진 비밀 경찰의 우두머리로서 그리스도인들을 괴롭히고 감옥에 집어넣은 사람이었습니다. 그런 그가 감옥에 들어온 것입니다. 그가 감옥에 들어 온 사연은 아주 감동적이었습니다. 어느 날 그가 근무하는 시간에 한 소년이 와서 그를 만나자고 해서 만났습니다. 그 소년이 자기를 보고 하는 말이, "대령님, 대령님은 저의 어머니와 아버지를 체포했어요. 오늘은 어머니의 생신입니다. 생신 때마다 저는 어머니께 꽃을 드리곤 했지요. 그러나 오늘은 대령님 때문에 어머니를 기쁘게 할 수 없게 되었어요. 어머니는 그리스도인이세요. 항상 저에게 원수를 사랑해야 한다고, 그리고 악을 선으로 갚으라고 가르쳐 주셨어요. 어머니를 만날 수 없으니 이 꽃을 대령님 아이들의 어머니에게 드려야겠다고 생각했습니다. 이것을 사모님에게 전해 줄 수 있으세요?" 꽃을 받은 대령은 눈물을 흘리며 그 소년을 껴안았습니다. 그는 양심에 가책을 느끼게 되었고 더 이상 무죄한 사람들을 체포하는 고통을 줄 수가 없게 되었습니다. 결국 그는 그리스도를 믿고 전하는 자가 되어서 감옥에 들어가게 된 것입니다.

사랑하는 성도 여러분, 우리 주님은 우리들을 향하여 '너희들은 이 세상 사람들과 근본적으로 다른 천국 백성들이다. 그러므로 원수를 용서하고 사랑하라. 그리고 너희를 핍박하는 자를 위하여 기도해야 한다.'고 말씀하셨습니다. 원수를 사랑하기 위해서는 날마다 주님 앞에 기도해야 합니다. 우리는 주님의 십자가를 바라볼 때 원수를 용서할 수 있습니다. 내가 변화되면 미운 사람을 사랑할 수 있습니다.

우리가 사는 이 세상에 우리를 해치고 미워하고 괴롭히는 원수들이 많고 세상 사람들은 모두 원수를 미워하고 수단과 방법을 가리지 않고 보복하는 악한 세상입니다. 하지만 우리는 하나님의 백성들로서 아가페의 사랑으로 원수를 용서하고 사랑하므로 그들을 변화시켜 확실하고도 영원한 승리를 할 수 있도록 날마다 주님의 십자가를 바라보고 기도하면서 온전하신 하나님의 자녀가 되기를 기원합니다. 아멘.

제 2 부
마태복음 6장

▧ 산상설교 강해 12 ▧

구제하는 법

(본문 / 마태복음 6:1-4)

산상설교는 천국 백성인 하나님의 백성들에게 하신 예수님의 특별한 가르침입니다. 마태복음 5장에서는 '천국 백성은 어떤 사람인가?', '어떻게 행동할 것인가?', '하나님께서 무엇을 요구하시는가?'에 대해서 말씀하셨습니다. 이제 6장에서는 실제 생활에서 천국 백성이 어떻게 살아야 되는지, 한마디로 천국 백성은 참된 경건 생활을 해야 한다는 것을 말씀하십니다.

그러면 참된 경건 생활은 무엇일까요? 구제와 기도와 금식입니다.

구약시대부터 경건한 유대인들은 힘써서 구제하고 기도하고 금식을 실천하려고 애를 썼습니다. 그래서 유대교의 3대 덕목 역시 구제와 기도와 금식입니다. 회교의 코란경에도 이 세 가지를 강조했습니다. 그런데 예수님 당시에 이들은 힘써 행하고 있던 구제와 기도와 금식을 본래의 정신에서 변질된 채 잘못 시행하고 있었습니다. 그래서 우리 예수님은 산상설교를 통해서 참된 구제, 참된 기도, 그리고 참된 금식에 대해 교훈 하셨습니다. 문제의 핵심은 구제와 기도와 금식은 모두 다 하나님 앞에서 행해지는 의가 되어야 된다는 것입니다.

천국 백성은 경건하게 살아야 합니다. 그러나 그 경건이 올바르게 행해질 때 의가 되고 하나님 앞에서 상을 얻을 수가 있습니다.

먼저 구제하는 법에 대해서 생각해 봅시다.

1. 잘못된 동기의 구제(6:1-2)

어느 설교자는 말하기를 구제 생활은 이웃을 향해 여는 생활, 즉 대인관계요, 기도 생활은 하나님을 향해 여는 생활이며, 금식은 자신을 향해 여는 생활이라고 했습니다. 여기에서 중요한 것은 이기심을 버려야 한다는 것입니다. 구제는 물질에 대한 탐욕을 극복해야 할 수 있습니다. 기도는 내 영혼에 대한 이기심을 극복해야 할 수 있습니다. 금식은 내 육체에 대한 욕심을 버려야 할 수 있습니다. 예수님은 잘못된 구제와 기도와 금식에 대해서 책망을 하셨습니다.

"너희 의"란 말은, 어떤 사본에는 '구제'로 번역되어 있습니다. 그러나 "의"는 예수님의 제자들이 지켜 나가야 할 의로운 생활 방식의 배후에 있는 거룩한 동기를 말합니다. 그래서 의를 행한다는 것은, 율법의 요구를 실행하고 율법의 규정에 따른 바른 행위를 가리킵니다. 그런데 당시 사람들은 "사람에게 보이려고" 그들 앞에서 의를 행하고자 애를 썼습니다. 이것은 이미 구제가 외식적인 관행으로 되어 있었음을 보여주는 것입니다.

사람에게 보이려고 하는 것은 궁극적인 목표가 사람에게 과시하고 인정을 받으려고 한다는데 문제가 있습니다. 전적으로 사람을 의식하고 사람의 판단을 생각하므로 항상 위선의 위험성에 직면하게 됩니다. 예수님은 사람들에게 보이려고 그들 앞에서 의를 행치 않도록 주의하라고 잘못을 지적하시고 경고하셨습니다. 여기의 "주의하라"는 말은, '이것을 항상 생각하라', '오직 이일에 마음을 집중하라'는 뜻을 가지고 있습니다.

왜냐하면, 이런 외식적인 행동은 하나님 앞에서 상을 얻지 못하기 때문입니다. 바리새인들은 사람들의 눈을 더욱 의식하고 그들 앞에서 행동했기 때문에 이미 사람들로부터 위대하다는 칭찬을 받았고 경건하다는 인정을 받았습니다. 그 결과 하나님 앞에서는 받을 상이 없게 되어 버렸습니다.

(1) 구제는 하나님의 백성의 일상적인 삶의 모습이 되어야 합니다.

구제는 공동체의 의무입니다. 마땅히 해야 하는 것입니다. 구제는 원래 자비와 같습니다. 6:1에 나오는 "의"는, 영어 성경인 K. J. V.(King James Version)에서는 '구제'로 번역을 했습니다. 왜냐하면 우리는 그리스도로부터 자비를 받았으므로 이웃에게 자비를 베풀어야 하기 때문입니다. "자비"는 친절히 여기는 마음과 그에 수반되는 행동이 합쳐져서 불쌍한 형편에 있는 사람을 구해 주는 것입니다. 그래서 구제는 자비와 같다고 보는 것입니다.

본문 6:2에 "그러므로 구제할 때에"라고 했습니다. 여기서 우리는 '구제한다면'이란 의미의 'if'가 아니라 '구제할 때'라는 의미의 'when'을 사용했다는 것에 주목해야 합니다. 이 말은 구제가 당연한 의무임을 보여줍니다.

신 5:11에는 "땅에는 언제든지 가난한 자가 그치지 아니하겠는고로 내가 네게 명하여 이르노니 너는 반드시 네 지경 네 형제의 곤란한 자와 궁핍한 자에게 네 손을 펼지니라."고 말씀했습니다. 시 41:1에는 "빈핍한 자를 권고하는 자가 복이 있음이여 재앙의 날에 여호와께서 저를 건지시리로다."라고 나옵니다. 잠 19:7에는 "가난한 자를 불쌍히 여기는 것은 여호와께 꾸이는 것이니 그 선행을 갚아주시리라."고 했습니다.

가난한 자를 구제하는 것은 하나님이 우리에게 빚지는 것입니다. 우리 예수님이 세상에 오신 것은 잃어버린 자를 찾아 구원하기 위함입니다. 동시에 불쌍한 자를 구제하러 오신 것입니다. 고후 8:8에 예루살렘 교회가 기근을 당하자 마게도니아 성도들이 정성을 다하여 구제, 즉 자선을 베풀었습니다. 이것은 당연한 것입니다. 모든 성도는 당연히 전도를 해야 합니다. 동시에 구제를 베풀어야 합니다. 그런데 이 당연한 전도나 구제를 행할 때에 사람들 앞에서 자랑하고 자신의 영광을 나타내려고 하면 잘못된 것입니다.

성도 여러분, 의를 행하고 구제를 하는 것은 천국 백성의 일상생활에 있어서 당연한 삶의 모습이라는 사실을 기억해야 합니다.

(2) 의무감에서 구제를 하는 경우 역시 잘못된 것입니다.

구제를 자신이 원해서 하는 것이 아니라 자기의 의무로 생각하고 행하는 것은 잘못입니다. 우리가 가난한 사람을 구제할 때 만족을 느끼고 일장 훈시를 하거나, 자기를 높이거나, 어떤 타산을 가지고 준다거나, 또는 자신을 아주 훌륭한 사람이나 탁월한 사람으로 우월감을 가지고 준다면 이것은 잘못된 구제입니다.

(3) 명예욕에서 주는 구제(6:2)

사람에게 영광을 얻으려고 하는 것은 명예욕입니다. 그래서 사람들은 눈에 잘 띄는 장소를 선택합니다. 바로 사람들이 많이 모이는 회당과 거리에서 나팔을 불었습니다. 나팔을 불었다는 것에 대해서 여러 가지 해석이 있습니다. 첫째, 예루살렘 성전 내에서 궁핍한 자를 구제하기 위해서 성금을 모을 때 나팔을 불었다는 견해입니다. 둘째, 구제자들이 성금을 내면서 이 사실을 알리고자 나팔을 불었다는 견해가 있습니다(Calvin). 셋째, 헌금 궤의 모양이 뿔피리 모양으로 생긴데서 이 말의 근원이 있다고 주장하는 사람도 있습니다.

특히 성전에서 구제를 해 달라는 나팔을 불면 장사들이 문을 닫고 구제하러 갑니다. 문제는 그때부터입니다. 나가는 태도가 다릅니다. "나는 이제 구제를 하러 가노라. 나를 보시오."하고 나팔을 부는 것입니다. 예수님은 이들의 중심을 꿰뚫어 보셨습니다. 어떤 사람은 일부러 사람들이 많이 있는 곳에 갑니다. 많은 군중이 모인 곳에 가서 나팔을 불고 구제를 합니다. 자기 자랑, 과시, 선전을 하는 것이 구제의 목적으로 변질되어 버렸습니다. 그러므로 예수님이 구제할 때에 나팔을 불지 말라고 하신 본래의 뜻은 자랑하지 말라는 것입니다.

하나님의 백성으로서 경건하게 살아야 하는 성도가 구제하고 기도하고 금식하는 것은 지극히 당연합니다. 그런데 당연한 구제를 하면서 회당에서, 그리고 길거리에서 나팔을 불고 자랑하는 것은 원래 구제의 정신하고는 거리가 먼 것입니다.

예수님은 이런 사람들을 향해서 "저희는 상을 이미 받았느니라"고 하셨습니다. 바리새인들이 회당이나 길거리에서 나팔을 불고 구제하는 목적이 무엇입니까? 그것은 사람에게 영광을 얻으려는 것입니다. 하나님께 영광을 돌리는 것이 아니라 자신들이 사람에게서 영광을 받으려는 것입니다. 그들은 많은 사람들이 보는데서 구제를 행함으로 영광을 받았습니다. 그리고 하나님의 상보다는 대중의 칭찬을 원했으므로 그들은 이미 영광의 상을 받은 것입니다. 그러므로 하나님의 상과 칭찬과는 거리가 멀어져 버리고 말았습니다.

성도 여러분, 천국 백성인 우리의 본분은 사람들의 영광을 얻거나 대중의 칭찬과 박수를 얻는 것이 아니라, 오직 하나님 아버지께만 영광을 돌리는 것입니다. 하늘 아버지께서 주시는 영원한 상을 항상 기억하시고 행하는 성도가 됩시다.

(4) 물질에 대한 탐욕을 극복해야 구제를 할 수 있습니다.

오늘날 얼마나 많은 사람들이 물질 때문에 수고를 많이 하며 노력을 많이 합니까? 그러다 보니 수고하여 얻은 내 물질을 남에게 주는 것이 아주 어렵습니다. 따라서 구제, 즉 나의 물질을 가지고 남에게 준다는 것은 우리 자신이 탐욕을 극복한 후에 가능한 일입니다.

사도행전 4장에 바나바가 은혜를 받고 하나님의 교회에 자신의 밭을 팔아서 바쳤습니다. 온 교회가 이 사실을 알고 하나님께 영광을 돌렸습니다. 그런데 아나니아와 삽비라도 재산을 팔아서 반은 하나님께 바치고 반은 감추어 놓고 다 바쳤다고 거짓말을 했습니다. 이것은 속임수입니다. 왜 그렇게 했을까요? 자기들도 사람들로부터 명예심을 얻고 싶었기 때문입니다. 이것은 물질의 탐욕을 극복하지 못한 태도입니다.

구제는 물질의 탐욕을 초월해야 가능합니다. 참된 구제는 물질 탐욕을 극복해야 합니다. 참된 구제는 의무감에서 하는 것도 아닙니다. 참된 구제는 명예를 얻기 위해서 하는 것도 아닙니다. 약 1:27에 "하나님 앞에서 정결하고 더러움이 없는 경건은 곧 고아와 과부를 그 환난 중에 돌아보고 또 자기를 지켜 세속에 물들지 아니하는 이것이니라."고 했습니다.

성도 여러분, 우리는 천국 백성들로서 이웃을 향하여 사랑의 창을 활짝 열고 적극적으로 구제를 생활화하고 참된 경건을 생활화하므로 오직 하늘에 계신 하나님 아버지께 영광을 돌리고 장차 하나님 앞에서 진정한 칭찬과 상을 받는 성도가 됩시다.

2. 참된 동기의 구제는 하나님 앞에서 하는 것입니다(6:3).

왼손은 오른 손이 하는 일을 도와주며 항상 함께 일합니다. 따라서 "왼손이 모르게 하라"는 것은 자신이 베푼 구제와 자선을 도무지 기억하지 말고 의식도 하지 말라는 것입니다. 즉 그 선행이 자신과는 관계없는 것처럼 하라는 말씀입니다.

오른 손이 하는 것을 왼손이 모르게 해야 합니다. 이것은 구제가 하나님과의 관계에서 이루어지는 것임을 보여줍니다. 구제는 늘 하나님을 의식하면서 해야 합니다. 구제는 다른 사람을 기쁘게 해서는 안됩니다. 자신도 기쁘게 해서는 안됩니다. 오로지 하나님의 인정을 받아야 합니다. 구제에서 가장 중요한 것은 하나님을 기쁘게 하느냐 아니하느냐의 문제입니다. 구제는 하나님의 영광을 위한 것이 되어야 합니다.

우리의 진정한 소원은 다른 사람을 기쁘게 하는 것이 아닙니다.

왜냐하면 그것은 나를 기쁘게 하는 것이요 내 영광을 위한 것이기 때문입니다. 우리가 행한 구제로 인해서 다른 사람이 나를 더 낫게 여기고, 칭찬하는 것이 아닙니다. 이것은 교활하고 교만하고 사심이 있고 이기주의가 될 위험성이 너무도 많습니다. 이것을 버려야 합니다.

구제는 하나님을 기쁘게 하는 것이냐? 아니면 사람을 기쁘게 하는 것이냐? 둘 중의 하나입니다. 우리는 어떻게 해야 할까요? 하나님과의 관계를 기억하면서 살고 구제해야 합니다.

오늘 본문 6:4은 말씀합니다. "네 구제함이 은밀하게 하라 은밀한 중에 보시는 너의 아버지가 갚으시리라"

"은밀하게 하라"는 것은 아무도 모르게 하라는 명령인 동시에 또한 사람의 상을 기대하지 말라는 뜻이기도 합니다. 우리 하나님은 은밀한 중에 보시고 계십니다. 하나님은 우리의 마음을 아십니다. 외식자들의 구제와 선행은 사람들을 속이고 그들로부터 칭찬과 영광과 인기를 이끌어 내실 수 있을지 모르나, 은밀한 중에 보시는 하나님은 이미 그들의 내면적 깊숙한 곳까지 다 아시고 계시므로 그들의 위선적인 행동은 심판을 받게 될 것입니다. 반면 자기 의를 드러내지 않고 오른 손이 하는 일을 왼손이 모르게 하는 하나님의 백성들의 선행과 구제는 우리 아버지 하나님께서 조용하고 따사로운 사랑의 눈길로 하나 하나 다 살피시고 기억해 두시고 상으로 갚아 주실 것입니다. 예수님의 가르치심은 하나님의 영광이 아닌 자기의 영광을 구하는 것은 외식이라고 말씀하십니다.

유대인들의 성전 안에는 침묵의 방이란 곳이 있었습니다. 죄를 속죄하고자 하는 사람이 여기에다 연보를 하였는데 이 돈을 가지고 명문 출신으로 가난해진 사람을 도왔습니다. 그런데 이 제도가 나중에는 은밀하게 연보하기 보다 주는 자들이 모든 사람들에게 보이기 위해 주었고 누구를 돕기 위함보다 자신이 영광을 받기 위해 행하게 되었습니다.

동방에 전해져 오는 한 관습이 있습니다. 물이 너무 귀해서 때때로 돈을 주고 물을 사 먹어야 했던 때가 있었다고 합니다. 그래서 좋은 일 하고 싶은 사람들, 즉 구제하고 싶은 사람들이 한 가지 방법을 만들었습니다. 목소리 좋은 사람을 고용해서 물을 나눠주게 했습니다. 아름다운 목청을 돋구어 외치게 했습니다. "오 목마른 자들이여! 선물로 주는 물을 마시러 오시오." 그러면 구제를 베푸는 자가 그의 옆에 서서 "당신에게 이것을 마시게 한 나를 축복하시오."라고 했습니다. 이것이 바로 예수님이 책망하신 것입니다. 위선입니다. 이런 것은 세상에서 이미 자기 상을 다 받았다고 하셨습니다.

우리 예수님은 오른 손이 하는 것을 왼손이 모르게 하라고 하셨습니다. 구제했다는 것을 자기에게도 알리지 말라는 뜻입니다. 구제한 후에 "나는 오늘 좋은 일 했구나."라는 소리는 하지 말라는 것입니다. "내 기억 속에 내가 구제했다."는 것을 남기지 말라는 것입니다. 이것은 하나님 앞에서 순결한 구제를 하라는 것입니다.

참된 구제의 동기는 무엇입니까? 하나님의 은혜에 대한 감사의 표현이며 보답입니다. 구제가 천국 가는 조건은 아닙니다. 우리는 예수 그리스도의 십자가의 피를 믿음으로 구원받습니다. 우리는 십자가의 은혜를 받은 사람입니다. 하나님의 사랑을 먼저 받았습니다. 그러므로 우리의 할 일은 하나님을 사랑하는 것입니다.

그런데 하나님은 무엇을 사랑하십니까? 사람의 영혼을 사랑하십니다. 그러므로 하나님이 사랑하는 내 이웃을 나도 사랑해야 합니다.

불쌍히 여겨야 합니다. 가난한 자를 도와야 합니다. 이것이 참된 구제의 동기입니다. 하나님과의 관계에서 하나님의 은혜에 보답하는 마음으로 구제해야 합니다.

여기에서 문제는 마 5:16에 "너의 선한 행실을 사람에게 비춰게 하여 너희 하나님 아버지께 영광을 돌리게 하라"는 예수님의 말씀과, 오늘 본문 "구제시에 오른 손이 하는 일을 왼손이 모르게 은밀히 하라"는 것은 서로 상충되는 것처럼 보인다는 것입니다. 이것을 어떻게 이해해야 할까요?

결코 상충되는 것이 아닙니다. 여기에서 중요한 것은 하나님의 영광을 위해서 해야 한다는 것입니다. 하나님의 영광을 나타내는 것입니다. 경우에 따라 사람에게 알리는 것이 하나님의 영광이 됩니다. 때로는 은밀하게 하는 것도 하나님의 영광이 됩니다.

우리가 많은 사람을 전도를 할 때 이 사실이 알려지면 하나님의 영광이 됩니다. 사람들은 전도해야겠다는 도전과 자극을 받게 되어 열심히 전도하는 일이 일어납니다. 이것을 계기로 많은 사람들이 예수님을 믿게 됩니다. 이것이 바로 하나님의 영광입니다.

구제는 아주 어려운 형편의 사람을 도와주는 것입니다. 아주 어려운 성도를 도와주는 일이 계기가 되어 그 가정에 믿음의 역사가 일어나게 되고 소생하게 될 때, 당사자는 물론 이 사실을 아는 신자는 뿐만 아니라 불신자들도 하나님께 영광을 돌립니다.

요한복음 9장에 나면서부터 소경된 자가 예수님의 말씀을 따라 실로암에서 눈을 씻었을 때 그의 눈이 뜨였습니다. 이 놀라운 사실을 만나는 사람에게 알렸습니다. 그때 모든 사람이 하나님의 영광을 나타내었습니다.

　사도행전 3장에 나면서 앉은뱅이된 자가 눈을 떴을 때도 마찬가지입니다. 또한 가난한 과부가 두 렙돈의 헌금을 하였을 때 예수님께서 이 헌금액수 밝히면서 칭찬하셨습니다. 교회가 어려울 때, 또는 아주 중요한 일을 할 때 기쁨으로 거액의 헌금이나 상당한 재산을 바치면 이 사실을 아는 모든 성도들은 하나님께 영광을 돌리고 온 교회가 기뻐합니다.

　그러나 항상 가장 중요한 것은 하나님 중심에서 해야 한다는 것입니다. 우리의 선행이나 구제가 알려지든 알려지지 않던 우리 마음이 순수해야 합니다. 중요한 것은 어떤 경우에서든 하나님께 영광을 돌려야 한다는 것입니다.

　성도 여러분, 하나님의 백성인 우리는 구제 생활을 해야 합니다. 왜냐하면 하나님이 기뻐하시기 때문입니다. 우리는 오직 하나님과의 관계에 집중하고, 하나님만 기억하고, 하나님 앞에서 하나님의 영광을 나타내는 진실한 구제를 하는 성도가 됩시다.

3. 하나님의 상급(6:4)

　구제할 때 상 받을 구제를 하는 사람은 지혜로운 사람이고, 상을 받지 못할 구제를 하는 사람은 어리석은 사람입니다. 우리 주님은 하나님 아버지께서 은밀한 중에 그 사람의 중심을 보시고 상을 주시겠다고 약속하셨습니다. 마 5:12에 "주를 위하여 핍박을 받는 자는 상이 크다."고 하셨습니다. 마 10:42에는 "소자에게 냉수 한 그릇 대접하는 자도 상을 잃지 않는다."고 말씀하셨습니다. 마태복음 25

장에 충성된 종은 상을 받는다고 말합니다.

상이 없다는 것은 심각한 문제입니다. 선한 일에는 상이 따르기 마련입니다. 선한 사람과 악한 사람이 똑같이 대접받는다는 것은 부당합니다. 천국 백성들이 경건한 생활을 할 때 하나님은 상을 주십니다. 천국 백성들이 구제할 때 하나님은 상을 주십니다. 천국 백성들이 주를 위해 충성할 때 상을 주십니다.

어떤 상을 주십니까?

(1) 물질적인 상만을 받는 것이 아닙니다.

구약에서는 선행을 한 사람이 물질적인 축복을 받는다고 생각했습니다. 자손이 번성하고 자손이 축복을 받고 장수하고 논밭에 수확이 많고 재산이 많을 것입니다. 시 37:25에는 "의인의 자손이 걸식하는 자"를 본 일이 없다고 했습니다. 구제를 많이 한 사람에게는 물질의 축복을 주심을 우리는 알 수 있습니다.

미국은 많은 구제를 한 나라로 부유한 축복을 누리고 있습니다. 오늘날에도 어려운 사람을 구제하는 사람은 물질적인 축복을 받는다는 사실을 우리는 압니다. 그러나 예수님은 제자들에게 물질적인 축복만 강조하지 않으셨습니다.

(2) 상만 구하는 자에게는 결코 보상이 오지 않습니다.

'내가 이 구제를 하면 어떤 이익을 얻겠는가?' 하고 타산적인 구제를 하면 상이 없습니다. '내가 이런 저런 구제를 하면 얼마나 상을 주실까?' 하고 계산하는 사람은 잘못된 것입니다. '내가 이 만큼 많이 구제했으니 이제 거기서 상당한 보수를 청합니다' 라는 식은 사랑이 없는 구제, 잘못된 구제입니다.

진정 사랑하는 사람에게는 주면 줄수록 더 주고 싶은 마음이 생깁니다. 더 부족함을 느낍니다. 그러므로 천국 백성은 '내가 구제하고 주었으니 당연히 상을 받을 것이다.' 라고 생각하지 않은 사람입니다. 부모는 사랑하는 자식에게 더 주고 싶어하고 어떤 대가를 바라지 않습니다. 부부간에도 조건부로 주지 않습니다. 참된 구제는 상을 요구하지 않습니다. 상을 계산하는 구제는 상이 결코 없습니다.

(3) 구제하는 자에게 정신적인 만족을 주십니다.

주님의 말씀대로 순종하고 믿음으로 사는 자에게는 만족과 기쁨을 주십니다. 주의 제자들은 때로 의를 위해 핍박을 받고 감옥에 갇히기도 하고 교수대에서 순교의 제물이 되기도 했습니다. 인기를 상실하여 사람들에게 배척을 당하기도 했고, 직장에서 추방되기도 하고, 고립되고 악평을 받고 고난도 받았으나 내적인 만족을 소유했습니다.

사도 바울과 실라는 빌립보에서 복음을 전파하다가 잡혀서 매를 맞고 감옥에 갇혀 그들의 육체는 만신창이가 되었지만, 그들의 마음은 기쁨으로 만족하여 한밤중에 주님의 은혜에 감사하여 기도와 찬양을 주님께 드렸습니다. 이것은 돈으로 계산할 수 없습니다.

영국에 어떤 정형외과 의사 한 사람이 있었는데 일 년 수입이 일만 파운드 이상이나 되었습니다. 그런데 어느 날 공군 조종사 한 사람이 심한 부상을 입고 얼굴과 몸에 수술을 하게 되었습니다. 의사는 병원의 문을 닫고 오직 그 한 사람만을 위해 헌신을 다했습니다. 누가 물었습니다. "당신의 야망이 무엇이오?" 그는 대답했습니다.

"나는 보람있는 일을 하고자 할 뿐이요" 1년 동안의 1만 파운드의 수입도 다 버리고 한 사람의 생명을 구하기 위하여 봉사한 이 일을 다른 사람은 몰랐으나 이 사람에게는 말할 수 없는 기쁨과 만족을 주었습니다. 구제하는 자에게 하나님은 기쁨과 만족의 상을 주십니다.

(4) 더 많은 일을 주십니다.

주님 영광을 위해서 구제하고 선행을 할 때 하나님은 휴식과 위안보다 더 큰일을 주십니다. 더 어려운 일을 맡기십니다. 이것이 상입니다.

마태복음 25장에 달란트 비유가 나옵니다. 두 달란트와 다섯 달란트를 받은 사람이 각각 두 배를 남겼을 때 주인은 더 큰일을 맡기셨습니다. 유능한 제자는 더 어려운 공부를 해야 합니다. 뛰어난 음악가는 더 어려운 곡을 연주하고 연습합니다. 운동 잘하는 선수는 더 강한 팀이 되기 위해 더 고된 훈련을 합니다.

하나님 앞에서 선행을 하고 구제하는 사람에게 더 큰일을 맡기십니다. 교회에 충성하는 자는 더 큰 사명을 받습니다. 더 큰일을 주시는 것, 이것이 바로 하나님께서 주시는 상입니다. 주님께서 우리를 충성스럽게 보시고 우리의 수고와 봉사, 그리고 선행을 기억하시고 더 중요하고 더 큰일을 맡기시는 것은 한없는 영광이요 기쁨이요 감사할 일입니다. 우리 모두 하나님 앞에서 진실하게 선을 행함으로 주께 기억되고 더 큰상을 받고 더 큰 직분을 받는 우리가 됩시다.

(5) 하나님과 더 가까이 하는 소망 있는 성도가 됩니다.

하나님을 믿지 않는 사람들은 하나님을 심판자로 알고 두려워하고 멀리 떠납니다. 그러나 주께 충성하고 선행과 구제를 하는 사람은 하나님을 더 가까이 하고 하나님과 동행하게 됩니다. 이것이 상입니다.

에녹은 하나님과 3백년 동안 동행했고, 노아는 120년을 하나님과 동행했으며, 모세는 하나님과 대면하여 대화를 했고, 아브라함은 가는 곳마다 제단을 쌓고 예배하며 기도하고 감사를 드렸고, 하나님의 친구로 불렸습니다.

하나님의 영광을 위해 사는 사람은 하나님과 동행하는 사람입니다. 하나님께 복종하며 동행하려고 애쓰는 사람은 하나님께 더 가까워지며 모든 소망을 하나님께 두고 하나님을 닮아 가는 사람이 되는 상을 받습니다.

(6) 최후의 심판 때 하나님 앞에서 공력에 따라 상급을 받습니다.

고전 3:10-15에는 우리가 마지막 날에 공력에 따라 심판 받고 상급 받는 것을 말씀하셨습니다. 자신을 기쁘게 하는 사람들, 즉 풀이나 짚이나 나무같이 불타 없어질 것은 상이 없습니다. 그러나 하나님을 기쁘시게 하는 것들, 즉 금이나 은과 보석은 상이 있습니다. 우리 하나님은 우리가 기억하지 못하는 것을 기억하십니다. 우리의 선행을 다 보시고 상으로 갚아 주십니다. 풍성한 상과 영광스런 상으로 충만케 하실 것입니다.

영국의 유명한 고든(Gorden) 장군은 많은 공을 세웠습니다. 그를 포상하려고 하자 그는 거절했습니다. 모든 상금과 직위를 거절했습니다. 그래서 금메달 하나만 받았습니다. 거기엔 33회의 교전이 기록되어 있었습니다. 자기에겐 더 없이 소중한 보물이요 재산이었습니다. 그후 그가 죽고 난 후에 메달을 찾아보니 없었습니다. 사실을 알아보니 맴체스터에 흉년이 심해졌을 때 그 금메달을 보내 녹여서 가난한 자들에게 식량을 사주어 구제했던 것입니다. 이 메달을 보낸 날짜의 일기에 이런 문장이 기록되어 있었습니다. "이 지상에서 내가 가장 귀하게 여기는 마지막 물건을 주 예수 그리스도에게 오늘 바친다." 가장 귀한 금메달을 구제하여 그리스도께 바친 것입니다.

우리의 가장 소중한 것도 하나님의 영광을 위한 것이라면 드릴 줄 아는 사람, 우리에게 그리스도를 위해 봉사하고 섬길 수 있는 기회나 환경이 주어졌을 때 기쁨으로 주를 위해 바치고 구제를 하는 사람에게 하나님은 최후의 심판 때 반드시 갚아 주실 것입니다.

사랑하는 성도 여러분, 우리는 천국 백성이므로 경건하게 덕을 세우며 살아야 합니다. 그리고 우리는 경건한 생활인 구제를 행해야 합니다. 사람 앞에서가 아니라 하나님 앞에서, 사람을 기쁘게 하는 것이 아니라 하나님을 기쁘시게 하며 하나님의 영광을 위하여 해야 합니다. 우리는 언제나 하나님의 임재를 의식하고 하나님을 기억하면서 선을 베풀어야 합니다.

우리 하나님은 참된 구제를 하는 것을 다 살펴보십시다. 그리고 우리 하나님은 물질적인 축복뿐만 아니라 내적인 기쁨과 만족을 주시고, 더 큰 일, 더 큰 사명을 주시고, 하나님을 더 가까이 하며 오직 주님을 소망 삼고 살아가게 하시고 최후의 심판 때 상으로 보상해 주십니다. 참된 구제는 진실한 하나님의 백성이 이 땅위에 살 동안에 마땅히 해야 할 경건한 생활입니다. 이 일은 하나님께서 기뻐하시는 일입니다. 그리고 하나님의 약속의 축복과 상이 반드시 따르는 하나님의 영광을 나타내는 일입니다. 아멘.

▨ 산상설교 강해 13 ▨

기도하는 법

(본문 / 마태복음 6:5-8)

　천국 백성들의 참된 경건 생활은 기도를 통해서 이어집니다. 기도는 참된 신앙 생활을 하는데 필수적입니다. 유대인들은 기도의 중요성을 높이 평가했습니다. "기도하는 자는 위대하고 선행보다 존귀하다."라고 했습니다. 또한 "자기 집에서 기도하는 자는 그 집을 강철보다 강한 담으로 두름과 같다."고 했습니다. 유대인 랍비들은 "후회스럽게 생각하는 것이 있는데 그것은 하루 종일 기도할 수 없는 것이다."라는 말까지 했습니다.

　천국 백성의 경건 생활에 필요한 덕목 가운데 하나는 기도하는 것입니다. 기도는 하나님을 향해 창을 여는 것입니다. 기도는 영적인 이기심을 극복하게 합니다. 기도는 천국 가는 그 시간까지 늘 해야 하는 것입니다. 기도는 하나님과 만나는 시간이고 대화이며 교제입니다.

　그런데 참된 경건 생활에 필수적인 기도를 하는데도 문제가 있었습니다. 그것은 기도를 올바르게 하지 못했기 때문입니다. 마귀는 우리 성도들이 하나님과 기도하는 경건하고 아름다운 복된 시간까지도 우리를 유혹하고 붙잡아 실패케 합니다.

오늘 성경 본문에서 우리 주 예수 그리스도께서는 천국 백성인 우리들이 이 세상을 살아갈 때 꼭 필요한 기도에 대해서 가르쳐 주셨습니다.

1. 외식하지 말라는 것입니다(6:5).

기도는 하나님께 하는 것입니다. 그런데 하나님께 한다고 하는 기도가 사람 앞에 보이려고 하게 될 때 외식이 됩니다. 유대인들은 기도를 아주 중요시했습니다. 그것까지는 좋았으나 그들의 기도는 형식화되고 외식적인 것이 되어 버렸습니다.

(1) 기도의 형식화

유대인들은 매일 기도했습니다. 기도할 때 두 가지를 사용했습니다.

① 쉐마(שמע)-신 6:4-9; 11:13-21; 민 15:37-41
"이스라엘아 들으라 우리 주 하나님은 오직 하나인 여호와시니 너는 마음을 다하고 성품을 다하고 힘을 다하여 주 너의 하나님을 사랑하라"

모든 유대인은 아침과 저녁으로 쉐마를 낭송해야 했습니다. 오전 9시 전과 밤 9시 전에 해야 했습니다. 낭송 시간이 되면 어디에 있든지 모든 일을 중단하고 낭송을 했습니다. 많은 사람들이 쉐마를 사랑하고 숭배했습니다. 그러다 보니 무의미하게 관습적으로 하고, 공허하게 의미 없이 외우듯이 반복만 하게 되었습니다.

② 쉐모네 에스레(שמנה עשרה)

이것은 18가지의 기도문입니다. 나중에 19가지가 되었습니다. 지금도 사용하는 기도문으로 아주 짧고 훌륭한 기도문입니다. 아침에 한 번, 오후에 한 번, 저녁에 한 번, 하루에 세 번씩 낭송을 했습니다. 경건한 유대인들은 열심히 낭송했습니다. 그러나 보니 나중에는 형식적인 것이 되고 말았습니다.

오늘날 우리도 매일 같이 주기도문을 암송을 하는데 의미 없이 하다가는 이 훌륭하고 좋은 기도를 형식적으로 하기 쉬운 위험이 있다는 것을 기억해야 합니다.

(2) 모든 경우에 기도문이 정해졌습니다.

유대인들은 모든 생활 속에서 일어나는 한 사건, 한 장면마다 기도문을 만들어 사용을 했습니다. 예를 들어 식사 전후, 빛과 불, 번갯불을 접할 때 기도문을 만들었습니다. 새, 달, 혜성, 비, 태풍, 바다, 강, 호수, 좋은 소식, 새 가구 사용시, 어느 도시에 들어갈 때, 나올 때 기도문을 사용했습니다. 모든 사건마다 기도하는 것은 좋으나, 문제는 그것이 형식적이 되어 버렸고 아무런 의미 없는 기도를 하게 되었다는데 잘못이 있습니다. 그 시간만 되면 주문 외우듯이 기도를 외우고 빨리 끝내 버렸습니다.

성도 여러분, 기도는 매일 순간 순간마다 새로운 마음으로 드려야 합니다. 유대인들은 기도를 하루에 세 번, 아침 9시, 낮 12시, 그리고 오후 3시 어느 곳에 있든지 해야 했습니다. 이때 진심으로 기도한 사람도 있겠으나 다만 관습적으로, 형식적으로 하는 사람이 더 많았다는데 문제가 있습니다.

모하멧 교도들도 하루에 다섯 번씩 시간을 정해 놓고 기도문을 외웠습니다. 어떤 모하멧 교도 한 사람이 원수를 쫓아 달려가고 있었습니다. 이때 기도하라는 종이 울렸습니다. 원수는 쫓아가야 하겠고, 기도는 해야겠고, 그래서 그 자리에 멈추어 서서 기도문 두루마리를 펴서 무릎을 꿇고 일사천리로 읽었습니다. 그리고 일어나서 급히 원수를 쫓아갔습니다. 이것이 진정한 기도인지, 자신도 무슨 기도를 했는지 알 수가 없었습니다.

유대인들이 하루에 세 번 하나님을 기억하고 기도하는 것은 아주 귀한 일입니다. 그러나 시간만 때우듯이 형식적이고 입으로만 중얼거리는 것은 생명이 없는 기도입니다. 이것이 바로 외식적인 기도입니다.

(3) 사람에게 보이려고 기도했습니다.

유대인들도 기도할 때 자기의 목록을 늘어놓고 자랑했습니다. 그 예가 눅 18:9-14에 예수님께서 비유로 드신 두 사람의 성전 기도입니다. 바리새인은 두 손을 들고 기도하기를 "하나님이여 나는 다른 사람 곧 토색하고 불의하고 간음을 하는 자들과 같이 아니하고 이 세리와도 같지 않음을 감사하나이다. 나는 이레에 두 번씩 금식하고 또 소득의 십일조를 드리나이다."라고 하면서 자기의 선행 목록을 열거했습니다. 반면 세리는 멀리 서서 감히 두 눈을 들어 하늘을 우러러보지도 못하고 다만 가슴을 치며 가로되 "하나님이여 불쌍히 여기소서 나는 죄인이로소이다."라고 기도했습니다.

예수님은 이 세리를 바리새인보다 더 의롭다고 인정했습니다. 예수님은 외식하는 자의 기도를 경고하신 것입니다.

외식자의 기도는 자기를 숭배하고 자기를 찬양하고 자기 중심적 태도를 가집니다. 외식자의 기도는 기도하는 그 순간에 자기를 나타내기를 원합니다. 외식자의 기도는 자기 자신을 기쁘게 만족스럽게 하며 자신을 기쁘게 합니다. 외식자의 기도는 다른 사람과 자신을 비교합니다.

우리는 기도할 때 자기 자신의 죄인된 모습을 기억해야 합니다. 기도할 때 미사여구를 사용해야 한다고 의식하는 것은 외식적인 기도로 흐를 위험이 있습니다. 기도할 때 좋은 문장, 멋진 문구를 사용해서 사람들에게 인정을 받으려는 것이나 사람들에게 잘 보이려고 유혹 받는 것도 외식적인 기도가 되는 위험성을 가지고 있습니다.

어느 목사님이 젊은 청년 시절에 겪었던 일입니다. 기도하는 장로님이나 집사님의 기도가 영 마음에 들지 않았던 모양입니다. 자기 생각에 만약 목사님이 자기에게 "이 선생, 기도하시오."라고 일주일 전에만 알려주신다면 문제없이 잘 할 수 있을 것이라고 자신만만하게 생각했습니다. 작문을 근사하게 해서 "여러분 기도합시다."라고 한 후 모든 사람의 눈이 다 감겨진 것을 철저히 확인하고 나서 자기가 지어 온 기도문을 유창하게 읽어 내려가면 된다고 생각했습니다. 그런데 정말 어느 주일 저녁에 목사님이 갑자기 "이 선생님, 기도 인도하십시오."라고 하셨습니다. 큰일 났습니다. 안하려고 하니 자존심도 있고 적당히 기도하기는 싫고 야단났습니다. 모든 교인들이 감동을 받을 수 있는 매력적이고 멋있고 감동적인 기도를 해야겠다고 생각하고 당황하던 중에 자기 머리 속에 멋있는 영감이 떠오르는 것을 느꼈습니다. 드디어 입술을 열어 기도를 시작했습니다. 첫 마디가 "오 미지여 신이시여!"였습니다.

어떻게 된 것입니까? 지금 누구에게 기도를 하는 것인가요? 이런 기도야말로 철저하게 사람에게 보이려고 하는 외식하는 기도입니다. 성도 여러분, 기도는 하나님께 드리는 것입니다. 하나님만 생각하는 것입니다. 오직 하나님 중심으로 하는 것입니다.

(4) 장소가 문제입니다.

유대인들은 많은 사람들이 모인 곳에서 기도하기를 좋아했습니다. 그래서 오늘 본문 6:5을 보면 그들이 "회당에서나 또는 큰 거리 어귀에서" 기도하기를 좋아했다고 나옵니다. 사람들의 초점과 시선이 집중되는 곳에서만 기도하기를 좋아했습니다. 될 수 있으면 오랫동안 선 자세로 팔을 펼쳐 들고 손바닥을 위로하고 고개를 숙이고 기도했습니다. 다른 사람들이 자기가 기도 많이 하는 사람으로, 기도의 경건 생활을 하는 것을 알아주기까지 기다리고 나타내려고 했습니다.

이것이 외식입니다. 특히 회당에서 기도하면 하나님께서 더 가까이 계시고 기도의 효력이 있다고 생각했습니다. 그래서 기도 시간에 성전과 회당에 올라가서 기도했습니다. 이것을 본받아 초대교회 제자들과 성도들도 성전에 올라가서 기도했습니다. 하나님의 전에 올라가서 기도하는 것 자체는 아주 좋고 훌륭합니다. 그런데 위험한 것은 하나님이 회당과 성전 안에만 계신다고 생각하는 잘못입니다. 우리 하나님은 회당이나 성전 안에만 제한되어 계시는 하나님이 아닙니다. 전 세계가 하나님의 성전입니다. 하나님은 안 계신 곳이 없습니다. 그러므로 우리는 어디서나 하나님께 기도 드릴 수 있습니다.

현명한 랍비는 이렇게 말했습니다. "하나님은 이스라엘에게 말씀하신다. 너희는 너희 거리와 회당에서 기도하라. 만일 그렇게 할 수 없거든 너희 침상에서 기도하라. 만일 그렇게 할 수 없거든 침상 속에서 심중으로 기도하라. 하나님은 거기에도 계시느니라." 하나님은 안 계신 곳이 없습니다.

예수님은 천국 백성인 우리에게 기도의 법을 가르치셨습니다. 먼저 형식적이고 틀에 잡힌 생명이 없는 외식적인 기도를 피하라고 명령하셨습니다. 기도는 사람에게 나타내 보이려고 하는 것이 아니고 자신을 과시하는 것도 아닙니다. 내 자신을 기쁘게 하는 것도 아닙니다.

성도 여러분, 기도는 하나님께 드리는 것입니다. 하나님만 중심으로 하는 것입니다. 기도는 의무가 아니라 천국 백성들의 특권입니다. 왜냐하면 죄인인 우리가 기도를 통하여 만왕의 왕 되신 우리 주 예수 그리스도를 직접 대하고 만날 수 있는 놀랍고도 영광스러운 일이기 때문입니다. 그러므로 우리는 외식적인 기도를 하지 말고 하나님만 생각하고 오직 하나님을 중심한 생명력 있는 기도를 드리는 성도가 되기를 바랍니다.

2. 우리 주님은 참된 기도란 은밀한 중에 계시는 아버지 하나님께 기도하는 것임을 가르쳐 주셨습니다(6:6).

(1) 골방에 들어가서 기도하라

"골방"은 경건한 유대인들이 조용히 하나님께 기도 드리던 장소를 말합니다. 헬라어로 골방을 'ταμειον'(타메이온)이라고 하는데, 이 말은 '자르다'는 뜻의 'τεμω'(테모)와 '청지기'라는 뜻의 'ταμιας' (타미아스)의 합성어입니다. 그러므로 이 말의 뜻은 '세상 모든 것과 단절하고 오직 하나님과만 내밀한 대화를 나눌 수 있는 공간'을 말합니다.

여기 골방이 중요한 것은, 기도의 장소를 강조하는 것이 아니라 기도하는 마음의 태도를 강조하는 것이기 때문입니다. 마음이 오직 하나님만 바라보는 신실한 자세가 참된 골방입니다.

참된 기도는 하나님께서 인정하는 기도입니다. 기도의 목적은 하나님이 인정하시고 들어주시면 달성됩니다. 참된 기도를 하는 성도는 골방에서, 은밀한 곳에서 하나님만 바라보고 부르짖습니다. 외식자와는 정 반대요 대조적입니다. 외식자들은 큰 길 어귀나 회당, 성소에서 사람들에게 칭찬 받으려고 기도합니다. 그러나 참으로 경건한 성도는 골방에서, 다른 사람에게 기도의 모습을 보일 필요도 없는 곳에서, 다른 사람을 의식도 하지 않고 기도합니다. 오직 하나님만 의식하고 전념하는 기도입니다. 아무리 시끄러운 기차 안이나 버스 안에도 나의 골방이 될 수가 있으며, 나 혼자만이 있는 방이나 독서실도 골방이 될 수 있습니다.

성도 여러분, 우리의 골방은 어디입니까? 교회입니까? 내실입니까? 오직 하나님과 나만이 대화를 나누고 만날 수 있으며 오직 하나님만 생각하는 기도의 골방을 만드는 성도가 됩시다.

(2) 참된 기도는 중언부언하지 않습니다(6:7).

갈릴리 사람들은 이방인들의 관습을 잘 알고 있었습니다. 예수님은 제자들에게 이방인들의 잘못된 종교 관행을 빌어서 참된 기도의 자세를 가르치셨습니다. 이방인들처럼 기도할 때 중언부언하지 말라는 것입니다. "중언부언"은 헬라어로 'βατταλογησητε'(밭타로게세테)인데, 신약성경에 이곳에만 쓰여졌습니다. 어원 역시 확실하지 않습니다. 어떤 학자는 말더듬이 '바투스'란 사람의 이름에서 유래되었다고 보며(Erasmus), 최근 학자들은 이 말이 정확하지도 않고 그렇다고 명쾌하지도 않은 일종의 의성어(onomatopoeic word)에서 나왔다고도 합니다. 따라서 "중언부언"이란 '잡다할 정도로 말을 길게 끌거나 아무 의미 없는 말을 거듭 반복하는 것'이라고 볼 수 있습니다.

이방인들은 주문을 외우듯이 같은 내용을 지겹고도 공허하게 계속 반복하는 습관을 가지고 있었습니다. 어떤 사람들은 기도를 길게 하면 다 좋은 줄로 생각합니다. 다른 사람보다 내가 더 기도를 오래 하면 믿음 좋고 응답 받는 줄로 생각합니다. 기도를 짧게 하면 경건하지 않다고 합니다. 그러나 기도의 길고 짧음이 경건의 기준이 될 수 없습니다. 말을 많이 하고 길게 해야 하나님께서 들으시는 줄로 생각해서도 안됩니다. 정성없이 길게 하는 것보다 정성을 다해서 짧게 기도하는 것이 더 효과적입'니다.

18세기 스코틀랜드에서는 긴 것이 경건한 것이라고 생각하여 성경 한 구절 한 구절을 강해를 하는데 무려 한 시간 동안 계속되었습니다. 그리고 또 설교를 한 시간이나 계속했습니다. 기도도 길게 하고 즉흥적으로 했습니다. 이 사람들은 하나님을 성가시게 하면 응답 받는 줄로 알았습니다. 하나님께서 알아듣지 못할까 봐 설명하고 가르치는 어조로 기도하고, 성가시게 길게만 기도했습니다. 이것은 잘못된 기도입니다.

유명한 기도의 사람 바운즈(E. M. Bounds)는 "공기도, 그것은 짧게 할수록 좋은 것이다. 사기도, 즉 개인 기도는 길게 할수록 좋은 것이다."라고 말했습니다. 공중 기도를 하는 사람은 짧게 하는 것이 좋습니다. 성도들을 대표해서 기도를 하는 사람이 짧게 기도를 하려면 준비를 많이 해야 합니다. 준비 없이 대표 기도를 할 때는 주님이 책망하신 기도의 사람이 될 위험성이 있습니다.

그러나 기도가 무조건 짧다고 다 좋은 것이 아닙니다. 길다고 다 나쁜 것도 아닙니다. 우리 주님도 겟세마네 동산에서 밤을 새우면서 길게 기도하셨습니다. 주님이 말씀하신 것은 중언부언의 기도입니다. 장황하고 긴 기도는 믿음의 순수한 표현이 될 수 없습니다. 하나님께 합당한 기도는 기도의 길이에 관계없이 주께서 나의 기도를 들으시며 또한 기쁘게 응답해 주실 줄 믿는 마음으로 간구하는 것입니다.

당시 유대인들은 오후 3시에 나팔 소리가 들리면 길을 가다가도 멈추어 서서 기도했습니다. 그들은 성전을 향해 될 수 있는 대로 경건하고 길게 기도했습니다. 문제는 자기의 경건을 증명해 보이고 자기 과시를 위해 기도를 하는데 있었습니다.

우리 예수님은 이들의 잘못된 기도의 자세를 아시고 지적하셨습니다. 길게 한다고 다 경건한 것이 아니고 응답 받는 것이 아닙니다. 길게 하든 짧게 하든 하나님께서 인정하는 기도가 되어야 합니다.

(3) 중언부언의 기도는 동방의 습관입니다.

한 구절 한 마디를 계속 반복하면 나중에는 스스로가 최면 상태가 됩니다. 그 예가 왕상 18:26에 갈멜산에서 엘리야와 바알 선지자들과의 기도 시합에서 나타납니다. 바알 선지자들은 반나절 동안 자기신에게 하늘에서 불을 내려 달라고 기도했습니다. "바알이여 우리에게 응답하소서"라고 반복하고 반복하다가 나중에는 중언부언의 기도가 되고 최면 상태가 되어 버려 자기 몸을 찢고 피를 흘리며 머리를 풀고 춤을 추는 광란을 벌였습니다. 행 19:34에는 에베소에서 폭도들이 2시간 동안 극장에 모여서 계속 외쳤습니다. "크다. 에베소 사람의 아데미여" 그 중 대부분은 자신이 무엇 때문에 그 자리에 있는지도 몰랐습니다.

마호멧 교도들도 몇 시간 동안이나 원을 만들어서 뛰어 놀면서 그들의 성어 'HE'를 반복하여 황홀경에 빠져 기력을 탕진하고 혼수상태에서 쓰러진다고 합니다. 유대인들도 쉐마를 계속 반복하면 최면 상태에 빠집니다. 정성 없이, 마음 없이 아무리 반복하고 오래 해도 중언부언의 기도는 참된 기도가 아닙니다. 응답이 없습니다.

한편 과격한 칼빈주의자(Hyper Calvinist)는 "기도할 필요가 없다. 왜냐하면 하나님은 기도하시기 전에 모든 것을 다 아시기 때문이다."라고 주장합니다. 알미니안(Arminian)주의자들은 "우리의 노력이 있어야 구원을 받는다. 기도도 열심히 하지 않으면 하나님은 아무 것도 하시지 않는다."라고 주장합니다. 둘 다 잘못된 주장들입니다.

칼빈주의자 휫필드와 알미니안주의자 요한 웨슬레는 같은 장소에서 부흥집회를 인도했습니다. 하루 종일 설교를 하고 집에 왔을 때 피곤하여 기진맥진했습니다. 잠자리에 들기 전에 둘 다 기도를 했습니다. 칼빈주의자 휫필드는 "주님이시여 오늘 많은 사람들에게 복음을 전하게 해 주시니 감사합니다. 그들의 생애와 그 결과가 다 당신의 장중에 있으므로 기뻐합니다. 당신의 완전하신 뜻에 따라 우리들의 수고를 사용해 주시기 바랍니다."라고 기도한 후 잠자리에 들었습니다. 옆에서 기도하던 웨슬레는 아직도 서론도 끝내지 않는 형편인데 휫필드가 잠자리에 들자 "휫필드 선생, 당신의 칼빈주의가 당신을 이렇게 만들었습니까?"라고 말하고 계속 기도를 했습니다. 두 시간 후에 휫필드가 깨어 보니 웨슬레는 아직도 침대 옆에 무릎을 꿇고 있었습니다. 옆에 가보니 무릎을 꿇은 채로 깊은 잠에 빠져 있었습니다. 흔들어 깨웠습니다. 그리고 "웨슬레 선생, 당신의 알미니안주의가 이렇게 만들었습니까?"라고 말했습니다.

좋은 교훈을 주는 말입니다. 기도를 많은 시간 길게 해야만 한다는 것은 아닙니다. 그렇다고 너무 인색하고 짧게 해서도 안됩니다. 기도할 때 중언부언하지 말아야 합니다. 반복한다고 해서 무조건 나쁜 것은 아닙니다. 진실로 응답 받을 때까지 우리는 계속 반복해서 기도할 수 있습니다. 진실하게 하나님을 바라보고 소원을 가지고 우리는 밤새워 기도할 수 있습니다. 주님의 응답을 받을 때까지 우리는 반복해서 기도해야 합니다.

성도 여러분, 우리는 주님께서 가르쳐 주신대로 외식자들처럼 중언부언하지 말고 오직 하나님만 생각하고 하나님만 바라보고 우리의 마음이 실려 있는 생명력 있는 진실한 기도를 하는 성도가 됩시다.

3. 예수님은 확신을 가지고 기도하라고 하셨습니다(6:8).

예수님은 우리에게 저희를 본받지 말라고 하셨습니다. 기도를 길게 하거나 중언부언하는 이방인들의 어리석은 신앙을 본받지 말라는 뜻입니다. 왜냐하면 우리 하나님 아버지는 진실한 기도에 응답하시는 하나님이시기 때문입니다. 우리가 구하기 전에 이미 우리의 사정을 아시고 우리에게 복을 주시기를 원하십니다. 우리 하나님은 인격자이시며 전지전능한 하나님입니다. 그러므로 우리 자신보다 우리의 형편과 처지를 더 잘 알고 계심을 알아야 합니다. 하나님은 우리의 필요를 너무도 잘 아십니다.

그런데 여기에서 이 본문의 말씀을 오해하는 일이 일어납니다. 즉 '우리 하나님이 우리의 필요를 다 알고 우리의 모든 것을 다 알고 계신다면 구태여 기도할 필요가 있겠는가?'라고 말하는 사람들이 있습니다. 이것은 기도에 대한 잘못된 오해입니다. 우리 하나님은 그의 자녀들과 인격적인 대화를 원하십니다. 또한 그들이 하나님을 전적으로 신뢰하기를 원하시므로 자신들의 필요를 구하시기를 기다리십니다. 그러므로 우리는 하나님께 기도해야 합니다.

우리는 기도를 하되 이방인들처럼 무조건 말을 많이 하고 노력을 많이 하여 복을 빼앗아 오는 듯한 잘못된 기도를 해서는 안됩니다. 오늘 예수님은 천국 백성인 우리에게 "너희는 기도할 때 하늘에 계신 네 아버지께 기도하라"고 하십니다. 아버지란 말을 세 번 사용하셨습니다. 우리는 하나님의 자녀입니다. 주의 십자가의 피로 값주고 사신 그의 자녀들입니다.

롬 8:15에는 "아바 아버지"라고 했습니다. 롬 8:17에는 그리스도와 함께 한 후사, 즉 상속자라고 했습니다. 마 21:22에는 "너희가 기도 할 때에 무엇이든지 믿고 구하는 것은 다 받으리라"고 했습니다. 이 말씀은 아무 것이나 잘못 구한 것도 다 주신다는 말은 아닙니다. 올바로 구해야 합니다. 그때 응답하십니다.

올바로 구한다는 것은 무엇일까요? 요일 3:22에 "무엇이든지 구하는 바를 그에게 받나니 이는 우리가 그의 계명들을 지키고 그 앞에서 기뻐하시는 것을 행함이라"고 했습니다. 우리가 하나님의 계명을 지키고 그의 기뻐하시는 것을 행하면서 구하면 응답하시겠다는 말씀입니다. 마 6:33에 "너희는 먼저 그의 나라와 그 의를 구하라"고 하셨습니다. 우리의 관심이 하나님 나라와 그의 의에 있을 때 구하지 않는 물질적인 것도 하나님이 다 응답하신다는 말씀입니다. 우리는 항상 하나님은 바로 우리의 아버지라는 사실을 기억해야 합니다. 우리는 하나님의 자녀임을 알고 기도해야 합니다.

어린아이가 아버지에게 학용품 살 돈을 요구할 때 아버지는 아이의 필요를 압니다. 아이는 "아버지, 노트와 연필 살 돈주세요"라고 당당하게 의심 없이 구합니다. 아버지가 분명히 주실 줄 믿고 확신을 가지고 구합니다.

우리의 기도도 이러해야 합니다. 우리의 아버지 하나님은 우리의 구할 것을 다 아십니다. 그러므로 우리는 확신을 가지고 구해야 합니다. 의심하지 말고 하나님께 확신을 가지고 구할 때 하나님께서 기뻐하십니다.

자녀가 아버지 뜻대로 순종하고 아버지를 기쁘게 할 때 아버지는 자녀가 구하는 것을 즐거움으로 주십니다. 하나님 아버지의 자녀인 우리들도 아버지 하나님의 뜻대로 순종하고 아버지를 기쁘게 할 때, 하나님 아버지께서는 우리에게 반드시 응답하실 것입니다.

사랑하는 성도 여러분, 우리 예수님은 천국 백성인 우리가 경건하게 살아가는데 꼭 필요한 기도에 대하여 가르쳐 주셨습니다. 참된 기도는 사람에게 보이려고 외식하는 형식적인 것이 되어서는 안됩니다. 자기를 과시하거나 중언부언하는 기도를 해서도 안된다고 하셨습니다. 은밀한 중에 보시는 하나님 아버지를 의식해야 합니다. 하나님 아버지를 기억하고 하나님 중심의 기도를 해야 합니다. 내 마음의 중심으로 진실하게 하나님께 드려야 합니다. 그리고 우리는 확신을 가지고 기도해야 합니다. 자녀가 아버지께 구하듯이 의심하지 말고 구해야 합니다. 하나님 말씀에 순종하여 구할 때 응답하십니다.

　우리는 천국 백성으로서 하나님의 나라에 가는 그날까지 하나님 아버지 앞에서 하나님께서 인정하시는 생명력 있는 기도를 드리는 생활을 계속하여, 기도의 응답을 받고 참된 경건과 능력의 삶을 사는 성도가 됩시다. 아멘.

■ 산상설교 강해 14 ■

기도의 표본(주기도문)

(본문 / 마태복음 6:9-15)

하나님의 백성인 우리 성도들은 경건한 삶을 살아야 합니다. 그러기 위해서는 항상 하나님 앞에서 기도의 창문을 열고 살아야 합니다. 토마스 왓슨(Thomas Watson)은 "십계명은 우리 생활의 법칙이고, 신조는 우리의 신앙의 총화(sum)이며, 주기도는 우리의 기도의 표본이다. 하나님께서 모세에게 성막의 표본을 보여주신 것 같이(출 25:9), 그리스도께서 기도의 표본을 우리에게 보여주셨다. 그리고 주기도는 기도 중의 기도다."라고 했습니다.

예수님은 진실한 기도가 어떤 것인가를 가르쳐 주셨습니다. 기도는 하나님만 생각하고 하나님께만 기도하는 것입니다. 항상 하나님을 기억하며 하나님을 바라보는 것입니다. 우리 주님은 개인 기도를 어떻게 할 것인가를 가르쳐 주시고, 이어서 공적 기도를 어떻게 할 것인가를 가르쳐 주셨습니다. 그것이 바로 주님이 가르쳐 주신 기도인 주기도입니다.

6:9에 예수님은 "그러므로 너희는 이렇게 기도하라"고 말씀하시고

기도를 가르쳐 주셨습니다. "그러므로"는 헬라어로 'ουτως'(후토스)인데, '이렇게'라는 말로 모범적 제안을 의미합니다.

주기도는 오직 하나님의 뜻을 구하는 기도입니다. 주기도는 오직 제자만이 이해할 수 있고, 할 수 있는 기도입니다. 우리는 주님이 가르쳐 주신 주기도를 바르게 배우고 이해함으로 천국 백성으로 올바른 기도를 하고 실천하는 복 있는 성도가 되어야 하겠습니다.

1. 주기도의 특징

(1) 간결성

아주 간결한 것이 특징입니다. 헬라어로 72개, 한국어로 49개의 단어로 이루어져 있습니다. 시간도 30-40초밖에 걸리지 않습니다. 그러나 동시에 모든 내용을 다 포함합니다.

먼저 하나님 아버지를 부르고, 6개의 간구가 이어진 후 결론을 내립니다.

예수님은 앞서 6:7에 "너희가 기도할 때에 이방인 같이 중언부언 하지 말라. 저희는 말을 많이 하여야 들으실 줄 아느니라."고 하셨습니다. 주기도에서 우리가 배울 수 있는 것은 간결하면서도 모든 내용이 들어 있는 기도, 진실한 기도입니다.

(2) 기도의 폭

간결하면서도 넓은 폭을 가진 기도입니다.

① 하나님 영광을 위해서 첫 번째, 두 번째, 세 번째 기도가 나옵니다.

② 사람의 필요를 위해서 네 번째, 다섯 번째, 여섯 번째, 기도가 나옵니다. 우리가 현재 필요한 것, 일용할 양식을 구합니다. 과거에 필요한 것, 죄용서를 구합니다. 미래에 필요한 것, 시험에 들지 않기를 구합니다. 그리고 내 자신의 필요한 것만 아니라 우리 형제들의 필요를 위해서 기도하는 것입니다.

주기도는 짧은 공적 기도이나 모든 내용이 다 포함되어 있습니다. 따라서 우리들도 공적 기도를 할 때 주기도를 잘 연구하여 하면 간결하면서도 내용이 풍부한 기도를 할 수 있습니다.

(3) 기도의 순서

① 처음 세 가지는 하나님께 최상의 영광을 돌리는 간구입니다. "이름이 거룩히 여김을 받으시오며 나라이 임하옵시며 뜻이 하늘에서 이루어지듯 땅에서도 이루어지기를" 구하는 것입니다. 기도는 우리의 욕망에 맞게 하나님을 끌어내리는 것이 아닙니다. 기도는 언제나 우리의 것을 하나님께 복종시키려고 노력하는 것입니다. 하나님께 영광을 먼저 돌리는 것입니다.

② 그 다음엔 사람의 요구가 세 가지입니다. 하나님께 영광을 돌리는 것도 세 가지, 사람의 요구도 세 가지라는 방식으로 놀라운 통일성을 이루고 있습니다. 먼저 하나님께 영광을 돌리고 내 것은 뒤로 돌리는 것이 기도의 순서입니다. 마 6:33에도 주님은 말씀하셨습니다. "너희는 먼저 그의 나라와 그 의를 구하라 그리하면 이 모든 것을 너희에게 더 하시리라"

하나님의 것이 먼저이고 내 것이 그 뒤에 와야 합니다. 기도의 중심은 하나님이 먼저이고, 그 다음이 형제, 그리고 마지막이 내가 되어야 합니다. 그런데 우리의 경우는 대부분 내가 제일 먼저 나오고 하나님을 제일 뒤로 돌려버리는 경우가 많습니다. "하나님 아버지 이것 주시고, 저것 해결해 주시고, 요것도 도와주시고, 또 그것도…" 자기의 요구만 자꾸 구하면서 하나님께 감사나 영광을 돌리지 않으면 이 기도 순서는 잘못된 것입니다. 주기도는 먼저 하나님의 영광을, 그 다음에 우리의 것을 구하라고 가르쳐 주고 있습니다.

(4) 기도의 초점

하나님 중심입니다. 사람 중심이 아닌 하나님 중심입니다. 하나님의 뜻을 이루는 것에 초점이 맞추어져 있습니다.

① 기도의 첫 부분은 하나님 이름이 거룩해지는 것입니다. 그리고 나라가 임하는 것이고, 뜻이 하늘에서와 같이 땅에서도 이루어지는 것입니다. 이 세 가지 모두 다 하나님께 초점이 맞추어져 있습니다.

② 기도의 후반부는 인간 생활에 꼭 필요한 세 가지 간구로 이루어져 있습니다. 그러나 이 세 가지도 모두 하나님께 초점이 맞추어져 있습니다.

a. 먼저 일용할 양식을 구했습니다.
이것은 생명 유지에 필수적인 것입니다. 현재도 필요합니다. 그래서 하나님 아버지께 일용할 양식을 구하는 것입니다. 왜냐하면 하나님 아버지는 우리 생명의 창조자이시며 생명의 유지자입니다.

b. 죄 용서를 구했습니다.

과거에 지은 죄를 용서해 주시도록 구했습니다. 우리의 죄는 주 예수 그리스도의 십자가의 피 공로로 용서를 받습니다. 그러므로 우리가 죄 용서를 하나님께 구할 때 주님의 십자가의 보혈로 용서함을 받을 수 있습니다.

c. 시험에 들지 않도록 구했습니다.
이것은 미래를 하나님의 손에 맡기는 기도입니다. 성령님은 우리의 위안자이며, 보호자이며, 안내자입니다. 모든 시험을 면하도록 보호해 주십니다.

그러므로 주기도 후반부에 나오는 세 가지 간구도 성부 하나님께, 그리고 성자 예수님께, 또한 성령님께 초점이 맞추어져 있습니다. 따라서 주기도는 오직 하나님께 초점이 맞추어진 기도입니다. 하나님 중심의 기도입니다.

성도 여러분, 우리의 기도도 철저히 하나님께 초점이 맞춰져야 합니다. 하나님 중심의 기도가 되어질 때 주기도의 위대한 간구와 일치를 알 수 있습니다. 참된 기도는 깊이 들어가면 갈수록 하나님의 보좌 앞에서 하나님의 거룩한 뜻을 수행하기 위한 기도입니다.

우리 주님이 겟세마네 동산에서 드렸던 최후의 밤 마지막 기도는 어땠습니까? 피 땀흘려 기도하며 통곡하신 주님의 기도는 "아버지여 할 수만 있으면 이 잔을 내게서 피하게 하소서 그러나 내 뜻대로 마시고 아버지의 뜻대로 하소서"였습니다. 철저히 하나님의 뜻이 이루어지기를 간구한 기도였습니다.

그런데 오늘날 현대인들의 기도는 어떻습니까? 우리의 기도, 나의 기도는 어떻습니까? "하나님 아버지, 제발 하나님 뜻도 좋지만 그렇게 마십시오. 저는 아직도 믿음이 부족하고 약합니다. 그러니 제 뜻대로 해주세요." 어떤 사람은 "하나님 아버지, 이번만은 내 뜻대로 해 주시고 다음부터는 아버지 뜻대로 하겠습니다."라고 기도합니다. 어떤 분은 "아버지, 그것은 싫습니다. 이대로 해주소서."라고 합니다. 내 뜻에 맞아야 만족하고 내 생각대로 모든 것이 되어야 기뻐하고 감사하면 그것은 잘못된 기도입니다.

주기도는 철저히 하나님 중심이 되어야 합니다. 하나님의 뜻이 이루어지길 기도하는 것입니다.

어느 가정에 귀한 아들이 있었는데 사고를 당하여 병원에서 연락이 왔습니다. 목사님이 심방 했습니다. 하나님께 간구를 드렸습니다. "하나님, 영광을 나타내소서. 하나님, 살려주시는 것이 아버지의 뜻이면 살려주시고, 또 데려가는 것이 아버지의 뜻이면 아버지의 뜻대로 하소서." 그러자 어머니가 "목사님, 안됩니다. 무조건 살려주셔야 합니다. 무조건 살려주셔야 합니다." 아이는 살아났습니다. 오랜 세월이 지난 후에 아이의 어머니를 목사님이 만났습니다. 어머니가 하는 말이 "목사님, 제가 잘못했습니다. 그 때 차라리 그 아이를 불러 갔으면 좋았을 것을… 하나님 아버지 뜻대로 하지 않고 내 뜻대로만 욕심을 부렸습니다. 그 아이의 행패 때문에 너무 괴롭혀서 도저히 살수가 없습니다."

성도 여러분, 우리는 하나님의 백성, 천국 백성들입니다. 그러므로 주님이 가르쳐 주신 주기도를 바로 이해하고 배워야 합니다. 내 뜻에 안 맞고, 내 맘에 만족이 없고, 섭섭한 결과가 나타났다고 할지라도 하나님 아버지의 뜻이 이루어지기만 구해야 합니다. 우리 하나님은 선하신 하나님입니다. 우리의 모든 것을 아시는 하나님입니다. 더 좋은 은혜를 주시며 풍성한 은혜를 주시는 주님, 전지 전능하신 하나님, 우리에게 가장 필요한 것이 무엇인지, 우리에게 가장 좋은 것이 무엇인지를 잘 알고 계시는 유일하신 우리 주님입니다. 그러므로 우리는 이렇게 기도합시다. "오 주님! 어떤 경우에라도 주의 뜻만이 이루어지고 하나님 영광이 나타나게 해 주소서."

2. 기도의 내용

(1) 먼저 하나님의 이름을 부릅니다.

우리는 기도할 때 먼저 하나님 아버지의 이름을 불러야 합니다. 어떤 사람은 기도를 할 때 누구에게 기도하는지 처음부터 애매한 분들이 더러 있습니다. 누구에게 기도하는지 한참 지나야 알 수 있을 정도로 서론을 길게 하거나 많은 수식어로 장식하는 사람이 더러 있습니다.

예수님은 하나님 아버지를 먼저 부르셨습니다. 기도의 대상인 하나님을 먼저 불러야 합니다. 우리도 기도할 때 하나님 아버지, 사랑하시는 주님, 거룩하신 하나님 등 이름을 먼저 부르고 기도하는 것이 주기도의 가르침입니다.

① 하늘에 계신 아버지입니다(ο εν τοις ομρανοις-호 엔 토이스 우라노이스).

이 말은 창조주 하나님을 말합니다. 하나님은 거룩하시고 위엄이 있으시며 능력 있는 분입니다. 우리 하나님은 하늘에 계신 아버지입니다. 그러므로 우리는 땅의 것, 이 세상의 것에만 관심을 가지지 말아야 합니다. 세상 사람들은 이 세상의 것만 바라보고 의지합니다. 그러나 우리는 천국 백성들로서 하늘에 계신 하나님 아버지를 바라보고 천국 중심으로 살아가는 믿음의 성도가 되어야 합니다.

② 우리 아버지입니다(πατερ ημων-파테르 헤몬).

나의 아버지가 아니라 우리 아버지입니다. 하나님은 나의 독점물이 아닙니다. 우리들의 아버지, 우리 모든 형제들의 아버지입니다. 그러므로 우리는 모두 하나님의 자녀로서 하나님의 가족이 됩니다. 이것은 우리가 하나님 아버지와 아주 가까운 친밀한 관계를 가지고 있다는 말입니다.

옛날 로마 황제가 전쟁에서 승리하여 개선하고 있을 때, 온 거리는 환영하러 나온 백성들로 만원이었습니다. 많은 전리품, 노예들을 이끌고 군대들이 행진할 때 키 큰 병사들이 모인 사람들을 정리하기 위해 길가에 한 줄로 서 있었습니다. 승리의 행렬이 계속될 동안 황후와 귀족들이 단상에 앉아 바라보고 있습니다. 이때 어린 왕자가 어머니와 함께 구경하다가 단상에서 뛰어내려 군중을 헤치고 군인 다리 사이로 빠져나가 자기 아버지인 황제에게로 달려갔습니다. 군인이 그 아이를 막으며 "애, 그 쪽으로 가면 안돼. 그곳에 계신 분이 누구인지 알아. 황제란 말이야." 그 소년은 웃으면서 "그 분은 황제이지만 나에게는 아버지예요."라고 말했습니다.

그렇습니다. 하나님은 언제나 우리가 가까이 할 수 있는 친밀한 아버지이십니다. 하늘에 계신 위대하신 우리의 아버지이십니다. 그러므로 기도할 때 우리는 하나님 아버지를 불러야 합니다.

(2) 이름이 거룩히 여김을 받으시오며

기도는 살아 계신 하나님과의 대화입니다. 우리 하나님은 거룩하신 아버지입니다. 거룩은 구별된다는 뜻입니다. 세상의 모든 것과 구별되신 거룩하신 하나님, 죄악을 전혀 모르시는 하나님입니다. 그러므로 우리가 기도할 때 하나님의 이름이 거룩하기를 구해야 합니다.

그러면 우리가 어떻게 하나님의 이름을 거룩하게 할 수 있습니까?

① 거룩하신 하나님과 올바른 관계를 가질 때 하나님을 거룩하게 할 수 있습니다. 벧전 1:15, 16에 "오직 너희를 부르신 거룩한 자처럼 너희도 모든 행실이 거룩한 자가 되라. 기록하였으되 내가 거룩하니 너희도 거룩하라"고 했습니다.

② 우리 하나님은 모든 다른 것과 구별되시는 거룩하신 분입니다. 우리가 하나님의 이름을 거룩하게 하는 것은 우리의 생활과 교리 양면을 다 갖추는 사람이 되는 것입니다. 우리의 생활 속에서 하나님을 욕먹게 하는 것을 해서는 안됩니다. 하나님의 이름을 더럽히는 일을 해서도 안됩니다. 하나님께 손가락질하도록 해서도 안됩니다. 우리는 범사에 하나님을 인정하고 경외하는 것이 그 이름을 거룩하게 하는 것입니다. 하나님의 백성인 우리는 기도할 때 어떤 경우에서든지 하나님 아버지의 이름이 거룩해지도록 기도해야 합니다.

(3) 나라이 임하옵시며($\beta\alpha\sigma\iota\lambda\epsilon\iota\alpha$-바실레이아: Kingdom of God)

천국 백성인 우리는 하나님 나라가 임하도록 기도해야 합니다. 이 나라는 정치적 나라가 아닙니다. 요18:36에서 예수님은 "내 나라는 이 세상에 속한 것이 아니다."라고 말씀하셨습니다. 하나님 나라는 그리스도의 통치가 있으며, 하나님이 다스리시는 곳으로 영원한 나라입니다. 이 세상의 나라는 모두 일시적인 것이나 하나님의 나라는 영원합니다. 천국 백성인 우리의 시민권은 하늘나라에 있습니다. 역사가들은 인류사에 위대한 문명이 21번 있었는데 모두 망하고 폐허가 되고 말았다고 합니다. 애굽, 바벨론, 시리아, 그리스-헬라 제국, 로마 제국 등 모두 패망하고 말았습니다. 지금도 선진국으로 세계 문명을 지배하는 나라들도 장차 다 사라지고 말 것입니다. 그러나 하나님의 나라는 영원히 계속될 것입니다.

하나님의 나라는 현재성과 미래성이 있습니다.

① 현재성-예수 그리스도를 우리 마음속에 모실 때 예수 그리스도께서 우리를 통치하십니다. 이 때 새 생명이 주어지고 변화가 일어나고 우리 마음속에 천국이 이루어집니다. 눅17:21에 "하나님의 나라는 너희 안에 있느니라"고 했습니다. 찬송가에 나오듯이 '높은 산이 거친 들이 초막이나 궁궐이나 내 주 예수 모신 곳이 그 어디나 하늘나라' 입니다. 하나님 나라는 우리 마음속에, 우리 가정에, 우리 교회에, 주님을 모시고 주님의 지배를 받을 때 현재 일어나는 것입니다.

② 미래성-하나님 나라는 장차 예수 그리스도께서 오실 때 완성이 됩니다. 이 세상은 현재 알곡과 가라지가 함께 공존합니다. 그러나 마지막 날 예수 그리스도 재림하실 때 하나님 나라가 이루어질 것입니다. 양과 염소를 심판하듯이 선인과 악인을, 신자와 불신자를 심판하실 것입니다. 영원한 기쁨과 만족이 충만한 그 세계가 올 것입니다. 우리는 천국 백성으로서 하나님의 나라가 이 땅에 속히 이루어지도록 기도해야 합니다.

(4) 하나님의 뜻이 이루어지이다($\theta\epsilon\lambda\eta\mu\alpha$-뗄레마).

하나님의 뜻에는 하나님의 의로운 요구, 구속사에서 전개시키고자 하시는 하나님의 계획이 포함됩니다.

① 하나님의 뜻이 무엇입니까?

a. 예수님을 믿는 것이 하나님의 뜻입니다.
예수님을 믿지 않고는 하나님의 뜻을 알 수도 없고 실천하지도 못합니다. 요 6:29에 "하나님의 보내신 이를 믿는 것이 하나님의 일이다."라고 말씀합니다. 요 6:36-40에는 "내 아버지의 뜻은 아들을 보고 믿는 자마다 영생을 얻는 이것이니 마지막 날에 내가 이를 다시 살리리라 하시니라"고 했습니다. 예수 안에 구원이 있습니다.

b. 거룩한 생활입니다.
롬 12:1-2에 "너희는 이 세대를 본받지 말고 오직 마음을 새롭게 함으로 변화를 받아 하나님의 선하시고 기뻐하시고 온전하신 뜻이 무엇인지 분별하도록 하라"고 나옵니다. 거룩한 생활이 하나님의 뜻입니다.

c. 지혜를 구하는 것이 하나님의 뜻입니다.
약 1:5에 "너희 중에 누구든지 지혜가 부족하거든 모든 사람에게 후히 주시고 꾸짖지 아니하시는 하나님께 구하라 그리하면 주시리라"고 말씀합니다. 하나님 앞에 지혜를 구하는 것은 하나님의 마음에 합한 것입니다. 하나님께 지혜를 구하고 하나님의 뜻을 가르쳐 달라고 구할 때 주님은 가르쳐 주십니다.

d. 가장 좋은 것을 구하는 것이 하나님의 뜻입니다.
마 7:11에 "너희가 악한 자라도 자식에게 좋은 것을 줄줄 알거든 하물며 하늘에 계신 너희 천부께서 구하는 자에게 좋은 것을 주시지 않겠느냐?"고 말씀하시고, 눅 11:13에는 "구하는 자에게 성령을 선물로 주시지 않겠느냐?"고 하셨습니다. 우리 하나님은 우리 인생을 위해서 가장 좋은 것을 예비하고 기다리는 분입니다. 하나님의 뜻대로 구할 때 주님은 주십니다.

② 하나님의 뜻대로 행하는 방법은 무엇일까요?

a. 성경의 바른 지식을 가져야 합니다.
b. 자기를 부인해야 합니다.
c. 겸손한 자가 되어야 합니다(잠 16:8).
d. 하나님의 은혜와 능력을 받아야 합니다(시 143:10).
e. 확신 있는 기도를 해야 합니다.

마틴 루터는 1540년에 그의 친구요 조력자인 프레드릭 미코니우스(Frederick Myconius)가 중병에 걸려 죽게 되었다는 소식을 들었습니다. 그는 편지를 썼습니다. "내가 하나님의 이름으로 네게 살도록 명한다. 왜냐하면 나는 아직도 교회 개혁을 위해 너를 필요로 하기 때문이다. 주님은 네가 죽었다는 소식을 결코 듣지 못하게 할 것이요, 나보다 너를 더 오래 살게 할 것이다. 내가 이를 위하여 기도하노니 이것이 나의 뜻이요, 내 뜻이 이루어지기를 바라노라. 왜냐하면 나는 하나님의 이름을 영화롭게 하기 위해서이기 때문이다." 이 편지가 도착했을 때 기력이 없어 거의 죽을 지경에 빠져 있던 그 친구가 편지를 읽고 기력을 얻어 일어나 완전히 회복이 되었습니다. 6년을 더 살았고 루터보다 두 달 더 오래 살았습니다. 이처럼 우리는 하나님의 뜻 안에서 살고 하나님의 뜻이 이 땅에 이루어지기를 기도해야 합니다.

(5) 주기도는 사람에게 필요한 것을 구합니다.

① 일용할 양식을 주옵시고

a. 일용할 양식은 꼭 필요한 것, 필수적인 것을 말합니다.
매일 구해야 합니다. 사치나 부귀, 허영이 아니라 꼭 필요한 것을 말합니다. 영어 성경에는 일용할 양식을 'daily bread', '매일 양식'으로 번역했습니다. 우리 주님은 우리에게 '한 달 먹을 양식을 주옵소서', '일년 먹을 양식을 주옵소서'라고 가르치지 않고 매일 필요한 양식을 구하라고 하셨습니다. 잠 30:8,9에 참 신앙인의 일용할 양식에 대한 고백이 나옵니다. "곧 허탄과 거짓말을 내게서 멀리 하옵시며 나로 가난하게도 마옵시고 부하게도 마옵시고 오직 필요한 양식으로 내게 먹이시옵소서. 혹 내가 배불러서 하나님을 모른다 여호와가 누구냐 할까 하오며 혹 내가 가난하여 도적질하고 내 하나님의 이름을 욕되게 할까 두려워함이니이다."

광야 40년 동안 하나님은 매일 같이 만나를 내려 주셨습니다. 우리는 매일 하루하루 하나님의 은혜 없이는 살 수 없습니다. 우리는 매일 순간 순간마다 하나님을 의지하고 하나님께 간구하고 살아가야 합니다.

고아의 아버지 조지 뮐러의 고아원에 점심시간이 되었는데 먹을 것이 하나도 없었습니다. 식당 사감이 조지 뮐러에게 보고하자 "기도하자"라고 했습니다. 일용할 양식을 달라고 간절히 기도했습니다. 정오를 알리는 포소리가 들렸습니다. 기도는 계속되었습니다. "양식을 주옵소서." 5분이 지나자 고아원 문이 열리고 많은 음식을 실은 마차가 들어왔습니다. 알고 보니 큰 잔치 집에 음식을 주문하여 만들었는데, 갑자기 취소되자 주인이 음식을 고아원에 갖다 주라고 해서 싣고 왔다는 것이었습니다. 이처럼 하나님은 너무도 정확하게 응답하시고 그의 자녀에게 일용할 양식을 주시는 하나님입니다.

b. 우리에게 일용할 양식입니다.
'나'에게 일용할 양식이 아니라 '우리'의 양식입니다. 이것은 모든 세계인은 한 가족이며 모든 성도는 한 형제임을 보여주는 것입니다. "우리에게 일용할 양식을 주옵시고" 이 기도는 "내게만 아니라 다른 형제에게도 먹을 것을 주시고 축복해 주소서"라는 기도입니다. "내게만 많이 주시고 다른 형제에게는 조금만 주소서"가 아니라, "우리 모두에게 일용할 양식을 골고루 풍족하게 주소서"라는 기도입니다. 이 기도에서 우리는 형제를 사랑해야 하며 구제하며 살아가야 함을 기도합니다.

② 우리 죄를 사하여 주옵시고-"우리가 우리에게 죄 지은 자를 사하여 준 것 같이 우리 죄를 사하여 주옵시고"

육신에는 음식이 필요합니다. 영혼의 건강에는 죄 사함이 필요합니다. 죄를 가지고 있으면 괴로워서 병이 납니다. 매일 매일 음식을 먹어야 하듯이 매일 매일 죄용서 기도를 해야 합니다. 우리가 매일 발을 씻어야 하듯이 영혼의 병은 씻어야 합니다(요13:10). 예수 그리스도의 십자가의 보혈은 모든 죄를 용서합니다. 성도와 성도끼리 서로 용서해야 합니다. 참으로 주의 용서를 받은 성도는 형제의 잘못을 용서해 주어야 합니다.

형제의 잘못을 용서해 주기 위해서는 어떻게 해야 합니까?

a. 이해하는 것을 배워야 합니다. 못된 성격, 문제성을 이해해야 합니다.

b. 잊어버려야 합니다. 멸시와 조롱 받은 것에 집착하지 말고 잊어버려야 합니다.

c. 사랑하는 것을 배워야 합니다. 사랑의 보자기로 덮어야 합니다.

③ 시험에 들지 않도록 기도하는 것입니다-"우리를 시험에 들게 하지 마옵시고"(πειρασμος-페이라스모스: temptation)

죄는 무서운 것입니다. 죄 용서를 받았는데 또 마귀가 유혹합니다. 시험이 어디서 옵니까?

a. 외부에서 옵니다.
친구나 사랑하는 사람들, 즉 남편, 아내, 부모, 형제, 자식 등으로부터 시험이 옵니다. 사랑하는 사람들은 가장 싸우기 힘든 상대들입니다. 거부하기도 힘든 상대들입니다. 비위를 맞추고 신경을 쓰고 조심하다 보니 마귀가 그것을 노립니다. 예수님도 마10:36에 "사람의 원수가 자기 집안 식구니라"고 말씀하셨습니다. 진리를 거역하는 것 전부가 사탄입니다. 하나님을 싫어하는 것은 전부 사탄입니다.

b. 내부에서 시험이 옵니다.
먼저 자기의 단점을 알아야 합니다. 성격, 쾌락, 취미, 나쁜 버릇, 사치, 낭비, 인색, 자만심 등을 통해 시험이 옵니다. 동시에 자신의 장점인 자신감, 용모, 돈, 지위 등의 직분을 통해서 시험이 옵니다.

그러면 하나님은 왜 시험을 허락하십니까?

a. 신실성을 연단하기 위해서입니다(욥, 요셉).

b. 교만하지 않도록 하기 위해서입니다(베드로, 바울-육체의 가시).
c. 환난 당한 동료를 더 잘 위로하도록 우리에게 시험을 주십니다.
d. 완전한 천국을 바라보라고 시험을 주십니다.

시험은 항상 곁에 있습니다. 시험 들지 않도록 깨어서 날마다 기도해야 합니다. 시험을 이기는 길은 항상 주님이 내 곁에 계신다는 확신을 가지고 주님께 시험에 들지 않도록 기도하는 것입니다.

(3) 송영입니다-"나라와 권세와 영광이 아버지께 영원히 있사옵나이다"

모든 만물은 하나님 아버지께 속한 것입니다. 만물의 주인은 창조자이신 하나님입니다. 그러므로 우리의 모든 삶은 오직 하나님 중심이 되어야 합니다. 우리는 매일 하나님의 영원한 나라를 소망해야 합니다. 하루하루 하나님께 영광을 돌리며 살아야 합니다.

마지막에 우리는 "아멘"으로 기도를 마칩니다. 이것은 "진실로"란 뜻입니다. "이 기도를 진실로 믿습니다."라는 소망을 담고 있습니다. "어떤 어려움과 괴로움이 오더라도 신실하게 주기도대로 살겠습니다."라는 고백입니다.

성도 여러분, 주님은 천국 백성인 저와 여러분들에게 영원한 기도의 표본인 주기도를 가르쳐 주셨습니다. 우리는 하나님만 생각하고 기도하며, 필요한 것을 주실 줄 확신함으로 구체적으로 기도하고, 하나님 아버지의 뜻대로 이루어지기를 기도해야 합니다. 매일 일용할 양식을 위해서 기도하고, 죄사함을 위해서 기도하고, 시험에 들지 않도록 기도해야 합니다. 우리는 천국 백성으로써 주기도의 말씀의 뜻을 새기고 연구해서 더 깊은 기도의 생활로 성숙한 믿음의 길을 힘차게 걸어가시는 주의 백성이 됩시다. 아멘.

산상설교 강해 15

보물을 하늘에 쌓아두라

(본문 / 마태복음 6:19-24)

　하나님의 백성들이 세상을 살아갈 때 많은 유혹이 따릅니다. 세상 사람들은 모두 보화에 관심을 가지고 있습니다. 그리고 할 수만 있으면 이 보화를 땅위에 살 동안 많이 모아 두려고 합니다. 그러나 보화로 여기는 것은 사람마다 조금씩 다를 수 있습니다. 천국 백성들인 우리 신자들도 세상의 모든 사람들처럼 보화를 모으며 쌓아 가려는 세상 속에 살 때 자칫 유혹을 받기 쉽습니다.

　그래서 우리의 연약함을 잘 알고 계시는 예수님은 오늘 본문에서 천국 백성인 우리에게 말씀하셨습니다. "너희를 위하여 보물을 땅에 쌓아 두지 말라. 너희를 위하여 하늘에 쌓아두라" 우리는 이 세상 중심이 아닌 하나님 중심으로 살아가는 천국 백성입니다. 우리는 보물을 하늘에 쌓아 두는 사람이 되어야 합니다.

1. 왜 하늘에 보물을 쌓아 두어야 합니까?

(1) 먼저 보물이란 무엇일까요?

사람에 따라 다를 수가 있습니다. 어떤 사람에게는 돈이 될 수 있고, 지위와 명예, 그리고 자녀가 될 수 있습니다. 원래 "보물"은 '소중한 물품을 보관해 두는 장소'라는 뜻이었습니다. 그 의미가 발전하여 장롱 속에 보관해 둔 물품 그 자체를 말하게 되었습니다 (2:11). 이 보물은 값비싸고 귀중한 귀금속을 말합니다. 동시에 여기서 보물은 훗날 최고의 가치를 발하게 될 것을 말하기도 합니다.

유명한 설교자인 마틴 로이드 존스(M. Lloyd Jones)는 보물에 대하여 이렇게 말했습니다. "보물이란 더 넓은 뜻이 있다. 돈만이 아니다. 소유에 관해서라기보다 소유에 대한 태도에 관한 말씀이다. 무엇을 가졌느냐가 문제가 아니라 부에 대하여 무슨 생각을 하느냐? 어떤 태도를 가졌느냐? 하는 것이다. 다시 말하면 부나 돈이 하나님과 나 사이에 끼여들어서 관계를 악화시키는 것이다. 예를 들어 부나 돈이 하나님과 나 사이의 관계에 끼여들어서 악화시키면 돈이 땅의 보물이 된다. 명예나 지위가 하나님과 나 사이의 관계에 끼여들어서 사태를 악화시키면 바로 그것이 땅의 보화가 되는 것이다."

성경에는 재산이나 돈을 악으로 규정한 일이 없습니다. 딤전 6:10에 "돈을 사랑함이 일만 악의 뿌리다."라고 했습니다. 돈 자체가 문제가 아니라 돈을 사랑하는 우리의 태도가 문제입니다. 돈을 가진 자체는 악이 아닙니다. 그러나 돈에 대한 우리 마음 때문에 하나님으로부터 멀리 떨어지는 자세가 죄악입니다.

부자가 되는 것이 나쁜 것이 아닙니다. 성경은 "누구든지 일하기 싫어하거든 먹지도 말라"(살후 3:10)고 말씀합니다. 우리가 장래 일을 계획하는 것은 정당합니다. 악한 일이 아닙니다. 잠 6:6-8에 "게으른 자여 개미에게로 가서 그 하는 것을 보고 지혜를 배우라. 개미는 두령도 없고 주권자도 없으되 먹을 것을 여름 동안에 예비하며 추수 때에 양식을 모으느니라"고 말씀합니다. 딤전 5:8에는 "누구든지 자기 친족 특히 자기 가족을 돌아보지 아니하면 믿음을 배반한 자요 불신자보다 더 악한 자니라"고 했습니다. 미래를 생각하고 준비하는 것은 당연한 일입니다. 하나님 주신 물질로 정당하고 바르게 즐기고 사용하는 것은 성경의 교훈과 상충되지 않습니다. 딤전 4:3-4에 "식물은 하나님이 지으신 바니 믿는 자들과 진리를 아는 자들이 감사함으로 받을 것이니라"고 했습니다. 고전 10:31은 "그런즉 너희가 먹든지 마시든지 무엇을 하든지 다 하나님의 영광을 위하여 하라"고 했습니다.

(2) 그러면 보물을 이 땅에 쌓아 두지 말라는 것은 무슨 뜻일까요?(6:19)

본문이 기록될 당시의 팔레스틴은 은행 제도가 발달되지 못했기 때문에, 당시 사람들은 그들의 보화를 땅속에 묻어 두었습니다. 예수님께서 "너희 보물을 땅에 쌓아 두지 말라"고 하신 것은 '보물을 쌓아 두는 일을 그만하라'는 뜻입니다. 왜냐하면 그것은 잘못된 행위이기 때문입니다. "쌓아 두지 말라"는 이 말씀은, '이기적인 목적으로 쌓아 두지 말라', 또는 '호화스러운 생활을 해서 가난한 사람의 비난의 대상이 되는 허황된 생활을 해서는 안된다.'는 말씀입니다. 자기 자신의 욕심을 중심으로 모으고 쌓는 것입니다. 지나친 사치 생활을 위해서 허비하는 것도 여기에 포함됩니다. 또한 물질만 있으면 모든 것이 가능하다고 생각하고 하나님보다 물질을 더 믿는 태도로 저축하는 것을 말합니다. 선한 목적도 아니고 선한 방법도 아닌 탐욕스런 방법으로 물질을 끌어 모으고 저축하는 것이 땅에 보물을 쌓는 것입니다.

바다에서 표류된 배가 있었습니다. 배에는 식량과 곡식의 씨앗이 있었습니다. 그들이 도착한 섬은 토양이 좋고 햇빛도 좋았습니다. 자급자족할 수 있었습니다. 그런데 그들이 땅을 파다가 금광을 발견했습니다. 그들은 농사일을 잊어버리고 금광만 파기 시작했습니다. 여러 달이 지난 후 굉장히 많은 금을 소유하게 되었습니다. 반면 식량은 점점 줄어들었습니다. 가뭄이 들었습니다. 기근이 찾아왔습니다. 금은 아무런 쓸모가 없게 되었습니다. 급히 고랑을 파고 씨앗을 뿌렸습니다. 그러나 너무 늦었습니다. 수많은 금은 있었으나 그들은 다 죽고 말았습니다. 이것이 땅에 보물을 쌓는 것입니다.

(3) 그래서 우리 주님은 땅의 것은 일시적이요 불완전하지만, 하늘의 것은 영원하고 완전하기 때문에 하늘에 보물을 쌓아 두라고 말씀하셨습니다.

① 땅의 보물은 오래가지 못합니다.
고후 4:18에 "보이는 것은 잠간이요 보이지 않는 것은 영원함이니라"고 말씀했습니다. 딤전 6:17은 "정함이 없는 재물에 소망을 두지 말고 오직 우리에게 모든 것을 후히 주사 누리게 하시는 하나님께 두며"라고 했습니다. 약 1:10은 "부한 자는 자기의 낮아짐을 자랑할지니 이는 풀의 꽃과 같이 지나감이라"라고 말합니다.

본문 6:7은, 땅에 보물을 쌓아 두어서는 안되는 이유를 좀과 동록이 해하고 도적이 구멍을 뚫고 도적질하기 때문이라고 말합니다. "좀"(σης-세스: moth)은 옷이나 음식을 해치는 벌레를 말하고, "동록"(βρωσις-브로시스: rust)은 금속의 부식(corrosion)을 가리킬

뿐만 아니라 간혹 쥐들이나 곰팡이에 의해 입게 되는 해를 가리킵니다. "좀과 동록"은 세상의 명예나 보물 등을 잠식하고 파괴합니다. 그러므로 오래가지 못합니다.

옛날 동양 사람들은 값지고 정교한 옷을 재산의 일부로 알고 소중히 간직했습니다. 그런데 좀이 나타났습니다. 또 많은 곡식을 창고에 쌓아 놓는 것을 보물로 생각했습니다. 그런데 쥐가 들어와서 파먹고 해쳤습니다. 또 쌓아 놓은 동전에도 동록이 생깁니다.

왜 좀과 동록이 생길까요? 그것은 쌓아 놓기만 하고 사용하지 않았기 때문입니다. 옷장에 많은 옷을 쌓아 두었는데 사용하지 않고 그대로 방치해 두면 좀이 생깁니다. 좋은 가구도 오래가면 별수 없이 녹이 생기고 맙니다. 많은 곡식도 벌레나 쥐가 해쳐서 못쓰게 됩니다. 이것은 과다한 축적에서 생긴 결과입니다. 많이 쌓아 놓고 사용하지 않기 때문에 일어나는 일입니다.

땅의 것은 오래가지 못합니다. 돈, 물질, 명예, 지위 등 세상의 모든 것은 다 일시적입니다. 오래가지 못합니다. 결코 만족을 주지 못합니다. 과다한 축적은 행복을 가져다주지 못합니다. 그러므로 땅에 보물을 쌓아 두는 것은 어리석은 것이요 헛된 짓입니다.

② 도적이 들어오므로 땅의 것은 불안전합니다(6:19).
도적은 구멍을 뚫습니다. 팔레스틴의 집들은 벽들이 대개 진흙으로 되어 있기 때문에 흙만 자꾸 파내면 구멍이 뚫리고 얼마든지 들어갈 수 있습니다. 도적들은 집의 출입구를 통과하지 않고 흙으로 된 벽에 구멍을 내고 들어와 귀중품을 훔쳐 갔습니다. 이것은 땅위의 것이 안전성이나 영구성도 없고 불안전하다는 것을 보여줍니다.

어느 여 집사가 좋은 집을 새로 지었습니다. 아름답게 장식을 하고 입주를 했습니다. 온 가족 친지가 모여서 축하하며 잔치를 했습니다. 그런데 한창 즐겁게 놀고 있는 시간에 도적이 들어와서 장롱 속에 들어 있는 보물을 다 가져가 버리고 말았습니다. 장롱 깊은 곳에 묻어 두고 자물쇠로 단단히 채워 놓았고 바깥에는 사나운 개가 지키고 있었지만 아무런 소용이 없었습니다. 또한 어느 경찰 서장댁이 이사를 갔는데 그날 밤에 서장 댁에 도적이 들어와서 보물을 다 가져갔다고 합니다.

땅에 있는 것은 모두가 다 불안한 것들입니다. 항상 도적이 침입할 수가 있습니다. 땅의 보물은 일시적이요 불안전한 것입니다. 세상의 모든 향락을 소유한다고 해도 그것 역시 잠깐일 뿐입니다. 낡은 옷이 헤어지듯, 곡식이 쥐에 침식되듯, 도적에 의해 보물이 도난을 당하듯, 모든 것은 일시적이요 불안합니다.

그러나 천국의 것은 영원합니다. 5:20에 예수님은 이 땅의 것과 하늘의 것을 비교하여 말씀하십니다. "오직 너희를 위하여 보물을 하늘에 쌓아두라. 거기는 좀이나 동록이 해하지 못하고 도적이 구멍을 뚫지도 못하고 도적질도 못하느니라"

지상의 보물에는 여러 가지 위험 요소가 뒤따릅니다. 그러므로 하늘에 쌓아 두는 것이 가장 안전하다고 말씀합니다. 하나님의 나라는 일시적이 아닌 영원한 곳이며, 불안도 없으며, 완벽한 안전이 보장된 곳입니다.

그러므로 성도 여러분, 우리는 천국 백성으로 땅의 것만 바라보며 도취하지 말고, 땅에 보물을 쌓는 일에만 마음을 빼앗기지 말고, 오직 영원한 하늘 나라 우리의 본향에 보물을 쌓아 두는 지혜로운 믿음의 성도가 됩시다.

2. 보물의 위력

(1) 보물이 있는 곳에 마음이 있습니다(6:21).

보물의 위력은 대단합니다. 인간이 가장 소중히 여기는 보물은 그 사람 인격의 중심인 마음을 사로잡아 그의 지, 정, 의를 지배합니다. 그 사람의 마음을 빼앗아 그의 행동을 지배하고 그의 가치관을 결정짓고 맙니다.

요한 칼빈은 이것을 두고 이렇게 말했습니다. "명예를 가장 귀하게 여기는 자는 분명 야망의 포로가 될 수밖에 없고, 돈을 최고로 여기는 자는 돈의 노예가 되며, 쾌락을 제일 좋아하는 자는 필연코 방탕에 빠지게 된다." 그러므로 보물을 어디에 두느냐에 따라서 그 사람의 인격이 형성되고, 가치관이 결정되고, 행동이 나타나게 됩니다. 땅에 보물을 두는 자는 땅에 소망을 두고 그렇게 행할 수밖에 없습니다. 그러나 그것은 잠간이요 다 없어지는 허망한 것들입니다.

따라서 천국 백성인 우리 성도들은 항상 하늘나라에 우리의 보물을 쌓아 두므로, 우리의 마음은 항상 위를 바라보는 천국 중심의 인격을 형성하고, 하늘 나라에 영원한 기쁨을 추구하는 참된 가치관을 가지고, 범사에 천국 백성답게 행동하는 성도가 되어야 합니다.

(2) 눈의 중요성(6:22-23)

우리 사람의 눈은 아주 중요합니다. 예수님은 "눈은 몸의 등불이다."고 말씀하셨습니다. 눈을 통해서 몸이 갈 길을 찾고 행동을 결정합니다.

이 세상의 보물은 사람의 눈길을 끕니다. 눈은 집의 창문과 같습니다. 창문이 없으면 집안이 어둡습니다. 창이 밝아야 빛이 들어오고 바로 물건을 분별하고 정리할 수 있습니다. 이처럼 세상의 보물이나 물질은 상당한 위력을 가지고 있어 사람의 눈을 유혹하고 판단을 흐리게 합니다. 물질에 눈이 어두워지면 인생을 판별하는 시각이 완전히 달라져 버립니다.

예수님은 "눈이 성하면 온 몸이 밝을 것이요"라고 하셨습니다. "성한 눈"은 건강한 눈, 진실한 눈이란 뜻이 있습니다. 건강하고 진실한 눈을 가지면 온 몸이 밝아진다고 하셨습니다. 즉 건전하고 진실한 눈을 가지면 올바른 판단력을 지니게 되어 신령한 것과 진리를 바로 판단하고 영원한 유익을 추구하게 된다는 말씀입니다.

반면 나쁜 눈은 악한 눈을 말합니다. 이기적이고 인색한 눈을 의미합니다. 그래서 하나님과 재물 양쪽에 다 마음을 빼앗기다 보니 결국 하나님의 뜻과 영적인 세계를 바로 보지 못하게 됩니다. 나쁜 눈은 모든 것을 바로 보지 못하고 편견을 가지고 보기 때문에 하나님은 작게 보이지만 세상은 크게 보이고, 천국은 잘 안보이지만 세상의 보화나 물질, 돈이 더 잘 보입니다.

보물의 위력은 대단합니다. 잠시만 마음을 놓아도 우리는 하나님 편에 서 있지 아니하고 물질 편에 서게 됩니다. 우리는 영의 눈이 항상 밝아야 합니다. 내 영의 눈이, 내 마음의 창문이 어두워질 때 범죄 합니다.

편견에 사로잡힐 때 우리는 사물을 비뚤어지게 봅니다. 진상을 바로 보지 못합니다. 질투에 사로잡히면 우정도, 결혼도 파괴됩니다. 자만에 사로잡히면 자신의 결점, 단점을 깨닫지 못하고 큰 실수를 범하게 됩니다. 소위 세상 보물의 위력에 우리의 마음이 빼앗겨 버릴 때 영적 시력이 상실되고, 가정도 버리고 아내도, 남편도, 자식도 버리고, 심지어 교회도 버리고, 하나님마저 버리고 맙니다.

돈 때문에 부모와 자식을 죽이는 일은 종종 우리 주위에 나타나고 있으며, 지위와 명예와 권세에 눈이 어두워지니 조강지처도 버리고, 정욕과 세상 향락에 눈이 어두워지니 교회도 버리고 십자가의 주님, 구원의 주님으로부터도 등을 돌려버리는 일들이 일어나고 있습니다. 그래서 보물의 위력을 너무도 잘 아시는 주님은 "네 보물이 있는 곳에 네 마음도 있느니라"고 우리에게 경고하신 것입니다.

성도 여러분, 우리의 보물을 좀과 동록이 있고 도적이 많은 위험성이 많은 이 땅에 쌓아 두지 말고, 가장 완벽하고 안전한 영원한 하늘 나라에 쌓아 두는 진실하고 지혜로운 믿음의 성도가 됩시다.

(3) 보물과 하나님

예수님은 보물과 하나님을 동시에 섬길 수가 없다고 말씀하셨습니다(6:24). 예수님은 보물과 하나님 중에 누구를 주인으로 섬겨야 할 것인가를 말씀하십니다. 예수님은 인생이 돈의 위력 앞에서는 너무도 약하다는 것을 미리 아시고 경계하신 말씀입니다.

돈이 필요 없다는 것이 아닙니다. 하나님과 보물을 동등 선상에 둘 수 없다는 말씀입니다. 하나님과 보물을 같이 섬길 수는 없다는 말씀입니다. 종은 두 주인을 섬길 수 없습니다. 만약 두 주인을 섬

긴다면 자신의 유익을 위해서 이용하는 것입니다. 우선 순위는 반드시 정해져야 합니다. 우리가 순종의 종이 되든지 아니면 죄악의 종이 되든지, 둘 중의 하나가 될 수밖에 없습니다. 하나님과 돈을 똑같이 사랑할 수도 없고 섬길 수도 없습니다. 하나는 사랑하고 하나는 미워 할 수밖에 없습니다.

돈은 교묘한 위력을 가지고 있습니다. 사람들은 돈 앞에서 맥을 못 춥니다. 돈 앞에서 의리도, 신앙도, 가정도, 직분도, 교회도, 하나님도 버립니다. 가난하고 어려울 때 하나님을 의지하고 믿음으로 잘 살던 사람이 재물을 모아 부자가 되니 신앙이 식어집니다. 세상의 지위가 높아질수록 믿음이 약해집니다. 이것이 보물의 교묘한 위력입니다. 오늘날 가장 강력한 우상은 물질입니다. 돈만 있으면 다 되는 줄 압니다. 그러나 물질을 하나님보다 더 우선시 할 때 우리 인간은 파멸의 길로 들어섭니다.

구약시대에 왕하 17:33을 보면, 스발와임 족속들은 하나님도 경배하고 자기들 민족의 풍속대로 우상 숭배도 했습니다. 이것은 잘못입니다. 우리는 분명히 기억해야 합니다. '하나님이냐, 우상이냐?', '하나님이 먼저냐, 재물이 먼저냐?' 가 해결되어야 합니다. 왜냐하면 하나님과 우상은 같이 섬길 수 없기 때문입니다. 하나님과 재물은 동시에 섬길 수 없습니다.

인류의 비극은 에덴 동산에서 시작되었습니다. 선악과를 따먹는 탐욕에 의해 시작된 것입니다. 아간, 솔로몬, 게하시, 부자 청년, 아나니아와 삽비라, 데마 등을 보십시오.

성도 여러분, 우리는 물질관을 바로 세워야 합니다. 예수님은 우리에게 의식주가 필요함을 아십니다. 그러나 주님은 물질이 인생의 목표가 되어서는 안된다는 것을 말씀하십니다. 세상의 보화가 성도의 가장 중요한 것이 아님을 말씀하십니다. 주님은 "하나님과 재물을 겸하여 섬기지 못하느니라"고 하셨습니다. "겸하여"란 말은 '대등하다' 는 뜻의 접속사입니다. 따라서 천지의 창조자이신 우리 하나님과 하나님께서 창조하신 것에 지나지 않는 물질을 동등한 위치에 두는 것은 도저히 있을 수 없는 일입니다. 우리 주님이 원하시는 것은 온전한 순종과 헌신이지 물질과 하나님을 동시에 섬기는 것은 결코 기뻐하지 않으십니다.

천국 백성은 오직 하나님 한 분을 최우선적으로 섬겨야 합니다. 우리는 이 세상의 재물과 보화보다 오직 물질을 창조하신 창조주 하나님, 하늘의 주인이신 하나님을 최우선으로 섬기는 그의 나라와 그의 의를 구하는 천국 백성이 됩시다.

3. 하늘에 보물을 어떻게 쌓아야 할까요?

지혜로운 천국 백성은 세상의 일시적인 것들을 가지고 영구적인 보물이 되게 합니다. 그것은 바로 하늘에 보물을 쌓는 것입니다. 한 마디로 경건하게 사는 생활입니다. 즉 산상설교에서 주님께서 말씀해 주신 경건의 생활인 구제, 기도, 금식이 선행되어야 하늘에 보물을 쌓는 신앙 생활이 계속될 수 있습니다.

(1) 구제와 선행 생활이 하늘에 보화를 쌓는 방법입니다.

마 25:35-36에는 최후의 심판 광경이 나옵니다. 양과 염소를 오른 편과 왼편에 세워 두고 심판의 표준을 주님이 말씀하셨습니다. "내가 주릴 때 먹을 것을 주었고 목마를 때에 마시게 하였고 나그네 되었을 때 영접했고 헐벗을 때에 입혀 주었고 병이 났을 때 감옥에 갇혔을 때 돌아보았다." 주님은 "네 형제 중 지극히 작은 소자에게 행한 것이 곧 내게 행한 것이다."고 하셨습니다. 선행과 구제는 바로 하늘에 보화를 쌓는 일입니다.

이 세상의 것이나 우리가 가지고 있는 것도 다 일시적인 것들입니다. 우리가 가진 물질, 명예, 지식, 지위 모두 주께서 주신 것입니다. 그러므로 우리는 우리가 가진 것을 가치 있게 사용해야 합니다. 이것이 바로 하늘에 보화를 쌓는 것입니다.

어드제이슨스(Adjacence)의 모노바즈 왕은 흉년이 들자 그의 모든 재물을 가난한 사람에게 나누어주었습니다. 그의 형제들이 사람을 보내어 "그대의 조상들이 재산을 모았고 그대가 조상의 유산에 더 보태었는데 그대는 그대의 재산과 조상의 재산을 모두 흩어버렸도다."라고 하며 항의했습니다. 그러자 그는 이렇게 대답을 했습니다. "나의 조상은 땅을 위하여 재산을 모았고 나는 하늘을 위하여 보화를 모았다. 나의 조상은 사람이 통치하는 곳에 보화를 쌓았고 나는 나의 손이 통치할 수 없는 곳에 보화를 쌓아 놓았다. 나의 조상들은 이윤이 없는 보화, 나는 이윤이 있는 보화를 모았다. 나의 조상들은 돈이 보화를 모았고 나는 영의 보화를 모았다. 나의 조상은 이 세상에 보화를 모았으나 나는 장차 올 세계를 위하여 보화를 모았다."

성도 여러분, 우리들도 선행과 구제를 통하여 하늘에 보화를 쌓는 성도가 됩시다.

(2) 하나님의 사업을 위해서 연보 하는 것이 하늘에 보화를 쌓는 것입니다.

하나님께 바치는 것은 모두 하늘나라 보화로 쌓이게 됩니다. 하나님 나라의 은행에는 합병 인수도 없고 퇴출도 없습니다. 가장 안전하고 믿을 수 있는 은행입니다.

어떤 부자가 천국에 갔는데 천사가 아름다운 거리로 안내를 했습니다. 드디어 가장 아름다운 집에 도착을 했는데 "누구의 집입니까?" 하고 물었더니, 천사가 장부를 들여다보고 "당신의 정원사의 집이요."라고 말했습니다. 부자는 천사를 보고 "무언가 실수를 한 것 같습니다. 그는 이런 곳에 돈을 쓴 일이 없을텐데요."라고 말했습니다. 그러자 천사가 "천국에는 실수 같은 것은 없소. 우리는 그가 우리에게 사용하라고 준 돈으로 이 집을 지은 것이요."라고 말하고, 잠시 후 매우 작은 거리에 도착을 했습니다. 그리고 별로 보잘 것 없는 집에 도착하였는데, 그 부자가 "누구의 집입니까?" 하고 묻자 천사가 "바로 당신의 집이요."라고 대답했습니다. 그러자 이 부자는 "오, 이번에야말로 무언가 잘못된 것이 틀림없소. 내가 지상에서는 돈을 주고 살 수 있는 집 중에서 가장 훌륭한 집에서 살고 있었소. 이건 분명 내 집이 아니오."라고 말했습니다. 그러자 천사는 "천국에서는 실수가 없는 법이요, 우리는 당신이 보내 준 재료로 이 집을 지은 것이요."라고 말했습니다. 이것은 물론 우리에게 참고가 될 하나의 이야기입니다.

성도 여러분, 우리는 천국에 어떤 보화를 쌓고 있습니까? 천국에 어떤 집 짓고 있습니까? 우리가 하나님 나라를 위하여 바친 헌금은 교회에서 선교, 교육, 구제를 위해 사용합니다. 그러나 우리가 바친 헌금은 하늘나라에 그대로 다 쌓이고 있다는 사실을 기억해야 합니다. 우리 모두 천국 가는 그 날에 하나님 나라에서 많은 보화를 발견할 수 있도록 힘껏 감사하며 기쁨으로 헌금하는 생활을 하시는 주의 백성의 축복을 소유하시길 바랍니다.

(3) 복음을 전파하는 것이 하늘에 보화를 쌓는 것입니다.

단 12:3은 "많은 사람을 옳은데로 돌아오게 한 자는 별과 같이 영원토록 비취리라"라고 말합니다. 딤후 4:7,8은 "내가 선한 싸움 싸우고 달려 갈 길을 마치고 믿음을 지켰으니 이제 후로는 나를 위하여 의의 면류관이 예비되었으므로 주 곧 의로우신 재판장이 그날에 내게 주실 것이니 내게만 아니라 주의 나타나심을 사모하는 모든 자에게니라"라고 말합니다.

성도 여러분, 우리 모두 많은 영혼을 주님 앞으로 인도하여 천국에서 상을 받아야 합니다. 앞으로 있을 이웃 초청 전도 주일에 많은 영혼들을 인도하여 하늘에 보화를 쌓아 두는 복된 성도가 됩시다.

(4) 충성하는 자가 하늘에 보화를 쌓습니다.

마 25:14-30에는 달란트 비유가 나옵니다. 다섯 달란트, 두 달란트, 한 달란트 받은 사람들 중에, 열심히 충성하여 갑절을 남긴 다섯 달란트와 두 달란트 받은 종들을 향하여 주님은 말씀하셨습니다. "잘 하였도다 착하고 충성된 종아 네가 적은 일에 충성하였으매 내가 네게 더 큰일을 맡기리니 네 주인의 즐거움에 참여하리라" 계 2:10은 말합니다. "죽도록 충성하라 그리하면 내가 생명의 면류관을 네게 주리니" 마 5:11-12은 "의를 위하여 핍박을 받은 자는 복이 있나니 천국이 저희 것임이라 나를 인하여 너희를 욕하고 핍박하고 거짓으로 너희를 거스려 모든 악한 말을 할 때에는 너희에게 복이 있나니 기뻐하고 즐거워하라 하늘에서 너희 상이 큼이라 너희 전에 있던 선지자들을 이같이 핍박하였느니라"고 말씀합니다.

　성도 여러분, 주님 앞에 충성하는 것은 하늘에 보화를 쌓는 것입니다. 천국 백성인 우리는 앞으로 계속 물질의 유혹이 많은 이 땅에서 살아갈 것입니다. 우리 주님의 말씀대로 좀이나 동록이나 도적이 있는 이 땅위에 보물을 쌓지 맙시다. 세상의 것은 오래가지 못합니다. 이 세상의 보물의 위력을 기억하고, 하나님 보다 다른 것을 결코 우선 할 수 없다는 것이 천국 백성의 가장 중요한 신앙의 고백이요 생활의 표준으로 알고, 우리의 보화를 영원한 하늘 나라에 쌓아 경건하고 지혜로운 믿음의 삶을 살아가는 천국 백성이 되기를 다짐합시다. 아멘.

■ 산상설교 강해 16 ■

염려하지 말라
(본문 / 마태복음 6:25-34)

어느 날 물새가 참새에게 말하기를 "어째서 인간들은 걱정하면서 이리저리 허둥대며 염려하는지 도대체 그 이유를 모르겠구나"라고 하자 참새가 물새에게 대답했습니다. "인간에게는 우리를 돌봐 주시는 그런 하늘 아버지가 없나 봐"

현대인들의 두 가지 전형적인 병은 위궤양과 관상동맥결전증이라고 하는데, 이들의 경우 대부분이 걱정과 염려의 결과에서 생긴다고 합니다. 반면 많이 웃는 사람이 장수한다는 의학적인 증명도 나오고 있습니다. 우리가 살아가는 이 세상은 한시도 걱정 근심이 떠날 수 없는 곳입니다. 믿음의 사람 모세도 고백하기를 "우리의 연수가 70이요 강건하면 80이라도 그 자랑은 수고와 슬픔 뿐이요"라고 했습니다.

우리 예수님은 걱정과 염려로 가득 찬 이 세상을 살아가는 하나님의 백성들인 우리들에게 "너희는 염려하지 말라"고 오늘 성경 본문에서 말씀하십니다. 천국 백성은 이 세상 사람과 다른 특성을 가진 사람들로서 세상 사람들이 염려하고 걱정하는 것을 하지 말아야 하고, 하지 않을 수 있는 사람들입니다. 그러므로 염려하지 말라고 예수님은 말씀하신 것입니다.

1. 무엇 때문에 염려하는 것일까요?

마 6:25의 본문에서 예수님은 세 번씩이나 염려하지 말라고 말씀하셨습니다. 주님은 세상 사람들이 염려하는 것은 주로 '무엇을 먹을까, 무엇을 입을까, 무엇을 마실까' 하는 것임을 정확하게 지적하셨습니다. 그런데 이 세 가지는 모두 물질적인 것이요, 세상적인 것들입니다. 그래서 스펄전 목사는 이 세 가지를 "세상 염려의 삼위일체"라고 했습니다.

예수님은 2,000년 전에 그의 제자들에게 "너희는 무엇을 먹을까 마실까 입을까 염려하지 말라"고 하셨는데, 2,000년이 지난 오늘날에도 주의 제자들은 이 문제로 인해서 유혹을 받고 있고 걱정하고 염려하고 있습니다.

그렇다면 이렇게 질문할 수 있습니다. "사람이 어떻게 먹고 마시고 입는 것을 염려하지 않을 수가 있는가?" 그렇습니다. 먹고 마시고 입는 것, 즉 의식주 문제는 아주 중요합니다. 먼저 해결되어야 할 것들입니다. 그런데 예수님의 말씀의 뜻은 '너희는 먹고 마시고 입는 것에 대해서는 도무지 생각도 말고 계획도 하지 말고 준비도 하지 마라'는 말씀이 아닙니다. 의식주 문제는 우리 모두가 다 생각할 수 있습니다.

예수님은 "공중의 새가 어떻게 사는 가를 보라 들의 백합화가 어떻게 자라는가 생각해 보라"고 말씀하셨습니다. 천국 백성들도 이 땅위에서 열심히 일하고 노력하고 장래를 계획하며 설계하면서 살아갑니다. 그러나 이 세상의 것 때문에 염려하지 말라는 것입니다. 목숨을 위하여 무엇을 먹을까, 마실까, 입을까 이 문제로 너무 지나치게 염려해서는 안된다는 말씀입니다.

"염려하지 말라"는 헬라어로 'μεριμναω'(메림나오)인데 '분열되다', '나뉘다'는 뜻입니다. 지나친 걱정으로 인해 마음이 여러 갈래로 분열되는 상태가 바로 염려입니다. 그러므로 "염려하지 말라"는 말씀은 '세상일에 대한 지나친 욕심과 집착을 버리라'는 뜻입니다. 우리가 고민해야 할 대상은 물질적인 것이 아니라 영적인 문제입니다. 따라서 물질로 인해서 염려하는 것은 비생산적이며 불필요한 것입니다. 세상의 물질 때문에 고민하거나, 지나치게 염려하는 것은 이 세상 사람들과 다를 바 없습니다.

하나님 중심으로 사는 성도는 우리의 모든 생을 하나님께서 책임지십니다. 그러므로 전혀 염려할 필요가 없습니다. 예수님은 우리의 연약성을 잘 아십니다. 세상 물질에 인간은 어쩔 수 없이 약함을 아셨습니다. 물질의 위력을 잘 아셨습니다. 사람들은 하나님과 재물 사이에서 마음이 갈라지고 고민합니다. 그러므로 주님은 "네가 목숨을 위하여 무엇을 먹을까 마실까 입을까 염려하지 말라"고 하셨습니다.

눅 10:38-42에는 마르다와 마리아 자매 이야기가 나옵니다. 예수님은 마르다에게 "네가 많은 일로 염려하고 근심하냐"라고 말씀하셨습니다. 예수님은 먹고 마시고 입는 것에 생각조차 하지 말라고 말씀하시는 않으셨습니다. 주님의 말씀은 "물질 때문에 하나님을 향한 우리의 마음에 금이 가고 갈라질까 봐 그것을 염두에 두시고 세상 물질로 인해 지나치게 염려하지 말라"고 경고하신 것입니다.

　하나님은 그의 백성들을 결코 굶기지 않으십니다. 하나님은 이스라엘 백성들이 40년 동안 광야에서 생활할 동안 매일 하늘에서 만나를 내려 먹게 하시고 메추라기도 주시고 마실 물도 반석에서 솟아나게 하셨고 옷도 헤어지지 않도록 책임지셨습니다.

　기도의 사람 조지 뮐러는 염려할 수밖에 없는 일이 너무도 많은 상황 속에서도 염려하지 않고 살았습니다. 하나님께서 그에게 고아원을 짓도록 인도하셨습니다. 뮐러는 다른 사람에게 한 푼도 도와 달라고 부탁하지 않았습니다. 그는 모든 것을 하나님께 맡기고 부탁했습니다. 하나님은 그에게 건물과 교사들, 그리고 고용인들을 주셨고 음식과 의복 등 필요한 것은 모두 보내 주셨습니다. 수백명 고아들의 다음 끼니의 식사를 어디서 공급받을지 알지 못했으나 그는 염려하지 않고 하나님께 기도했으며, 하나님은 그의 기도를 들으시고 한끼도 아이들을 굶기신 적이 없었습니다. 그는 모든 것을 다 하나님께 맡기고 "너희는 목숨을 위하여 무엇을 먹을까 마실까 입을까 염려하지 말라"는 주의 말씀을 그대로 믿고 순종하며 염려하지 않고 살았습니다.

　지나친 염려와 걱정은 모두 불신앙에서 옵니다. 하나님은 보이지 않고 하나님 말씀에서 떠날 때 염려와 걱정이 옵니다. 갈릴리 호수 위에 주님을 모시고 제자들이 배를 타고 건너갈 때 큰 폭풍이 일어나고 물결이 덮으려 할 때 제자들은 어떻게 했습니까? 염려와 걱정에 사로잡힌 제자들이 주무시는 주님을 깨웠습니다. "우리가 죽게 되었다."고 소리쳤습니다. 그때 주님은 제자들에게 "이 믿음이 적은 자들아, 어찌 의심하였느냐?" 하시면서 바람과 풍랑을 꾸짖어 멈추게 하셨습니다. 그 뱃속에는 예수님께서 제자들과 함께 계셨습니다. 그러므로 염려할 것이 없었습니다. 오늘 본문에서도 주님은 우리들에게 "무엇을 먹을까 마실까 입을까 염려하지 말라"고 하십니다.

사랑하는 성도 여러분, 하나님은 지금까지 우리의 인생 길을 인도하셨고 지켜 주셨습니다. 지금까지 우리는 주의 은혜로 살아왔습니다. 그렇다면 우리의 앞날도 주님께서 인도하실 것입니다. 우리는 의식주 문제로, 세상일로 지나치게 염려하지 말고 우리의 하늘 아버지 하나님을 바라보고 그의 능력과 자비와 은혜를 구하는 믿음의 성도가 됩시다.

2. 그러면 왜 하나님께서 염려하지 말라고 말씀하셨습니까?

(1) 가장 중요한 것은 생명이므로 물질로 인해 염려하지 말라고 하신 것입니다.

6:25 하반 절에 주님은 "목숨이 음식보다 중하지 아니하며 몸이 의복보다 중하지 아니하냐"고 말씀하셨습니다. 사실 음식은 생명을 위하여 있는 것이지 생명이 음식을 위하여 있는 것은 아닙니다. 그러나 우리는 종종 생명 그 자체보다도 목숨에 소용되는 음식물에 집착하여 무엇을 먹을까, 무엇을 마실까, 무엇을 입을까 염려하는 때가 있습니다. 이는 잘못된 신앙입니다. 우리에게 생명을 주신 이상 하나님께서는 필요한 음식과 옷을 우리에게 당연히 주실 것입니다.

우리 생명의 창조자는 하나님입니다. 따라서 생명을 창조하신 하나님께서 생명을 유지해 주십니다. 육신을 주신 하나님께서 먹을 것, 마실 것, 입을 것도 주십니다. 어린아이를 낳은 부모는 그 아이의 먹을 것, 마실 것, 입을 것을 공급합니다. 가장 중요한 것을 주신 분께서 조금 덜 중요한 것도 당연히 주십니다. 우리 하나님은 자신께서 창조하신 모든 것들을 다 돌보시고 계십니다.

예수님은 누가복음 16장에 어리석은 부자에 관하여 비유로 말씀하셨습니다. 풍년이 들어 너무 곡식이 많아지자 창고를 더 크게 짓고 곡식을 쌓아 놓고 하는 말이 "내 영혼아 먹고 마시고 즐기자. 여러 해 쓸 물건이 가득 차 있다."라고 했습니다. 그때 하나님께서 그 부자에게 "이 어리석은 자야 내가 네 영혼을 오늘밤에 도로 찾으리니 그리하면 네가 수고하여 쌓아 둔 모든 것이 누구의 것이 되겠느냐?"라고 책망하셨습니다.

온 천하를 얻고도 생명을 잃으면 아무런 소용이 없습니다. 우리 하나님은 우리에게 생명을 주셨습니다. 우리를 죽이기도 하시고 살리기도 하시는 주권자 하나님입니다. 그러므로 가장 중요한 생명을 주신 하나님께서 우리의 하나님이시므로 우리가 생명을 유지하는데 필요한 다른 것도 다 주실 것을 믿고 아무런 염려도 하지 말라고 주님은 말씀하신 것입니다.

(2) 먹고 마시고 입는 것은 이방인들이 구하는 것이므로 천국 백성인 우리는 염려하지 말라는 것입니다(6:31-32).

기독교인은 이방인들과는 분명히 다른 신분을 가진 사람들입니다. 불신자들은 생활 전체가 염려로 얽혀져 있습니다. 이방인들은 하나님도 모르고, 계시도 모르고, 약속도 모르고, 은혜도 모릅니다. 하나님 없이 사는 사람들입니다. 예수님의 사랑도, 십자가의 구속도 알지 못합니다. 그들은 이 세상의 모든 일이 우연히 된 것으로 알고 살아가고 있습니다. 미래에 확신이 없습니다. 닥치는 대로 삽니다. 그러므로 염려와 걱정이 떠날 날이 없습니다. 무슨 일이 일어날지 모르니 불안과 염려 속에서 살아가고 있습니다.

숙명론자들은 '세상 모든 일은 이미 정해진 대로 움직인다. 내가 어떻게 한다고 해서 이미 정해진 운명을 바꿀 수가 없다. 그러므로 다만 내게 너무 어려운 일이 없기를 바란다.'는 마음과 기대감으로 살아가는 사람들입니다. 그러니 평안할 리가 없습니다. 더 염려하고 걱정합니다. 현세주의자들이나 물질주의자, 내세에 대한 신앙 없는 사람들은 모두 염려하고 걱정합니다. 이 모든 것이 다 이방인들의 자세입니다.

그러나 예수님은 우리를 향해 하나님 나라의 백성인 우리들은 이런 이방인들과 분명히 다른 천국 백성들이므로 더 이상 염려하거나 걱정하지 말라고 말씀하십니다. 우리는 모두 하나님의 장중에 있습니다. 하나님 인도와 보호가 따릅니다.

우리는 주 예수 그리스도의 십자가의 피로 구속받은 사랑의 대상입니다. 롬 8:32에 "자기 아들을 아끼지 아니하시고 우리 모든 사람을 위하여 내어 주신 이가 어찌 그 아들과 함께 모든 것을 우리에게 은사로 주지 아니하시겠느뇨?"라고 말씀하셨습니다. 요 10:28-29에는 "내가 저희에게 영생을 주노니 영원히 멸망치 아니할 터이요 또 저희를 내 손에서 빼앗을 자가 없느니라. 저희를 주신 내 아버지는 만유보다 크시매 아무도 아버지 손에서 빼앗을 수 없느니라"라고 말씀하셨습니다.

주님은 자녀들의 모든 필요를 다 아시는 하나님입니다. 머리털까지도 다 세시는 세밀한 관심을 가지고 계신 주님입니다. 우리의 모든 거동을 놓치지 않고 지켜보시는 하나님입니다. 시139:7-10은 이렇게 말합니다. "내가 주의 신을 떠나 어디로 가며 주의 앞에서 어디로 피하리이까? 내가 하늘에 올라갈지라도 거기 계시며 음부에 자리를 펼지라도 거기 계시니이다. 내가 새벽 날개를 치며 바다 끝에 가서 거할지라도 곧 거기서도 주의 손이 나를 인도하시며 주의 오른 손이 나를 붙드시리이다"

성도 여러분, 우리는 이방인들과 다른 하나님의 자녀인 천국 백성들입니다. 지나친 염려와 걱정은 이방인들이 하는 것입니다. 지나친 근심과 염려는 하나님을 부인하는 것입니다. 그러므로 우리는 어떤 경우에서든지 이방인들과 같이 염려와 걱정 속에 구속되지 말고, 항상 생명을 주신 주님을 바라보고, 무한한 사랑을 보여주신 십자가의 주님을 바라보고 전적 그 분만을 의지하여 염려와 걱정을 이기는 성도가 됩시다.

(3) 가장 귀한 존재이므로 염려해서는 안됩니다.

예수님은 우리가 이 세상에서 가장 귀한 존재이므로 염려해서는 안된다고 말씀하셨습니다. 그리고 비유로 공중의 새와 들의 백합화와 들풀을 사용하셨습니다.

① 공중의 새는 미래를 대비하지 않습니다(6:26).
그들은 심지도 않고 거두지도 않고 창고에 모아들이지도 않습니다. 그들은 하루하루 먹고 삽니다. 하나님께서 주신 창공을 날아다니며 대지에서 곡식을 찾아 염려와 걱정 없이 하루하루를 열심히 살아갑니다. 주님은 말씀하십니다. "공중의 새도 하나님께서 먹이시는데 천국 백성인 너희를 먹이지 않겠느냐? 너희는 이것들보다 더 귀한 존재가 아니냐?"

"귀하다"는 말은 헬라어로 'διαφερω'(디아페로)인데, '다르다', '구분된다'는 뜻입니다. "보다"(μαλλον-말론)란 말은, '훨씬 더', '더욱이'라는 강조적인 의미를 가진 부사입니다. 우리는 하나님 앞에서 공중의 새보다 훨씬 더 중요한 존재이므로 염려하지 말아야 합니다.

② 들의 백합화(6:28)
갈릴리 언덕에 흔히 볼 수 있는 들꽃을 대표하는 말입니다. 하루만 피었다가 시들어 버리는 꽃들인데, 이 꽃들은 수고도 전혀 하지 않고 치장하기 위하여 길쌈, 즉 옷감을 짜지도 않습니다. 그들은 아무런 행위도 하지 않지만 하나님께서 그들을 입혀 주십니다.

그런데 주님은 6:29에 부귀 영화로 유명한 솔로몬의 모든 영광으로 입은 것도 이 들꽃 하나만 같지 못하다고 하셨습니다. 하나님은 들꽃 하나에게도 영광의 극치를 이룬 솔로몬의 왕복도 감히 흉내를 낼 수 없는 독특한 옷으로 입혀 주신다고 말씀하시면서, 우리는 이 꽃들보다 더 귀한 존재이므로 염려하지 말라고 하셨습니다.

③ 들풀(6:30)
단 하루를 살고 아궁이에 땔감용으로 들어가 버리는 들의 풀도 인간이 모방 할 수 없는 아름다움으로 하나님께서 입혀 주십니다. 주님은 이런 것들보다 우리가 더 귀한 존재이므로 먹고 마시고 입는 것을 책임지시겠다고 하시며 염려하지 말라고 하셨습니다. 우리 인생은 하나님께서 가장 귀하게 보시는 존재입니다. 모두 목적을 가지고 왔습니다. 모두 사명을 가지고 왔습니다. 그러므로 염려, 걱정, 비관해서는 안됩니다.

7살 때 맹인이 된 불쌍한 소녀가 있었습니다. 아무런 소망이 없는 소녀는 종종 집에서 쫓겨나 남의 집 처마 밑에 누어서 개들이 따스하게 해주는 체온으로 밤을 새우기도 했습니다. 어느 날 복음을 전하는 전도 부인이 이 소녀를 방문하여 "네 부모는 너를 버릴지라도 하나님은 너를 영접하시리라"는 시 27:10의 말씀을 주었습니다. 불쌍한 소녀는 용기를 얻었습니다. 그리고 기도하기 시작했습니다. "하나님, 모든 사람이 나를 쓸데없다고 하는데, 이 쓸모 없는 것이 살아서 무엇을 해야 할까요? 하나님은 내가 쓸데가 있으신가요?"라고 기도했습니다. 하나님은 응답하셨습니다. "너의 눈은 안보여 쓸데없지만 네 몸에 남아 있는 것을 헤아려 보아라. 지금 너에게 남은 것이 있다. 못 쓸 것은 하나 뿐이고 나머지는 모두 쓸 수 있으니 두 귀가 있고 코, 입, 눈, 손과 발이 있지 아니하느냐?" 그녀는 하나님께 기도했습니다. "하나님, 이제 죽지 않고 살아서 오직 눈을 감은 채로 열심히 일하겠습니다. 하나님, 입으로는 주님을 증거하고, 귀로는 하나님 말씀을 듣고, 이 손으로 하나님을 더듬어 찾겠습니다." 하나님은 소녀를 사용하셨습니다. 쓸모 없는 소녀를 귀하게 보셨습니다. 그녀는 목사, 대학 교수, 글쓰는 문인으로 모든 불행한 사람에게 용기와 소망을 주는 빛을 발하는 사람으로 사용하셨습니다.

성도 여러분, 하나님은 우리를 사랑하십니다. 가장 귀하게 보십니다. 그러므로 이 사실을 믿고 염려하지 않는 성도가 됩시다.

(4) 염려는 유익이 없으므로 염려해서는 안됩니다(6:27).

여기의 "키"는 신장의 길이, 생명의 길이 모두를 뜻할 수 있습니다. 염려한다고 생명이 더 연장될 수는 없습니다. 오히려 염려하므로 병, 낙심, 실패, 기쁨 상실 등이 옵니다. 영육이 피곤하여 나중에 패망을 하고 맙니다. 염려와 걱정하는 사람은 성공할 수 없습니다. 염려와 걱정하는 사람은 건강할 수도 없습니다. 중요한 것은 걱정하는 사람은 전도를 가로막습니다. 걱정하는 사람은 복음 전도자가 될 수 없습니다. 따라서 염려와 걱정은 하나님의 뜻이 아니라 마귀의 뜻이요 의도입니다.

그러면 하나님의 뜻은 무엇입니까? "항상 기뻐하라 쉬지 말고 기도하라 범사에 감사하라 이는 그리스도 예수 안에 있는 하나님의 뜻이니라"(살전 5:16-18)입니다.

주 예수님은 우리에게 염려하지 말라고 하셨습니다. 가장 중요한 것은 생명입니다. 생명을 주신 하나님께서 다른 것은 해결해 주십니다. 염려와 걱정은 이방인들이 하는 것입니다. 하나님은 우리의 필요한 것을 다 아십니다. 우리는 공중의 새보다, 들의 백합화보다, 들풀보다 훨씬 더 귀하고 가치 있는 존재들입니다.

성도 여러분, 염려는 아무런 유익이 없습니다. 하나님 아버지의 뜻은 그의 백성인 우리가 아무런 염려를 하지 않는 것입니다. 하나님의 뜻은 항상 기뻐하고 기도하고 감사하는 것이며, 아무 것도 염려하지 않는 것임을 알고 주안에서 항상 기뻐하며 감사하는 성도가 됩시다.

3. 염려를 제거하는 길

우리 주님은 천국 백성은 염려하지 말고 적극적으로 행할 것을 가르쳐 주셨습니다. 이것이 바로 염려를 제거하는 길입니다.

(1) 하나님 나라와 그 의를 구하는 것입니다(6:33).

① 하나님 나라를 구해야 합니다.
하나님의 나라를 구한다는 것은 하나님의 구원의 통치를 구하라는 것이며, 예수님으로 인해 이미 시작된 메시아 왕국에 대한 복음을 듣고 순종하며 복음 전파에 힘쓰라는 것이며, 또한 그 나라의 완성

을 고대하며 하나님의 영광을 위해 살아가라는 뜻입니다. 하나님의 나라는 예수 그리스도께서 통치하시는 나라입니다. 하나님의 뜻이 완전히 이루어지는 완전한 나라입니다. 여기의 백성은 전적으로 순종하고 충성하며 주님의 축복을 향유하며 살아가는 우리들입니다.

하나님의 나라는 이 땅에서도 일부분은 이루어집니다. 예수님을 모신 곳이 천국입니다. 내 심령에도, 우리 가정에도, 우리 교회에도 하나님의 나라가 이루어집니다. 그러나 우리 주 예수님이 이 땅에 재림하실 때 완전히 이루어집니다. 그때는 모든 원수가 그의 발 앞에 엎드릴 것입니다(고전 15:25). 얼굴과 얼굴을 대하여 보듯 명백하게 볼 수 있을 것입니다(고전 13:12). 우리의 낮은 몸이 영광의 주님의 몸과 같이 될 것입니다(빌 3:21; 롬 8:21).

우리의 생활 속에서 하나님의 나라가 이루어질 때 하나님이 우리를 통치하시는 것입니다. 그때 나의 모든 문제는 해결됩니다. 따라서 우리는 염려할 것이 없게 됩니다. 내 생활 속의 제일 윗부분에 하나님을 모시고 살 때 우리의 걱정과 염려는 없어지게 될 것입니다.

② 하나님의 의를 구해야 합니다.
하나님의 의를 구한다는 것은 무엇입니까? 칭의를 구한다는 것이 아닙니다. 하나님의 뜻에 온전히 복종하는 가운데 하나님과의 내적인 바른 관계를 지니고, 외식을 피하고, 은밀한 중에 보시는 아버지를 염두에 두고 선을 행할 것을 가르칩니다. 우리가 사는 이 세상이 의로운 세상이 되도록 노력하라는 뜻입니다. 하나님은 불의를 미워하시고 정의를 사랑하십니다. 개인적인 의뿐만 아니라 사회적인 의를 구하라는 뜻입니다.

이방인들의 인생의 목표는 세속적인 욕망과 세상적인 노력입니다. 그러나 하나님의 백성들에게 있어서는 이것들이 모두 이차적인 것이요 부수적인 것들입니다. 따라서 우리가 하나님의 나라와 그 의를 구하는 것이 인생의 가장 중요하고 최우선의 목표임을 우리에게 가르쳐 주신 것입니다.

주님은 말씀하십니다. "그리하면 이 모든 것을 너희에게 더하시리라" 주의 나라와 그의 의를 먼저 구하면 이 모든 것을 더하신다는 말씀입니다. "모든 것"($\tau\alpha\upsilon\tau\alpha\ \pi\alpha\nu\tau\alpha$-타우타 판타)은 필요로 하는 모든 종류를 뜻합니다. "더하시리라"($\pi\rho\sigma\tau\epsilon\theta\eta\sigma\epsilon\tau\alpha\iota$-프로스테떼세타이)는 말을 오리겐은 이렇게 해석했습니다. "가장 중요한 것을 구하라. 그러면 너희에게 조그마한 것들을 주겠노라. 하늘의 것을 추구하라. 그러면 너희에게 세상의 것도 덤으로 주겠노라." 즉, 하나님께서는 당신을 필요로 하는 소원과 포부로 가득차 있는 사람들에게 영혼의 만족과 평안을 주시며, 또한 인생의 필요조건을 충분히 채우시겠다는 의미입니다. 그러므로 우리가 내 자신의 육체적인 필요를 구하기 전에 하나님의 나라와 그 의를 구하면 우리의 필요한 것은 당연히 채워 주신다는 말입니다.

성도 여러분, 우리가 먼저 구할 것은 세상적인 것이 아니라 하나님의 나라와 그의 의를 구하는 것입니다. 그때 우리의 필요를 이미 다 알고 계시는 하늘 아버지께서 우리가 간구하고 추구한 모든 것 위에 덤으로 세상에서 필요한 모든 것을 채워 줄 것입니다.

(2) 내일 일을 염려하지 말라(6:34)

내일은 우리의 것이 아닙니다. 하나님의 것이요 하나님의 주권에 속합니다. 우리의 할 일은 오늘에 충성하고 최선을 다하는 것입니다. 오늘은 오늘의 은혜로 족하고 새로운 날을 맞이하면 새로운 은 혜로 힘입어 살면 됩니다. 내일의 염려는 내일의 새 은혜로 감당해야 합니다.

"한 날 괴로움"(κακια-카키아)은, 원래 '악'이란 말이나 여기서는 힘든 고초, 역경 등을 뜻합니다. 결국 한 날의 괴로움은 우리의 현실과 각 날들에서 마주치는 온갖 어려움이라고 말할 수 있습니다. "족하니라"(αρκετον-아르케톤)는, '그 날에 주어진 것은 그 날의 고통으로 충분하다'는 것입니다.

공중의 새는 열심히 곡식을 찾고, 백합꽃도, 들풀도 수분과 영양분을 흡수하듯이 우리도 오늘 열심히 일해야 합니다. 참새는 사람보다 더 많은 일을 해서 먹고산다고 합니다. 그러나 걱정이나 염려 없이 노래하며 삽니다. 하나님의 백성들에게는 그날의 어려움은 그날로 충분한 것이고, 내일의 염려는 무의미한 것입니다. 내일의 고통과 불행은 결코 오늘 앞당겨 일어나지 않습니다.

진정 내일의 주인은 걱정하며 염려하며 고뇌하는 우리 인간이 아니라 은혜로 섭리하시는 하나님입니다. 따라서 우리의 목표는 하나님 영광, 주의 나라와 의를 위한 목표를 가지고 일하는 것입니다.

독일의 신비주의자 타울러(Tauler)가 하루는 거지를 만났습니다. "친구여, 오늘도 안녕하기를 바랍니다(a good day)."라고 말하자 거지가 하는 말이 "난 하루도 안녕하지 않는 날이 없어 하나님께 감사합니다(a bad day)." "여보시오 그러면 행복하시길 빕니다."라고 말해 주자 그 거지는 "난 불행해 본적이 없어 하나님께 감사드립니다."라고 말했습니다. 타울러(Tauler)는 놀라서 물었습니다. "그것은 무슨 뜻이죠?" 거지는 말하기를 "나는 날이 좋으면 하나님께 감사하고, 비가와도 감사하고, 먹을 것이 넉넉하면 감사하고, 배고파도 감사합니다. 하나님의 뜻이 나의 뜻이니 하나님을 기쁘시게 하는 것은 무엇이나 나를 기쁘게 하는데 무엇 때문에 내가 불행하다고 말해야 합니까?"라고 대답했습니다. 너무도 놀라서 "당신은 누구요?" 하고 묻자, 그 거지는 "나는 왕이요"라고 대답했습니다. "당신의 나라는 어디 있소?"라고 묻자 그 거지는 "내 마음속에"라고 대답했습니다.

성경은 말씀합니다. "주께서 심지가 견고한 자를 평강에 평강으로 지키시리니 이는 그가 주를 의뢰함이니라"(사 26:3)

성도 여러분, 우리는 염려하지 맙시다. 알지도 못하는 내일 일까지 앞당겨서 미리 염려할 필요는 없습니다. 연약한 인생인 우리는 주께 모든 것을 맡기고 염려하지 말아야 합니다.

시몬 베드로도 우리와 똑같은 연약한 사람이었습니다. 파도치는 바다를 보고 염려했습니다(마 14장). 예수님은 가난해서 세금을 내지 못할까 걱정했습니다(마 17:24). 예수님을 누가 배반하여 팔 것인가를 걱정했습니다(요 13장). 예수님이 십자가에 달려 돌아가실 것을 염려했습니다(마 16:22). 그러나 그가 성령충만을 받았을 때 완전히 변화되었습니다. 그는 담대한 복음 전도자가 되었습니다. 그의 노년에 기록한 벧전 5:7에서 그는 우리들에게 담대하게 권면합니다. "너희 염려를 다 주께 맡겨 버리라. 이는 저가 너희를 권고하심이니라"

초대교회 기독교 문서 가운데 예수님을 사랑했던 제자 중에 '티테디오스 아메림노스'(Titedios Amerimnos)라는 사람이 나옵니다. 원래 이 사람의 이름은 '티테디오스'(Titedios)였습니다. 그는 이방인이었고 불신자였고 너무도 염려와 걱정을 많이 한 사람이었습니다. 그런데 이 사람이 예수님을 믿고 회개하고 완전히 변화를 받았습니다. 전혀 염려하지 않는 사람으로 변화를 받았습니다. 그래서 그 이름을 '아메림노스 티테디우스'(Amerimnos Titedius), 즉 전혀 염려하지 않는 '티테디우스'(Titedius)로 바꿨습니다.

사랑하는 성도 여러분, 오늘 산상설교에서 우리 주님은 천국 백성인 우리들에게 너희는 염려하지 말라고 말씀하셨습니다. 염려는 하나님을 모르고 은혜를 모르고 하나님의 능력과 약속을 모르는 이방인들이 하는 것입니다. 이제 우리는 이후로 전능하신 하나님 아버지께 우리의 모든 것들을 다 맡겨 버리고, 전혀 염려하지 않는 성도들, 이제 더 이상 염려하지 않는 성도가 되어서 오직 먼저 하나님 나라와 그의 의를 구하며 항상 감사하며 기뻐하는 하나님의 자녀가 되기를 바랍니다. 아멘.

제 3 부
마태복음 7장

■ 산상설교 강해 17 ■

기독교인의 태도

(본문 / 마태복음 7:1-6)

　기독교인들은 다른 사람들과의 관계에서 어떤 태도를 가져야 할까요? 이것은 아주 중요하고 어려운 문제입니다. 우리는 이 세상에 살고 있는 동안 항상 세상 사람들과 만나야 하고, 같이 일해야 하고, 협조해야 하고, 같이 살아야 합니다. 혼자서는 살아 갈 수 없습니다. 그렇다고 그들과 무조건 무엇이나 같이 어울려서 지낼 수도 없습니다.

　그러면 그들과의 관계를 가지면서 어떠한 태도를 가지고 살아야 할까요? 한 마디로 기독 신자는 하나님 앞에서 산다는 의식을 가지고 살아야 합니다. 다시 말하면 '세상 사람들이 우리를 어떻게 생각하느냐' 보다 '하나님이 우리를 어떻게 생각하느냐' 하는 그것을 더 중하게 여기고 살아가야 합니다.

　우리는 이 세상에서 순례자의 길을 걸어가고 있습니다. 우리의 본향은 하나님의 나라입니다. 이제 이 세상 마지막이 되면 우리 모두 하나님의 심판대 앞에 설 것입니다. 천국 백성인 우리 기독교인은 바로 이 마지막 날의 심판을 내다보면서 하나님과 올바른 관계를 가지면서 살아가는 사람들입니다. 동시에 사람들과도 올바른 관계를 가지고 살아야 합니다.

우리 주님은 오늘 산상설교 본문 중에서 기독교인들이 어떤 태도를 가지고 살아야 할 것인지를 가르쳐 주십니다.

1. 예수님은 비판하지 말라고 하셨습니다(7:1).

"비판하다"(κρινω-크리노)는 '정죄하다', '심판하다', '고소하다'는 등의 다양한 의미를 가지고 있습니다. 비판은 어떤 사람에 대하여 죄인으로 정죄하는 행위를 말합니다. 예수님 당시는 율법주의가 성행하던 시절입니다. 주로 무엇은 '하라' 어떤 것은 '하지 마라'는 것을 강조했습니다. 그러다 보니 그대로 하는 사람은 하지 않은 사람을 비판하고, 안하는 사람은 바르게 한다고 비판했습니다. 따라서 인격과 사랑이 결여된 의식 종교가 되고 말았습니다.

(1) 비판하지 말라는 것에 대해 잘못 해석하는 경우가 있습니다.

톨스토이(Tolstoy)는 '모든 인간 법정의 심판을 금하신 것이다'라고 했습니다. 그러나 예수님의 비판하지 말라는 말씀은 법정 판사를 말하는 것이 아닙니다. 또 어떤 사람은 다른 사람의 선행과 악행에 대해서 분별하지 말라는 뜻으로 해석합니다. 진리나 비진리를 구별하지 말라는 뜻으로 해석하면서, 선과 악을 눈감아 버리라는 뜻이라고 말합니다.

위의 모든 것은 정당한 해석이 아닙니다. 선과 악은 분리되어야 하며, 진리와 거짓은 분별되어야 합니다. 좁은 문과 넓은 문은 구별되어야 합니다. 거짓 선지자와 참 선지자는 구별되어야 합니다. 좋은 나무와 거짓 나무는 구별되어야 합니다. 반석 위에 지은 집과 모래 위에 지은 집은 구별되어야 합니다.

7:6에 "거룩한 것을 개에게 주지 말고 진주를 돼지에게 던지지 말라"고 하신 말씀 역시 분별력을 가지라는 말씀입니다.

왜 분별력을 가져야 합니까?

① 선과 악을 보면서도 안본 것처럼 행동하는 것은 부정직하고 위선적이기 때문입니다.

② 하나님은 우리에게 가치 판단의 능력을 주셨는데, 비판하지 말라는 이 말씀이 가치판단을 금하는 것이라면 이것은 하나님의 뜻과 상치되는 것입니다.

③ 성경 여러 곳에서 분별하라고 말씀하십니다. 우리는 이단을 경계해야 하고(요 7:24), 진리와 교리 문제를 바로 분별해야 합니다.

(2) 그러면 적극적인 의미에서 비판하지 말라는 말은 무엇입니까?

예수님께서 비판하지 말라고 하신 것은 무조건 판단하지 말라는 것이 아니라 바리새인들과 같이 스스로 의인인체 하며 습관적으로 다른 사람을 죄인으로 정죄하는 것을 금지하신 것으로 이해해야 합니다. 파괴적인 비판을 하지 말라는 것입니다. 비판에도 건설적인 것이 있고 파괴적인 것이 있슙니다. 예수님께서 비판하지 말라고 하신 것은 자기가 재판관인 것처럼 모든 행위에서 함부로 남을 판단하고 정죄하지 말라는 것입니다. 진정한 재판관은 오직 한 분 예수 그리스도뿐입니다. 하나님 아버지 한 분밖에 없습니다.

눅 18:9-14에 한 바리새인이 기도하면서 세리를 정죄하는 장면이 나옵니다. "하나님이여! 나는 다른 사람들 곧 토색, 불의, 간음을 하는 자들과 같이 아니하고 이 세리와도 같지 아니함을 감사하나이다." 반면에 세리는 감히 하늘을 향하여 얼굴을 들지 못하고 가슴을 치며 "하나님이여 나를 불쌍히 여기소서"라고 부르짖었습니다. 너무도 극명하게 대조가 되는 장면입니다. 이때 예수님은 스스로 의롭다 하며 남을 비판하는 바리새인보다 하나님 앞에서 겸손히 회개한 세리가 더 의롭다 함을 받았다고 말씀하셨습니다.

다른 사람을 판단하고 정죄하는 행위는 조심해야 합니다. 다른 사람의 결점이나 약점을 찾기 위해 노력하고 그 결점을 찾아낼 때 기뻐하는 태도를 주님은 금하십니다. 이런 비판적인 사람의 눈에는 다른 사람의 장점은 안 보이고 단점만 보입니다. 예수님은 이런 일을 하지 말라고 명령하셨습니다.

그러면 어떤 사람이 남을 비판하고 정죄하고 판단을 합니까?

① 자신이 의롭다고 생각하는 사람입니다. 다른 사람보다 자신이 더 의롭고 탁월하다고 생각하는 사람, 내가 아니면 안된다고 생각하는 사람, 우리 가족과 우리 형제가 제일이라고 생각하는 사람은 다른 사람을 경멸하게 됩니다.

② 다른 사람에 대한 비판을 지나치게 하는 사람입니다. 건설적인 비판은 유용합니다. 그러나 지나치게 비판하는 사람은 비판을 위한 비판을 하게 됩니다. 이것은 모든 것을 부정적으로만 보려는데서 옵

니다. 다른 사람이 잘못했을 때 은근히 기뻐하는 태도, 이것은 누구든지 다 가질 수 있는 나쁜 본성입니다. 예수님은 이런 마음을 갖지 말라고 명령하셨습니다.

③ 항상 원리보다는 편견에 의해서 다른 사람을 판단하는 경우입니다. 어떤 일의 전모를 다 알기 전에 한 가지의 사건만 가지고 편견에 의해 성급히 판단하고 정죄하는 것을 말합니다. '나라도 그런 형편에 놓였더라면 어쩔 수 없었지 않았겠는가' 하는 이해는 전혀 못하는 사람입니다. 우리는 다른 사람을 이해하려는 마음을 가져야 합니다.

④ 다른 사람이 한 일보다는 그 사람의 인격을 손상시키는 일을 하는 것입니다. 다른 사람의 생애를 완전히 파멸로 몰고 가는 일조차 서슴지 않는 것입니다.

⑤ 자신이 하나님의 위치를 대신 하는 것입니다(고전 4:4-5). 판단하시는 이는 오직 한 분입니다. 사도 바울도 "다만 나를 판단하시는 이는 주시니라. 그러므로 때가 이르기 전 곧 주께서 오시기까지 아무 것도 판단치 말라. 그가 어두움에 감추인 것들을 드러내고 마음의 뜻을 나타내시리라"(고전 4:4-9)고 말했습니다. 사람은 하나님이 될 수 없습니다. 남을 함부로 비판하고 정죄하는 것은 하나님이 해야 할 일을 자기가 하고 있는 것입니다. 예수님은 이런 일을 하지 말라고 하셨습니다.

(3) 비판의 결과는 어떻습니까?

① 비판의 악순환이 계속됩니다(7:1-2).-"비판을 받지 아니하려면 비판하지 말라 너희의 비판하는 그 비판으로 너희가 비판을 받을 것이요"

"헤아림"이라는 말은 '측량하다', '평가하다'는 말입니다. 사랑과 용서가 없이 공의에 입각하지 않고 비판하는 사람은 자신이 비판을 받고, 남을 평가하는 사람은 자신이 평가를 받습니다. 비판하는 사람은 다시 비판하게 됩니다. 비판이 비판을 낳고 또 비판이 비판을 낳는 악순환이 계속됩니다.

② 비판하는 사람은 진리를 받아들일 줄 모릅니다.
바리새인은 비판만 하다 보니 예수님의 진리를 거부했습니다. 길이요 진리요 생명되신 주 예수 그리스도를 그들은 비판하고 배척해 버렸습니다. 얼마나 어리석은 짓입니까? 그토록 기다려 오던 진리이신 메시아까지 십자가에 못박아 버렸습니다. 그래서 예수님은 "거룩한 것을 개에게 주지 말고 진주를 돼지에게 던지지 말라"고 하셨습니다. 비판만 하는 사람은 하나님의 축복을 수용할 수 없습니다.

③ 기도하지 못합니다(7:7).
비판은 인간 관계를 단절하는 것입니다. 인간 관계가 단절되어 버리면 마음이 괴로워지고 하나님과 나 사이의 관계도 부자유스러워집니다. 결국 기도가 막혀 버립니다. 마 5:23에 예수님은 "그러므로 예물을 제단에 드리다가 거기서 네 형제에게 원망을 들을 만한 일이 있는 줄 생각나거든 예물을 제단 앞에 두고 먼저 가서 형제와 화목하고 그 후에 와서 예물을 드리라"고 말씀하셨습니다. 벧전3:7에 "남편된 자들아 이와 같이 지식을 따라 너희 아내와 동거하고 저는 더 연약한 그릇이요 또 생명의 은혜를 유업으로 함께 받을 자로 알아 귀히 여기라. 이는 너희 기도가 막히지 아니하게 하려 함이라"고 했습니다. 비판은 인간관계를 단절시키고 결국은 하나님께 드리는 기도를 막아 버립니다.

④ 하나님의 축복을 받지 못합니다.
기도하지 못하니 하나님의 축복과 기도의 응답이 없습니다. 기도

해도 응답이 없습니다. 약 4:3에 "구하여도 받지 못함은 정욕으로 쓰려고 잘못 구함이니라"라고 나옵니다.

⑤ 비판하는 자는 하나님의 심판대 앞에서 부끄러움을 당할 것입니다.

우리 모두 장차 하나님의 심판대 앞에 설 것입니다. 그때 우리는 어떻게 해야 할까요? 거룩하신 하나님 앞에 엎드려서 하나님의 자비와 용서를 구해야 합니다. "주여 저는 부족하고 연약한 죄인입니다. 긍휼을 베풀어주소서" 그때 하나님께서 "너는 세상에서 남에게 얼마나 용서와 긍휼을 베풀었느냐? 얼마나 남을 비판하였느냐?"고 물으실 것입니다. 그때를 한번 상상해 보십시오. 얼마나 부끄럽겠습니까? 비판하면 결국 내 자신이 손해를 봅니다. 내가 부끄러움을 당합니다. 그러므로 주 예수님은 "너희 천국 백성들은 비판하지 말라"고 말씀하신 것입니다.

2. 자신을 먼저 살펴보는 사람이 되어야 합니다.

남을 비판하고 정죄하는 사람은 자신의 잘못을 바로 보지 못하는 사람들입니다. 누구나 다 흠도 있고 단점이 있게 마련입니다. 그런데 자기 자신은 과대평가하고 남에게는 잘못만 찾는데 혈안이 되면 이것이 외식입니다.

(1) 예수님은 자신의 들보를 먼저 볼 줄 알아야 한다고 말씀하십니다(7:3-5).

"형제의 눈에 있는 티"는 형제의 육체의 눈이 아니라 전인격으로서의 마음의 눈을 가리킵니다(6:22, 23). "티"($καρφος$-카르포스)는

'지푸라기', '가시', '작은 알맹이' 등을 가리킵니다. 이것은 조그마한 잘못을 말합니다. 티와 같은 조그만 잘못이나 실수는 진리를 크게 손상시키지 않습니다. 그러나 "들보"(δοκος-도코스)는 '대들보', '통나무', '널빤지' 등을 가리킵니다. 이것은 큰 실수와 잘못을 말합니다. 그러므로 본문이 말씀하는 것은 타인을 정죄하고 심판하는데 모든 관심을 다 집중하다가 정작 자신의 모습을 바로 보지 못하는 큰 실수를 경고하는 말씀입니다.

헬라 사람의 이야기입니다. 어떤 사람이 두 개의 자루를 달고 있었습니다. 하나는 앞에 또 다른 하나는 뒤에 달고 있었습니다. 앞에 것은 남의 허물을 담고 뒤엣 것은 자기의 허물을 담는 자루였습니다. 그런데 항상 앞의 자루는 가득했습니다. 남의 허물을 잘 보니 빨리 차 버립니다. 그러나 뒤의 것은 잘 안보입니다. 자기의 허물은 숨겨져 있습니다. 이것이 사람들의 모습입니다.

예수님의 제자 중에도 이런 사람들이 있었습니다. 사마리아 성에 들어가 전도를 하였는데 그 사마리아인들이 괄시하고 냉대를 하자, 요한이 예수님께 "주님, 하늘에서 불을 내려서 다 태워 죽이소서"라고 했습니다. 복음 전하는 예수님과 자신들을 냉대할 때 섭섭했을 것입니다. 그러나 그것은 티와 같은 것입니다. 오히려 그것을 참지 못하여 하늘에서 불을 내려서 다 태워 죽이자고 하는 것은 자신의 눈에 있는 들보를 보지 못하는 것입니다. 자신의 들보를 먼저 보아야 합니다.

(2) 이기심을 버려야 합니다(7:4).

들보 만한 큰 잘못을 범한 사람이 티만한 작은 잘못을 범한 사람을 비판하는 것은 잘못입니다. 사람들의 심리 저변에는 이기심이 흐르고 있습니다. 한 마디로 왜 남을 비판합니까? 그것은 내 마음에 거슬리기 때문입니다. 내가 칭찬 받고, 내가 대접받고 싶은 의식에 철저히 사로잡혀 있을 때 남을 비판하게 됩니다.

바리새인들이 대표적인 인물들입니다. 항상 높은 자리에 앉으며 멋있는 옷을 입고, 경건한 모습을 흉내내며 외식하고, 칭찬 받기를 좋아하는, 근본적으로 이기심에 사로잡힌 자들입니다. 천사장 루시퍼가 "내가 하늘에 올라가서 내가 지극히 높은 자와 비기리라"하고 교만에 빠져서 하나님을 대적하다가 쫓겨나 사탄이 되었습니다. 어리석은 부자는 곡식을 많이 쌓아 놓고 은근히 자신을 자랑하며 '내 영혼아 마음껏 마시고 즐기자' 는 이기심과 교만에 가득차 있을 때 하나님의 심판을 받았습니다. 이기심을 버려야 합니다. 이기심은 남을 비판하게 만듭니다.

(3) 입장을 바꾸어 놓고 생각하는 훈련이 필요합니다.

남을 비판하는 것도 마찬가지입니다. 상대방의 입장이 되어 보면 이해하는데 도움이 됩니다. 막 10:45에 "인자가 온 것은 섬김을 받으려 함이 아니라 섬기려 함이니"라고 나옵니다. 예수 그리스도는 우리 죄를 위하여 십자가를 지러 오셨습니다. 죄인의 입장이 되셨습니다. 그리고 형벌을 받으셨습니다. 바로 이런 그리스도의 정신이 필요합니다.

나폴레옹이 성 헬레나(St. Helena)에 유배되었을 때 있었던 일입니다. 어느 날 농부가 짐을 지고 오는데 나폴레옹과 마주치게 되었습니다. 그런데 비키지 않고 그냥 가 버렸습니다. 병사가 화가 나서 책망을 했습니다. 그때 나폴레옹이 "그대들도 저 농부의 입장이 되어서 생각해 보았는가?"라고 말했습니다.

이해한다는 말은 영어로 'understand'입니다. 'under'는 '아래에', 'stand'는 '서다'란 말입니다. 이해한다는 것은 상대방의 아래에 서 보는 것입니다. 입장을 바꿔 놓고 생각해 볼 때 그 사람을 이해할 수 있는데 도움이 된다는 말입니다.

(4) 남의 장점을 발견하려고 노력해야 합니다.

약점만 보지 말고 그 사람의 장점을 발견하려고 힘쓰면 비판을 하지 않게 됩니다. 라보라 도석이란 수정이 있는데, 이것은 첫 눈에는 희미하고 광택이 없어 보입니다. 그러나 여기 저기 빙글빙글 돌리다 어떤 자리에 오게 되면 갑자기 광석의 조사 각도가 맞아서 기가 막히게 멋있어 보인다고 합니다. 마찬가지로 어떤 사람은 멋이 없어 보일 때도 있고 가치가 없어 보일 때도 있습니다. 그러나 무엇인가 장점은 있기 마련입니다. 그것을 발견해야 합니다. 그럴 때 비판하지 않을 수 있습니다.

예수님은 사람의 장점을 발견하시고 칭찬해 주셨습니다. 시몬 베드로는 허물과 실수가 많은 제자였습니다. 그러나 주님은 시몬을 향해서 "너는 장차 게바가 되리라. 반석이 되리라"고 말씀하셨습니다. 결국 그는 많은 시련을 통과 한 후에 위대한 인물이 되었습니다. 예수님은 베드로의 단점보다는 장점을 보시고 그의 가능성을 보셨습니다.

나다나엘이 무화과나무 밑에 앉아서 기도하고 있을 때 빌립이 찾아가서 예수님을 소개했습니다. 그때 그가 하는 말이 "나사렛에서 무슨 선한 것이 나오겠느냐?"라고 했습니다. 어떻게 보면 당돌하고 예수님을 무시하는 오만한 말입니다. 그런데도 예수님은 나다나엘을 보시고 "이 사람은 참 이스라엘 사람이로다. 그 속에는 간사한 것이 없도다."라고 오히려 칭찬하시며 그의 장점을 인정해 주셨습니다.

우리는 천국 백성들입니다. 우리는 예수님께서 주신 비판하지 말라는 말씀을 실행하기 위해서 다른 사람의 단점을 보기보다는 다른 사람의 장점을 발견하고 칭찬하려는 노력을 하는 성도가 됩시다.

(5) 주는 생활을 해야 합니다.

우리 사람은 받기를 좋아하는 본성이 있습니다. 해주기를 바라는 마음이 있습니다. 그런데 받기만 하고 해주기만 기다리다가 안 해주고 안 주면 섭섭한 마음이 생기게 마련입니다. 여기에서 문제가 발생합니다. 사랑이나 물질, 존경과 인정도 받기만 좋아하면 섭섭한 일이 생길 수밖에 없습니다.

우리 예수님은 우리에게 사랑을 주셨습니다. 그의 모든 것, 생명까지 우리에게 주셨습니다. 예수님의 사랑과 은혜를 받은 우리는 남에게 줄줄 알아야 합니다. 주님은 말씀하셨습니다. "나는 섬기는 자로 너희 중에 있노라"(눅 22:23) 우리가 왜 비판합니까? 그것은 섬김을 받으려 하기 때문입니다. 우리는 내 자신을 잘 살펴서 남에게 받으려고만 하지 말고 남을 섬기는 자리에 나가고 남에게 주는 생활을 하는 성도가 됩시다.

(6) 우리는 형제의 잘못을 볼 때 형제애로써 그 사람을 권고해야 합니다.

우리는 예수 그리스도안에서 한 형제들입니다. 형제의 잘못을 볼 때 형제로 생각하고 대해야 합니다. 내 형제가 잘못하면 우리는 어떻게 해야 합니까? 비판하고 정죄하기에 앞서 타이르고 충고하고 고

치게 하려고 노력하고 기도해야 합니다. 성경은 형제가 잘못을 범할 때 먼저 일대일로 만나서 충고를 해 주고, 그 다음에는 두 세 사람이 만나고, 나중에는 교회에서 권고를 하고, 그래도 듣지 않으면 이방인같이 여기라고 했습니다.

사실 남의 잘못을 충고 해준다는 것은 어려운 일입니다. 그렇지만 진실한 사랑으로 충고를 해 주는 사람은 용감한 사람입니다. 반면 그 충고를 받아들이지 않는 사람은 불쌍한 사람이요 비겁한 사람입니다. 우리는 형제의 잘못을 발견했을 때 먼저 내 자신의 잘못을 돌아보고 내 자신을 살펴서 내가 고칠 것은 고쳐야 합니다. 그리고 형제를 사랑하는 마음으로 권고하고 기도해 주는 것이 천국 백성의 인격임을 기억해야 합니다.

3. 영적 분별력을 가져야 합니다(7:6).

천국 백성은 형제를 비판하고 정죄해서는 안됩니다. 그러나 영적으로 분별력을 가져야 합니다.

주님은 말씀하셨습니다.

(1) "거룩한 것을 개에게 주지 말며 진주를 돼지에게 던지지 말라"

여기 "거룩한 것"과 "진주"는 하나님의 교훈이요 복음입니다. "개"와 "돼지"는 복음을 받을 만한 가치가 없는 자들입니다. 그 당시 유대인들은 이방인을 개처럼 취급했습니다. 그러나 예수님은 오히려 "너희 자신들이 복음을 귀하게 여기지 아니하고 핍박하고 무가치하게 여기는 개와 돼지라."는 역공을 감행하셨습니다.

벧후 2:22에 "참 속담에 이르기를 개가 그 토하였던 것에 돌아가고 돼지가 씻었다가 더러운 구덩이에 도로 누웠다 하는 말이 저희에게 응하였도다."라고 말씀합니다. 그렇다면 불신자들, 핍박하는 자들에게 복음을 전하지 말라는 말씀일까요? 아닙니다. 이 말씀은 복음을 수차례 받고도 의식적으로 거절하고 마음이 완고한 사람들에게 계속적으로 전도할 필요가 없다는 것입니다.

크리소스톰은 이런 사람을 '치유할 수 없는 불경건 속에 살고 있는 사람'이라고 했고, 요한 칼빈은 '완고한 마음으로 하나님에 대하여 경멸을 나타내므로 그들의 병이 치유될 수 없는 상태'라고 했습니다. 우리를 반대하는 사람에게 인내와 기도로 전도하되 거기에 쏟는 힘을 우리의 손길을 기다리는 곳에 더 열심히 쏟는 것이 복음의 가치를 높이는 것이라는 뜻입니다.

(2) 진리의 적용을 잘해야 한다는 뜻입니다.

하나님 말씀의 진리는 성령을 통해야 잘 알 수 있습니다. 고전 2:13에 "우리가 이것을 말하거니와 사람의 지혜의 가르친 말로 아니하고 오직 성령의 가르친 것으로 하니 신령한 일은 신령한 것으로 분별하느니라"고 했습니다. 고전 12:3에는 "성령으로 아니하고는 누구든지 예수를 주시라 할 수 없느니라"고 했습니다. 구원의 진리는 성령으로 하지 않고는 알 수 없습니다.

요한복음 4장에 나오는 사마리아 수가성 여인은 호기심과 관심이 많은 여인이었습니다. 예수님과의 대화에서 하나님의 존재, 예배 방법, 유대인과 사마리아인의 갈등을 말했습니다. 그러나 예수님은 이 여인에게 필요한 것이 구원임을 아시고 영생의 말씀을 주셨습니다.

예수 믿지 않는 사람에게 예정교리, 삼위일체, 신천신지(新天新地)에 대한 신학적인 것을 말하는 것은 소용이 없습니다. 새가족들, 초신자들에게는 기본적인 진리를 가르쳐야 합니다. 젖먹는 아이에게 단단한 음식을 줄 수는 없습니다. 그러므로 날마다 신앙이 성장하도록 하기 위해서 분별력 있게 진리를 주고 가르쳐야 합니다(엡 4:13-15).

(3) 진리의 귀중성을 알아야 한다는 뜻입니다.

진리를 알지 못하는 사람에게 던지는 것은 개에게 던지는 것과 같습니다. 천국 백성인 우리 성도들은 거룩한 것, 진주를 소유한 사람들입니다. 가장 귀한 것을 소유한 사람들입니다. 하나님의 복음을, 하나님의 생명의 말씀, 구원의 말씀을 소유한 백성들입니다. 그런데 우리는 우리가 가진 것이 얼마나 소중하고 귀한 것인가를 모르고 살아갈 때가 많습니다.

부모님이 살아 계시고, 또 모시고 사는 사람들은 그것이 귀한 것인 줄 지금은 잘 모릅니다. 부모님 떠나면 얼마나 소중한 분임을 알게 됩니다. 이산가족이 되어 본 사람들은 가족이 얼마나 소중한가를 압니다. 부유한 사람은 가난한 사람의 사정을 잘 모릅니다. 보배를 가진 사람은 그 보배가 얼마나 소중한 것인가를 모를 수 있습니다. 하나님의 교회가 얼마나 소중한가를 잃어버린 사람들은 잘 압니다. 하나님의 말씀이 얼마나 소중한가를 우리는 잘 모릅니다.

성도 여러분, 우리는 귀한 보화를 가지고 있는 사람들입니다. 아무나 구원받고 아무나 천국 백성이 되는 것이 아닙니다. 불러주신 은혜, 천국 백성된 것, 진리를 소유한 것에 우리는 감사해야 합니다.

우리는 보화를 만족하게 생각해야 합니다. 성경학자 핑크(Pink)는 "우리가 건강, 부, 친구, 명예를 잃어버릴지라도 이 보화만은 남아서 존재한다. 이것이 가장 어두운 밤을 위한 등불이 되는 것이다(시 119:15). 여기에서 심한 고난을 당할 때 위로를 발견한다(시 119:105)."라고 말했습니다.

어느 목사님의 글에서 읽은 이야기입니다. 영국 황제 루이스가 마음이 심란하고 해서 밤중에 민심을 살필 겸 궁궐에서 나와 마을로 들어갔습니다. 어디에선가 흥겨운 노랫소리가 들려 왔습니다. 물래방앗간에서 들려 오는 것이었습니다. 가보니 할아버지가 일을 하면서 찬송을 부르는 소리였습니다. 그의 얼굴은 너무도 평안했습니다. 그가 부러웠습니다. 할아버지의 노래는 이런 가사였습니다. "세상 사람 날 부러워 아니하여도 나도 역시 세상 사람 부럽지 않네 하나님의 크신 은혜 생각할 때에 할렐루야 찬송이 저절로 나네" 할아버지에게 황제가 2절은 없느냐고 물었습니다. 없다고 하자, "그럼 2절은 이렇게 하시오."라고 하면서 황제가 가사를 불러 주었습니다. "세상 사람 날 부러워 아니하여도 영국 황제 루이스가 날 부러워 해 십자가의 크신 은혜 생각할 때에 할렐루야 찬송이 저절로 나네"

성도 여러분, 우리는 보화를 가진 사람입니다. 아무도 빼앗아 갈 수 없는 천국 보화를 가진 하나님의 백성들입니다. 이 보화를 얻기 위해 우리는 날마다 힘써야 합니다. 물론 우리는 믿음으로 이미 영생을 얻었습니다. 그러나 우리는 날마다 믿음이 성장해야 합니다. 그리스도의 장성한 분량이 충만한 데까지 자라 가야 합니다. 하나님의 심오한 진리의 심층부까지 즐길 줄 아는 성도가 되어야 합니다. 은혜의 깊은 자리에 들어가는 하나님의 자녀가 되어야 합니다. 그때 우리는 비판하지 말라는 주님의 뜻을 이루게 될 것입니다.

기독 신자는 어떤 태도를 가져야 하는가를 주님은 가르쳐 주셨습니다. 비판하거나 정죄하지 말아야 합니다. 내 자신을 먼저 살펴보고 겸손한 사람이 되어야 합니다. 영적 분별력을 가져야 합니다. 날마다 내 자신이 예수님의 모습을 닮아 가야 합니다. 그리할 때 우리는 하나님의 진리의 깊은 부분까지 이해하고 은혜의 깊은 자리에 들어가는 믿음의 성도가 될 수 있습니다. 형제를 이해하고 관용하며 비판보다 사랑을 주는 천국 백성으로 성숙한 태도를 가지는 하나님의 자녀가 되시기를 바랍니다. 아멘.

▨ 산상설교 강해 18 ▨

은혜로우신 아버지

(본문 / 마태복음 7:7-11)

우리는 천국 백성이요 하나님의 자녀입니다. 천국 백성은 하나님을 아버지로 모시고 사는 사람들입니다. 예수님께서 천국 백성들에게 주신 산상설교에서도 하나님은 우리의 아버지로 묘사되고 있습니다. 그러나 이 세상에서 어려운 인생의 길을 걸어가면서 하나님의 백성답게 진리로 살아가려는 우리에게는 여러 가지 어려운 일들이 많습니다. 그러나 우리에게 위로와 용기를 주는 사실은 하늘의 아버지가 바로 우리의 아버지라는 사실과, 하나님은 우리에게 풍성한 약속을 주시는 은혜로우신 아버지라는 사실입니다. 예수님은 오늘 성경 말씀에서 하나님은 은혜로우신 아버지 하나님이시라는 사실을 말씀해 주셨습니다.

1. 기도에 응답하시는 은혜로우신 아버지 하나님이십니다 (7:7-8).

"구하라 그러면 너희에게 주실 것이요 찾으라 그러면 찾을 것이요 문을 두드리라 그러면 너희에게 열릴 것이니, 구하는 이마다 얻을 것이요 찾는 이가 찾을 것이요 두드리는 이에게 열릴 것이니라" 이 말씀은 우리의 기도를 응답해 주시겠다는 약속입니다.

(1) "구하라 주실 것이요"

우리 인생들이 이 세상을 살아갈 때 부족한 것이 너무도 많습니다. 우리는 이 부족을 느낄 때 하나님께 구하게 됩니다. 하나님 아버지는 이 사실을 아시고 구하라고 하셨습니다. 그런데 구할 때 자신은 연약하고 비천한 인생임을 알고 부족감을 느끼고 기도해야 합니다. 이것이 구하는 자의 자세입니다.

누가복음 18장에 나오는 바리새인의 기도는 전혀 부족감을 모르는 기도입니다. "주여 나는 일 주일에 두 번씩 금식을 하고 십일조를 드리고 저기 있는 저 세리와 같이 토색이나 간음도 하지 않음을 감사하나이다" 이 기도는 어떤 기도입니까? 자기의 자랑에 불과합니다. 전혀 자신의 부족을 모르는 기도입니다. 이 기도에는 응답이 없습니다.

반면 세리는 철저히 자신의 부족함을 느끼고 기도했습니다. "아버지 하나님이여 나를 긍휼히 여기소서 나는 죄인이로소이다" 이 기도는 자신의 비천함과 연약함을 고백하고 자신의 부족함을 사실 그대로 겸손히 고백하는 기도입니다. 이 기도는 응답 받는 기도입니다.

"구하라 주실 것이요"라고 주님은 말씀하셨습니다. 자신의 부족을 느끼고 구하는 자에게 주님은 채워 주십니다. 그러나 자기가 필요성을 느끼지 못하는 사람은 하나님으로부터 채움을 받지 못합니다.

에스더와 모르드개는 자신들을 포함한 자기 민족인 유대인들이 하만에 의해서 죽게 되었을 때 자기들의 능력으로는 도저히 어려운 일을 해결할 수 없다는 사실을 알았습니다. 그래서 그들은 전능하신 하나님께 엎드렸습니다. 금식하며 하나님께 기도했습니다. 부족함을 알고 엎드리는 자들에게 하나님은 놀라운 응답으로 대 역전극을 일으키게 하셨고 승리를 얻게 하셨습니다.

우리 하나님은 부족하여 겸손히 도움을 구하는 자에게 채워 주시고 응답하시는 은혜로우신 아버지이십니다.

(2) "찾으라 찾을 것이요"

구하는 것에 이제 행동을 더합니다. 하나님은 우리의 필요를 다 아십니다. 우리는 먼저 열심히 구하고 그것으로 만족하지 말고 구한 것을 찾을 줄도 알아야 합니다. 아브라함은 조카 롯이 포로로 끌려 갔다는 소식을 듣고 먼저 하나님께 기도하고 그 다음에 자기 집에서 훈련시켰던 318명의 군사를 이끌고 찾아 나섰습니다. 그는 승리를 거두고 돌아왔습니다.

만약 우리가 성경 지식이 필요할 때면 먼저 하나님께 기도해야 합니다. 그 다음에 열심히 성경을 연구하고 공부해야 합니다. 지혜를 필요로 하는 사람은 먼저 하나님께 기도하고 그 다음에 열심히 공부하면 하나님은 응답하십니다. 구한 다음에 찾을 때 응답하십니다. 전도하는 것도 마찬가지입니다. 먼저 주님 앞에 매일 기도하고 이제는 나가서 열심히 전도하는 것입니다. 우리의 이웃에게, 친구에게, 그리고 전 세계로 선교사를 보내어 전도하는 것입니다.

데이비드 리빙스턴(David Livingston)은 아프리카 영혼을 구원하기 위해 하나님께 간구했습니다. 그리고 아프리카에 직접 찾아가서 복음을 전하고 그들을 위해 봉사했습니다. 많은 영혼이 구원받았습니다.

허드슨 테일러(Hudson Taylor)는 중국의 영혼 구원을 위해 기도했습니다. 그리고 직접 중국으로 찾아가서 행동에 옮겼습니다. 그 결과 많은 열매를 얻었습니다.

윌리엄 캐리(William Carry)도 마찬가지입니다. 인도의 지도를 펴놓고 영혼 구원을 위해서 기도했습니다. 그리고 그는 인도로 찾아 나섰습니다. 구하고 찾아 나선 것입니다. 그때 하나님께서 응답해 주셨습니다.

우리는 구하고, 그리고 찾아야 합니다. 우리 주님은 찾는 자에게 찾게 해 주시는 은혜로우신 아버지이십니다.

(3) "두드리라 그리하면 열릴 것이다"

두드리는 것은 단번에 응답되지 않는 것에 대해 인내로서 계속 추구해야 함을 보여주는 말입니다. 구하고 찾고 두드리는 것입니다. 구하고 찾고 두드리는 것은 응답 받을 때까지 계속되는 기도입니다.

헬라어 문법에는 명령법이 두 가지가 있습니다. 하나는 부정과거 명령형인 "열린 문을 닫아라"로 1회 명령하는 것과, 다른 하나는 현재 명령형인 "항상 문을 닫아라"로 계속되는 명령입니다. 오늘 본문에 나오는 "구하라, 찾으라, 두드리라"는 것은 모두 현재 명령형입니다. 계속 구하라, 계속 찾으라, 계속 두드리라는 것입니다. 좀 더 쉽게 말해 본다면 어린아이가 어머니가 가까이 있는데 자기 눈에 보이지 않으면 구합니다. 그리고 가깝지도 않고 보이지도 않으면 찾습니다. 그리고 방에는 있으나 들어갈 수 없을 때 두드립니다. 이것은 구하고 찾고 두드리는 것의 강도가 다르다는 것을 보여주는 것입니다. 예수님께서 "구하라 찾으라 두드리라"고 말씀하신 것은 단순히 기도를 반복만 하라는 것이 아닙니다. 구하고 찾고 두드리라는 것은 간곡한 기도를 말하는 것입니다. 구하고 찾고 두드리라는 것은 인내와 끈기로써 하나님께 요구할 것을 교훈 하신 것입니다.

누가복음 11장에 예수님께서 하나의 예화를 말씀하셨습니다. 밤중에 갑자기 손님이 찾아왔습니다. 그에게 대접할 빵이 없었습니다. 그래서 옆집 친구에게 가서 빵을 좀 달라고 부탁을 했으나 이미 잠자리에 든 친구는 거절했습니다. 그러나 너무 간청하니 빵을 주지 않으면 잠을 잘 수가 없을 것 같아 귀찮아서 일어나 주었습니다.

예수님은 말씀하시기를 "내가 너희에게 이르노니 비록 벗됨을 인하여서는 일어나 주지 아니할지라도 그 강청함을 인하여 일어나 그 소용대로 주리라"고 하셨습니다.

예수님은 또 비유를 들어서 말씀하셨습니다. 누가복음 18장에 나오는 한 과부의 이야기입니다. 어느 과부가 억울한 일이 있어서 불의한 재판관을 찾아가서 부탁했습니다. 그 재판관은 들어주지 아니했습니다. 그러나 매일 가서 자기의 억울함을 구하니 나중에는 부패한 재판관도 만약 이 여인의 소원을 들어주지 않으면 계속 괴롭힐 것이므로 귀찮아서 들어주어야겠다고 생각되어 그 여인의 소원을 들어주었습니다.

주님은 말씀하셨습니다. 세상의 불의한 재판관도 이 백성들의 기도를 들어주는데 하물며 하나님의 백성인 우리 성도들이 하늘의 아버지에게 믿음으로 계속 구하고 찾고 두드릴 때 하늘의 아버지께서 들어주시지 않겠느냐고 말씀하셨습니다.

세계적으로 유명한 호텔 왕 힐튼은 원래 신파 연극을 하는 사람이었습니다. 어느 날 공연을 하는데 구경하러 나오는 사람이 없었습니다. 날씨는 춥고 배는 고프고 빚은 나날이 늘어가는데 갈 데가 없었습니다. 살길이 막연해진 그는 교회에 가서 하나님께 기도했습니다. "하나님 제가 살 곳은 어디입니까?" 하나님께 기도하는 중에 "호텔업을 하라"는 하나님의 음성을 들었습니다. 호텔에 관해서는 전혀 알지 못하는 그였습니다. 그러나 하나님께서 자기에게 주신 지혜로 알고 순종했습니다. 그는 성공했고 호텔 역사상 가장 방대한 체인을 가진 힐튼호텔을 건립했습니다.

성도 여러분, 우리 하나님은 우리의 필요를 하시는 아버지이십니다. 구할 때 주시고, 찾을 때 찾게 하시고, 두드릴 때 열리게 하시는 우리의 아버지이십니다. 실망하지 않고 계속 끈기 있게 믿음으로 구할 때 신실하게 응답해 주시는 은혜로운 우리 하나님 아버지이십니다.

2. 실망시키지 아니하시는 아버지이십니다(7:9, 10, 11).

산상설교에서 주님은 제자들에게 "너희"라는 표현을 계속 사용하십니다. 이것은 우리가 하나님의 자녀임을 강조하신 것입니다. 우리는 하나님을 아버지라 부르며 하나님 아버지는 우리를 그의 자녀로 취급하십니다. 불신자들을 보고 주님은 "구하라 찾으라 두드리라"고 말씀하시지 않으셨습니다. 우리를 향해 "너희는"이라고 말씀하신 것은, "너희"는 중생한 사람들이며 십자가의 피로 죄 사함을 받고 새로 태어난 사람이기 때문입니다. 예수 그리스도 안에 있는 사람들은 특별한 성품을 가진 하나님의 자녀임을 차별화시켜 말씀하신 것입니다.

엡 2:19에 "그러므로 이제부터 너희가 외인도 아니요 손도 아니요 오직 성도들과 동일한 시민이요 하나님의 권속이라"고 하셨습니다. 요 1:12에는 "영접하는 자 곧 그 이름을 믿는 자들에게는 하나님의 자녀가 되는 권세를 주셨으니"라고 했습니다. 아무나 하나님을 아버지라 부를 수 없습니다. 유대인들조차 하나님을 아버지라 부른 적이 없습니다. 그러나 예수님은 우리들에게 하나님을 "아바 아버지"라 부를 수 있다고 하셨습니다. 우리의 기도를 들어주시고 우리와 함께 하시는 하늘의 하나님이 바로 우리의 아버지라고 말씀하신 것입니다. 이 아버지는 은혜로우신 아버지이므로 결코 자식들을 실망시키지 않으십니다.

그 예를 마 7:9-10에서 예수님께서 말씀하셨습니다. 한 마디로 육신의 아버지도 자식들의 요구를 들어주시듯 하늘의 아버지 하나님은 그의 자식의 기도를 들으시고 응답하신다는 교훈입니다. "자녀가 떡을 달라 하는데 돌을 주며 생선을 달라 하는데 뱀을 줄 사람이 어디 있겠느냐?" 그 당시 돌은 바닷가에 있는 작고 둥근 석회암으로 작은 돌들은 작은 빵조각처럼 보였다고 합니다. 그러므로 자녀가 배가 고파 빵을 달라고 할 때 그 아비가 빵 대신에 비슷한 작은 돌을 주면서 우롱할 자가 어디 있겠느냐는 말씀입니다. 빵, 즉 떡은 우리 사람에게 필수적인 일용할 양식인 반면 돌은 인간의 식생활에 무가치한 것들입니다. 또한 "생선을 달라고 할 때 뱀을 줄 자가 어디 있느냐?"고 했습니다. 뱀은 뱀장어와 비슷한 것으로 유대인들에게는 금기로 되어 있었으며 먹을 수 없는 것입니다. 자식이 생선을 먹고 싶다고 할 때 먹을 수도 없고 금기로 되어 있는 징그러운 뱀을 자식들에게 줄 아비가 어디 있겠습니까?

이 땅에 사는 인생들도 자기 자녀들이 배가 고파서 떡을 달라, 생선을 달라 할 때 먹지도 못하는 것이나 뱀을 주어서 그 자녀의 마음을 더 아프게 하거나 실망시키고 우롱할 사람이 어디 있겠습니까? 아무도 없습니다. 그렇다면 독생자 예수 그리스도의 십자가의 보혈로 우리를 구속하시고 불러 주신, 그래서 하나님의 백성으로 삼아 주신 하늘의 은혜로우신 우리 아버지께서 어찌 자기의 백성들을 실망시키겠습니까? 결코 그럴 수 없습니다. 은혜로우신 우리 아버지 하나님은 주의 백성들의 간구에 결코 실망시키지 않으십니다.

3. 하나님 아버지는 우리를 실망시키지 않으시고 더 좋은 것을 주십니다(7:11).

은혜로우신 아버지는 아무 것이나 주지 않고 더 좋은 것을 주십니다. 그리고 필요한 것을 주십니다. 우리 하나님 아버지는 기도에 응답하시되 구하는 대로 아무 것이나 무조건 주지 않으시고 우리에게 더 좋은 것을 주십니다.

어떤 목사는 말하기를 "우리가 구하는 것마다 하나님이 주시도록 되어 있다면 나는 결코 다시 기도하지 않을 것이다. 왜냐하면 나는 하나님께 어떤 것을 구해야 할지를 판단해야 할 내 자신의 지혜에 대해 확신을 갖고 있지 못하기 때문이다. 만약 하나님께서 우리가 구하는 것을 무엇이든지 구하는 대로 바로 주시게 되어 있다면 연약한 인간 지혜에 감당할 수 없는 부담을 지우는 것이다. 어떻게 우리가 그 짐을 질 수 있겠는가?"라고 했습니다. 그렇습니다. 우리 하나님은 결코 우리 기도의 응답에 실수하지 않을 것입니다.

어느 가정에 자녀가 10명 있다고 가정해 봅시다. 그 10명의 자녀가 부모에게 각기 다른 것을 구합니다. 음식도 각각 다른 것을 해 먹고, 구경도 다 각기 서로 다른 것을 하자고 요구합니다. 그때 부모는 자녀들이 각각 요구하는 대로 다 들어주지 않습니다. 그러나 그들의 마음은 다 알고 유익하게 인도해 줍니다. 우리 하나님은 결코 우리를 실망시키지 않으십니다. 가장 좋은 것으로 채워 주십니다. 육신의 아버지는 때로 해로운 것으로 줄 수 있으나 하나님 아버지는 결코 실수하지 않으십니다. 좋은 것을 주십니다.

오늘 본문 11절에 나오는 "좋은 것"을 누가복음에는 "성령"으로 표현하고 있습니다. 그러므로 좋은 것을 주신다는 것은, 하나님 아버지는 그의 자녀들에게 육신적으로 좋은 것과 영적으로 중요한 것을 다 주신다는 말씀입니다.

이 세상에서도 우리에게 필요한 좋은 것을 주십니다. 예수님은 마 6:33에 "너희는 먼저 그의 나라와 그의 의를 구하라 그리하면 이 모든 것을 너희에게 더하시리라"고 하셨습니다. 이 땅에 살아가는데 반드시 필요한 육신적인 것, 물질적인 좋은 것도 주십니다. 동시에 영적으로 좋은 것인 성령을 주십니다. 구하는 자에게 성령의 충만함을 주십니다. 우리가 이 세상을 살아가는데는 성령의 충만함이 반드시 필요합니다. 우리가 성령의 충만함을 받으면 이 세상에서도 평화와 온유, 사랑의 사람이 되고 믿음, 소망, 사랑을 간직하면서 살아갑니다. 얼마나 아름답고 좋은 것입니까? 은혜로우신 우리 아버지는 결코 우리를 실망시키지 않고 좋은 것을 주시는 아버지이십니다.

그러므로 우리는 영적인 축복인 기도를 활용해야 합니다. 오늘날 이 시대는 어느 때보다도 기도해야 할 때입니다. 기도는 어려운 시대에 주의 백성들이 하나님께 구하면 응답 받는 영적인 축복입니다.

이것을 열심히 활용해야 합니다. 구하고 찾고 두드리면 좋은 것을 주시며 결코 실망시키지 않으시겠다고 약속하셨는데, 문제는 우리가 영적인 이 놀라운 축복을 잘 활용하지 못한다는 것입니다. 왜 기도하지 못합니까? 왜 구하지 못하며, 찾지 못하며, 두드리지 못합니까? 안타까운 일입니다. 우리에게 주신 영적인 축복을 활용하지 못하는 사람은 어리석은 사람입니다.

이런 우스운 이야기를 기억하실 것입니다. 오래 전에 선교사 한 분이 시골길을 가다가 할머니 한 분이 머리에 짐을 이고 가는 것을 보고 차에 태워 드렸습니다. 그런데 할머니는 차가 계속 달리는데도 머리에 짐을 계속 이고 계셨습니다. 선교사가 물었습니다. "왜 머리에 짐을 계속 이고 계십니까?" 그 때 할머니는 "태워 주신 것만도 미안한데 어떻게 보따리까지 내려놓겠습니까?"라고 대답했다고 합니다. 이미 차를 타고 있으면서도 보따리를 계속 이고 있는 것은 얼마나 우습고 어리석은 것입니까?

우리도 마찬가지입니다. 우리는 하나님의 크신 은혜로 부름 받아 주 예수님의 십자가의 피로 죄 사함을 받아 하나님의 자녀가 되었습니다. 따라서 구하고 찾고 두드리면 더 좋은 것을 주신다는 주님의 약속을 이미 받은 천국 백성이기 때문에, 주님의 약속을 믿고 모든 것을 주께 다 맡기고 기도하는 사람이 영적인 축복을 마음껏 활용하는 사람입니다. 반면 예수 안에 살면서도 계속 염려하고 걱정하며 슬픔의 보따리를 머리에 이고 있는 것은 영적 축복인 기도를 활용하지 못하는 것입니다.

주님은 우리에게 영적인 축복인 기도를 말씀하셨습니다. "구하라 그러면 너희에게 주실 것이요 찾으라 그러면 찾을 것이요 문을 두드리라 그러면 너희에게 열릴 것이니".

금번 샬롬 찬양단의 선교지 방문과 찬양 집회를 가기 전에 전교인 7일 특별새벽기도회를 비롯한 각종 기도회 등 많은 기도 준비를 했습니다. 그곳에서 받은 은혜와 사랑과 축복은 너무도 풍성했습니다. 기도의 응답이었습니다.

사랑하는 성도 여러분, 우리 주님은 우리의 기도를 응답해 주시되 결코 우리를 실망시키지 않으십니다. 가장 좋은 것으로 주시되 반드시 필요한 것, 유익한 것을 주십니다. 이 영적인 축복을 주안에서 마음껏 구하고 응답 받아 누리는 성도가 됩시다.

4. 응답 받는 기도입니다.

은혜로우신 우리 아버지는 우리의 간구를 들어 응답하십니다. '즉각 응답, 기다리라, 안 된다'의 세 가지로 응답하십니다. 우리 하나님은 우리를 사랑하시며 은혜 베푸시기를 기뻐하시는 주님이므로 우리를 위해 가장 좋은 방법으로 응답하십니다. 그러므로 기도의 응답을 받기 위해서는 우리가 마땅히 해야 할 일이 있습니다.

(1) 마음속에 죄가 없어야 합니다.

죄를 주님 앞에 고백해야 합니다. 먼저 거리끼는 것을 없애고 죄를 제거해야 합니다. 이스라엘이 아이성 공격에 실패한 것은 아간의 범죄가 있었기 때문입니다. 아간의 죄를 이스라엘 총회에서 제거할 때 비로소 승리를 거둘 수 있었습니다. 그러므로 우리가 기도의 응답을 받고 영적인 축복을 누리기 위해서는 항상 자신을 돌아보고, 회개할 것은 회개해야 하고 깨끗한 생명을 얻어야 합니다. 경건 생활에 힘써야 하고, 주님과 늘 대면해야 하며, 주님을 의식하면서 살아가야 합니다.

(2) 반드시 믿음으로 구해야 합니다.

의심하지 말고 구해야 합니다. "기도해 봐야 될까?" 하는 생각으로 하지 말고 믿음으로 구해야 합니다.

1973년 영국 북부 어느 지방에 있는 공산주의자들과 무신론자들이 공회당을 빌려서 좌익계 인사와 명사들을 초청하여 연일 교회와 복음 전도자들을 비난하는 강연회를 가졌습니다. 많은 사람들이 이들의 연설에 동조하기 시작했고, 그 지방의 목사님들은 그냥 둘 수 없다고 생각하여 대책을 세우기 시작했으나 별다른 묘책은 떠오르지 않았습니다. 그 중에 목사님 한 분이 귀가하여 성경을 읽던 중 마태복음 12:28, 29에 보니 "내가 하나님의 성령을 힘입어 귀신을 쫓아내는 것이면 하나님의 나라가 이미 너희에게 임하였느니라. 사람이 먼저 강한 자를 결박하지 않고야 어떻게 그 강한 자의 집에 들어가 그 세간을 늑탈하겠느냐? 결박한 후에야 그 집을 늑탈하리라"는 말씀을 발견하고 공산주의자들과 무신론자들은 마귀의 조종을 받고 있으므로 마귀를 먼저 묶어야 되겠다고 결심했습니다. 그래서 그 목사님은 주일예배를 마친 후 영력이 깊은 성도 100명을 따로 모이게 하고 그 성경 구절을 읽어 주면서 공산주의자와 무신론자들의 소란을 막기 위해서는 그들을 조종하는 마귀를 묶어야 한다고 말했습니다. 그때부터 합심기도가 시작되었고 그들은 확신을 가지고 믿고 기도했습니다. 그때 기적이 일어났습니다. 공산주의자들과 무신론자들 사이에 의견이 대립하기 시작했고, 강연회가 중단되고 흐지부지하게 되었습니다. 그 모임을 주도했던 간부들은 다른 혐의로 모두 체포되었습니다.

믿음의 선지자 엘리야가 비오지 않기를 기도하니 3년 6개월 동안 비가 오지 않았습니다. 그가 다시 기도하자 비가 오기 시작했습니다. 믿음으로 기도할 때 응답되었습니다. 우리 하나님은 믿음으로 구하는 자들에게 응답하십니다. 우리들의 기도도 믿음으로 구하여 응답 받는 기도의 사람이 됩시다.

(3) 하나님의 뜻에 합당하게 구해야 합니다.

우리가 하나님의 뜻을 아는 가장 쉬운 방법은 바로 성경대로 사는 것입니다. 성경은 바로 하나님의 뜻입니다.

① 우리가 기도를 하되 하나님의 뜻으로 하는 것은 바로 성경 말씀대로 하는 것입니다.

성경에 명백히 기록된 것은 하나님의 뜻입니다. 우상숭배를 금하는 것, 안식일을 거룩히 지키는 것, 거짓말과 도적질, 살인과 간음을 금하고, 온전한 십일조를 하라는 것 등 하나님의 뜻이 분명하게 성경에 기록되어 있습니다.

어느 찬양대 지휘자가 부인이 있는데도 한 처녀를 짝사랑하게 되었습니다. 기도하기를 "하나님, 지금 저의 아내는 제 갈비뼈가 아닙니다. 잘못 붙은 갈비뼈입니다. 그러므로 늘 가정 불화가 심하고 여간 괴롭지 않습니다. 요즘 제가 사랑하고 있는 처녀는 진짜 갈비뼈이오니 결혼하게 해주세요." 이것은 하나님의 뜻에 정반대 되는 기도입니다. 그런데 그 후에 정말 아내와 이혼하고 두 사람이 결혼을 했습니다. 그런데 행복할 줄 알았는데 더 불행해지고 마음에 불평과 원망으로 가득 차게 되었습니다. 두 사람은 집회 때마다 앞자리에 앉아서 울면서 회개했습니다. "하나님, 제가 하나님의 말씀에 서지 않고 제멋대로 행하였기 때문에 오늘날과 같은 비극을 겪게 되었습니다. 저의 잘못을 용서해 주옵소서." 우리가 기도를 하되 성경 말씀에 약속된 대로 기도해야 합니다.

② 하나님의 뜻에 합당한 기도를 해야 합니다.
즉 하나님의 영광을 위한 기도를 해야 합니다. 하나님의 영광을 무시하고 자기 자신의 영광을 위한 기도는 응답이 되지 않습니다. 먼저 하나님을 위한 기도를 하고 다음에 나를 위한 기도를 해야 합니다. 우리 예수님의 겟세마네 동산의 기도를 봅시다. "할 수만 있으면 이 잔을 내게서 지나가게 해 주옵소서. 그러나 내 뜻대로 마옵시고 아버지의 뜻대로 하옵소서"

③ 기다림으로 기도해야 합니다.
하나님은 때로는 기다리게 해서 응답 받게 하십니다. 요한복음 11장에 나사로가 죽었을 때 고의로 이틀을 더 유하셨습니다. 죽은 나사로를 다시 살림으로 하나님께 영광을 돌리게 하기 위해서 기다리게 하신 것입니다. 어거스틴의 어머니 모니카는 아들의 회개를 15년이나 기다리면서 기도했습니다.

성도 여러분, 우리들은 너무 쉽게 포기해 버릴 때가 많습니다. 기도하면서 기다립시다. 때가 되면 은혜로우신 하늘 아버지께서 반드시 응답해 주실 것입니다. 성경은 말씀합니다. "오직 여호와를 앙망하는 자(기다리는 자)는 새 힘을 얻으리니 독수리의 날개치며 올라감 같을 것이요 달음박질하여도 곤비치 아니하겠고 걸어가도 피곤치 아니하리로다"(사 40:13).

우리 하나님은 은혜로우신 하나님이십니다. 구하고 찾고 두드리면 응답하시는 하나님이십니다. 결코 그의 백성을 실망시키지 않을 것입니다. 우리에게 필요하고 유익한 것을 주시겠다고 말씀하셨습니다. 그의 뜻에 합당하게 구하면 기도를 응답하실 것입니다. 우리는 하나님께서 주신 이 영적인 축복인 기도를 마음껏 활용하여 구하고 찾고 두드려서 모두 풍성한 약속을 응답 받고 누리시는 성도가 됩시다. 아멘.

산상설교 강해 19

황금률

(본문 / 마태복음 7:12)

　사람들은 누구나 남이 자기에게 잘해 주기를 바랍니다. 다른 사람이 친절하게 해 주고 칭찬해 주기를 바라며 좋은 일을 베풀어주기를 바랍니다. 그런데 오늘 성경 말씀인 산상설교에서 우리 예수님은 천국 백성들의 가장 위대한 모습을 우리에게 가르쳐 주셨습니다. 바로 "남에게 대접을 받고자 하는 대로 너희도 남을 대접하라. 이것이 율법이요 선지자니라"라는 말씀입니다. 이 말씀은 "사회 모든 윤리의 최고봉이요 모든 윤리적 교훈의 에베레스트 봉이다."라고 불립니다. 사실 이것은 천국 백성들만이 지킬 수 있는 말씀입니다. 그래서 이 율법을 '황금률'(the golden rule)이라고 부릅니다.

　천국 백성이며 하나님의 자녀가 된 신자들은 다른 사람이 잘해 주든지 잘 해주지 않든지 상관 말고 그들을 잘 대접해 주는 황금률을 지키는 사람이 되어야 합니다.

1. 황금률은 적극적이고 높은 기준의 법입니다.

세상에는 황금률과 다른 여러 가지의 법이 있습니다. 그러나 대부분이 소극적입니다.

(1) 소극적인 교훈들

동양의 공자는 제자 자공이 "한 마디로 표현할 수 있는 모든 사람의 실천율이 될 만한 것이 있습니까?"라는 질문을 받았을 때 대답하기를 "인(reciprocity)이 그런 단어가 아니겠느냐? 네 자신에게 되어지기를 원치 아니하는 것은 다른 사람에게 행하지 말아라"고 했습니다.

탈무드(Talmud)에 보면 어떤 이방인이 유대교의 유명한 랍비 힐렐(Hillel)에게 찾아가 질문하기를 "율법을 한 마디로 가르쳐 달라"고 했습니다. 그때 그의 대답이 "네 자신에게 싫은 것을 아무에게도 행치 말라. 그것이 율법의 전부요 나머지는 해설에 불과하다."라고 하자 그 이방인은 감격하여 그의 제자가 되었다고 합니다.

토빗(Tobit) 경에는(토비아스는) "네가 미워하는 것은 남에게도 하지 말라"(Tobit 4:15)고 했고, 필로(Philo)는 "네가 원치 않는 것은 그에게 행치 말라"고 했습니다. 또한 에픽데레스는 "네게 원치 않는 고난을 다른 사람에게 주지 말라"고 했습니다. 랍비 엘레에셀은 "네 친구의 명예는 네 자신의 명예같이 너에게 귀한 것이다."라고 말했고, 스토아(Stoa) 학파의 중요한 격언은 "너에게 되어지기를 원치 아니하는 것은 다른 아무에게도 행치 말라"는 것이었습니다.

이 모든 말들은 다 소극적인 것입니다. 그러나 오늘 산상설교에서 주시는 우리 예수님의 교훈은 다릅니다. "남에게 대접을 받고자 하는 대로 남을 대접하라. 이것이 율법이요 선지자니라"고 하셨습니다.

율법의 정신이 무엇입니까? 몇 개의 율법을 지키는 것이 전부가 아닙니다. '우상을 섬기지 않았다.' 그것으로 율법을 다 지킨 것이 아닙니다. '살인하지 말라', '간음하지 말라', '도적질하지 말라' 이것만으로는 안됩니다. 이것들은 모두 다 소극적인 것들입니다. 주님이 요구하시는 것은 더 높은 것, 더 적극적인 것들입니다.

마 22:37-40(눅 10:47)에 어느 율법사가 예수님을 찾아와서 질문을 했습니다. 가장 크고 첫째 되는 계명이 무엇입니까? 예수님께서 이렇게 대답하셨습니다. "네 마음을 다하고 목숨을 다하고 네 힘을 다하여 주 너희 하나님을 사랑하라. 이것이 첫째 계명이요 둘째도 그와 같으니 네 이웃을 네 몸과 같이 사랑하라. 이것이 율법과 선지자의 대강령이니라."

가장 큰 계명은 하나님을 사랑하는 것이요 그 다음이 이웃을 사랑하는 것입니다. 이웃을 사랑한다는 것은 자신보다 남을 더 생각하는 태도가 전제되어야 합니다. 자아 중심, 이기심을 초월한 것이 되어야 합니다.

예수님께서 산상설교를 통해 천국 백성인 우리에게 가르치신 황금률은 소극적인 것이 아닙니다. 남을 해치지 말라는 것은 세상 사람들이 알고 지킵니다. 자기의 형제나 친한 벗을 사랑하라는 것은 악한 자들도 죄인들도 다 할 수 있는 것입니다. 그러나 우리 예수님의 가르침은 더 차원이 높은 것이며 더 적극적인 것들을 요구합니다. 그것이 바로 "남에게 대접을 받고자 하는 대로 너희도 남을 대접하라"는 것입니다.

　율법의 정신은 적극적입니다. 이것은 하나님과 이웃을 사랑하지 않고는 불가능한 것입니다. 이 말씀은 다른 사람을 이해하고 내 자신의 유익을 생각하는 것보다 다른 사람의 유익을 생각하는 사랑의 정신을 보여줍니다. "대접을 받고자 하는 대로"란 말은, '받은 만큼', '똑같은 양만큼'의 선행을 정확히 주고받자는 식의 타산적인 것이 아닙니다. "남을 대접하라"는 말은, 서로의 권리와 주장을 앞세우지 말고 겸손하게 먼저 사랑을 행하라는 뜻입니다. 그러므로 이 황금률은 다른 사람에게 기대하기 전에 자신이 먼저 희생적으로 능동적이고 적극적으로 사랑을 하라는 말씀입니다.

　황금률은 마 6:33의 "그러므로 너희는 먼저 그의 나라와 그의 의를 구하라"는 말씀과 더불어 산상설교의 2대 강령이라고 볼 수 있는 귀한 교훈입니다. "너희는 먼저 그의 나라와 그의 의를 구하라"는 말씀은 하나님과 우리와의 수직적인 관계를 말하고, "너희가 대접을 받고자 하는 대로 남에게 대접하라"는 말씀은 인간과 인간사이의 수평적인 관계를 말합니다. 이 가르침 속에 세상 사람들과 천국 백성들과의 차별성이 드러납니다. 천국 백성에게 주신 계명은 세상의 것과 다릅니다.

　우리 예수님은 이웃을 섬기는 사랑을 직접 모범으로 보여 주셨습니다(막 10:45). 마지막 날 밤 제자의 발을 씻기어 주신 주님은, 십자가에서 못 박혀 피흘려 우리 죄인을 구원하시려고 자신의 생명을 주셨습니다. 말로 다할 수 없고 측량할 수 없는 부유한 사랑을 받은 천국 백성된 우리는, 직접 모범을 보여주신 우리 주님을 본받아 겸손히 이웃을 섬기고 대접하는 더 고상하고 차원 높은 황금률을 적극적이고 차원 높게 수행하는 성도가 됩시다.

2. 왜 이 율법을 지켜야 합니까?(7:12)

본문에는 "그러므로"(ουν-운: therefore)라는 연결사가 나옵니다. 이것은 앞의 문장과 연결되는 말씀입니다. 물론 앞에 말씀하신 산상설교 모든 내용을 말한다고 볼 수 있습니다. 그리고 바로 앞에 나오는 "비판하지 말라", "거룩한 것을 개에게 주지 말고 진주를 돼지에게 던지지 말라", "구하라 찾으라 두드리라 그리하면 주시리라"는 기도 응답의 말씀과도 연결됩니다. 그러므로 이 말씀은 '천국 백성인 너희는 비판하는 자가 되지 말고 오히려 남을 대접하라'고 해석할 수 있습니다.

그런데 그보다 더 연결이 잘되는 것은 바로 우리가 받은 보배가 있기 때문입니다.

(1) 우리는 거룩한 것과 진주, 즉 보배를 가졌으므로 황금률을 지켜야 합니다.

"거룩한 것과 진주"는 하나님의 복음이요 예수 그리스도를 말합니다. 우리는 예수 그리스도를 통하여 구원을 소유한 백성이 되었습니다. 천국 백성이 된 것입니다. 아무나 이 보배를 가질 수 없습니다. 아무나 천국 백성이 될 수 없습니다. 누구든지 구원을 얻을 수 있는 것은 아닙니다. 오직 이 보배는 주의 은혜로 얻는 것입니다. 그러므로 우리는 이 보배를 받은 것을 항상 감사하게 생각해야 합니다. 질그릇과 같은 우리가 이 보화를 가진 것입니다. 그러므로 우리는 예수님께서 말씀하신 황금률을 지켜야 합니다.

우리가 잘 아는 일본의 기독교 작가 '미우라 아야꼬'는 13년간 병실에 누어 투병생활을 했습니다. 폐결핵과 척추 카리에스 환자였습니다. 그러던 그가 병원에서 전도를 받고 성경을 읽기 시작했습니다. 특별히 전도서를 읽던 중 도저히 부인할 수 없는 하나님의 놀라운 존재를 발견하고 26세 때 예수 그리스도를 영접하고 병상에서 세례를 받았습니다. 그는 놀라운 보배를 소유하게 되었습니다. 그의 삶은 이전과는 다른 새로운 삶으로 완전히 바뀌어졌습니다. 그녀는 여전히 병든 상태인 37세 때 '미우라 다쓰요'라는 신앙이 좋은 남자와 결혼을 하게 됩니다. 두 사람은 평생 주님을 위해 살기로 결심합니다. 신혼 초에 자기들이 사는 집 앞에 게시판을 세워서 교회 안내와 성경 말씀을 매일 바꾸어 기록했습니다. 또한 교회 전도지와 팜플렛을 사용하여 기도를 했습니다. 그러던 중 아사히신문의 현상금 1천만 엔이 걸린 유명한 「빙점」이란 소설을 쓰게 되었습니다. 원고가 1천매나 되는 방대한 것이었습니다. 남편의 적극적인 도움으로 이 글을 써서 제출했습니다. 이때 남편은 막 11:24의 "무엇이든지 기도하고 구하는 것은 분명히 받은 줄로 믿으라. 그리하면 너희에게 그대로 되리라"고 말하면서 확신했습니다. 반면 부인은 의심했습니다. 그때 남편은 "믿는 대로 될찌어다."라고 했습니다. 드디어 1천만엔 현상소설 제1차 예선에서 25편이 뽑혔는데, 그 중에 「빙점」도 들어 있었습니다. 미우라 아야꼬의 기쁨은 너무도 컸고 흥분이 되었습니다. 최종 발표날이 왔습니다. 1등으로 당선되었다는 전화가 왔습니다. 부인은 기뻐 감격하여 친정 식구들에게 달려가려 했습니다. 이때 남편은 2층으로 그녀를 불렀습니다. 그리고 "감사의 기도를 드리자"라고 말했습니다. 그녀는 1년간 남편이 확신을 가지고 기도해 왔던 일이 생각났습니다. 남편 미우라씨는 "1천만 엔은 우리에게 너무도 큰 거액이야. 이 돈을 가지고 무엇을 어떻게 쓸까 하고 망설이면 올바르게 쓸 수가 없어. 또 아까운 생각이 드니까 나는 이 돈을 어떻게 쓸지 하나님께 기도해 놓았어"라고 말했습니다. 그는 하나님의 뜻에 맞도록 써 달라고 기도해 놓았고 하나님을 위해, 그리고 이웃을 위해 썼으면 좋겠다고 미리 계획해 놓았던 것입니다. 그리고 그는 "우리는 흙으로 만들어진 질그릇에 불과해. 이 질그릇을 하나님이 써 주실 때는 반드시 써 주시는 분이야. 우리는 내 자신이 하나의 질그릇 같은 것에 불과하다는 것을 차후에 결코 잊지 않도록 해야 한다."고 말했습니다.

그렇습니다. 우리 하나님은 병상에서 생활하다시피 하는 연약한 질그릇과도 같은 여인을 통해서, 수많은 사람들에게 하나님의 복음을 전하게 하시고, 그 질그릇에 담긴 보화를 하나님과 이웃을 위해 나누어주고 사용하는 감격적이고 놀라운 일을 하게 하셨습니다.

성도 여러분, 우리는 질그릇과 같이 잘 부서지는 연약한 존재들입니다. 그러나 하나님께서는 질그릇과도 같은 우리 속에 예수 그리스도의 복음과 성령을 주셔서 변화시키시고 이 질그릇 속에 천국의 보화를 주셨습니다. 그러므로 우리는 보배를 주신 주의 크신 은혜에 감사함으로 하나님을 위해서, 내 이웃을 위해서, 우리가 먼저 사랑하고 줄줄 아는 성도가 되도록 기도하고 실천하는 하나님의 백성이 됩시다.

(2) 기도의 특권을 받았으니 황금률을 지켜야 합니다.

우리 주님은 천국 백성인 우리들에게 말씀하셨습니다. "구하라 주실 것이요 찾으라 찾을 것이요 문을 두드리라 그리하면 열릴 것이라. 너희 중에 누가 아들이 떡을 달라 하면 돌을 주며 생선을 달라 하면 뱀을 줄 사람이 어디 있겠느냐? 너희가 악한 자라도 좋은 것으로 자식에게 줄줄 알거든 하물며 하늘에 계신 너희 천부께서 구하는 자에게 좋은 것으로 주시지 않겠느냐"

예수님은 우리에게 기도의 응답을 약속하셨습니다. 예수님은 불신자들을 향해서 "구하라 찾으라 두드리라 내가 응답하리라"고 말씀하시지 않으셨습니다. 이 기도의 특권은 주님을 믿는 주님의 백성들, 즉 우리들에게만 약속하시고 주신 것입니다. 우리는 이 영적인 특권을 하나님 아버지로부터 받았습니다. 오직 하나님의 은혜로 받은 것입니다. 그러므로 은혜를 입은 자의 할 일은 감사하며 사랑하는 것입니다. 주님의 은혜에 감사하고 주를 더욱 사랑하되 이웃을 함께 사랑해야 합니다.

사랑하는 성도 여러분, 나도 주의 은혜를 입었으니 남에게 주어야 합니다. 하나님의 사랑을 받았으니 이웃을 사랑해야 합니다. 내가 죄용서 받았으니 다른 사람의 죄도 용서해 주어야 합니다. 주님으로부터 일만 달란트 빚진 자처럼 큰 탕감을 받은 은혜 받은 자로서, 나에게 백 데나리온의 작은 잘못을 한 형제의 빚을 용서해 주는 것은 당연합니다.

우리는 주께서 우리에게 베푸신 은혜를 바로 알아야 합니다. 과거 내 자신의 형편과 주 예수 그리스도를 믿고 난 지금의 나의 모습을 비교해 보십시오. 나의 신분이 죄인에서 의인으로 바뀌어졌습니다. 영과 육이 주님이 기뻐하시는 길을 향하여 걸어가게 되었습니다. 성령의 인도함을 받고 살아갑니다. 천국의 약속이 보장되어 있습니다. 놀라운 구원의 복음과 주 예수 그리스도의 놀라운 보배를 간직하고 있습니다. 기도하면 응답해 주시는 놀라운 축복을 소유하고 있습니다. 시편 기자는 말합니다. "여호와께서 내게 주신 은혜를 무엇으로 보답할꼬" 이것이 우리의 고백이 되어야 합니다. 그러므로 여호와의 은혜를 무한히 받은 우리는 당연히 남에게 먼저 대접할 줄 알아야 한다는 것이 주님께서 명령하신 황금률입니다.

일곱 귀신 들렸던 불행했던 여인 막달라 마리아가 주의 크신 은혜로 깨끗함을 얻자 끝까지 주님을 따르며 섬기며 봉사하며 주님의 십자가에까지, 장사하는 일에도 수종들며 부활의 첫 증인이 되었습니다.

여리고의 세리요 죄인이었던 삭개오가 주님의 은혜로 부름을 받자 크신 은혜에 감격하여 자기 재산의 반을 가난한 자들에게 나눠주고 남에게 토색한 것은 네배로 갚는 결단을 내렸습니다.

핍박자 사울이 주님의 크신 은혜로 부름을 받자 부귀와 영화를 다 버리고 평생을 많은 사람들에게 십자가와 부활을 전하는 주님의 복음을 전파자 사도 바울이 되었습니다.

영국의 청교도 시대 유명한 지도자 크롬웰(Cromwell)이 있었습니다. 그는 주님을 잘 섬기는 신앙인이었습니다. 그는 가장 사랑하는 맏아들이 세상을 떠나는 큰 슬픔을 당했습니다. 그는 크게 낙심했습니다. 그러나 빌립보서 4장의 말씀을 읽는 중에 "내가 풍부에 처할 줄도 알고 내가 비천에 처할 줄도 알아 모든 일에 배부르며 배고픔과 풍부와 궁핍에도 일체의 비결을 배웠노라"라는 말씀을 읽고, '나도 이런 비결을 배웠으면 얼마나 좋을까' 하며 성경을 계속 읽어 내려가다가 4:13에 "내게 능력 주시는 자 안에서 내가 모든 것을 할 수 있느니라"는 말씀을 읽자 그 자리에서 갑자기 일어나면서 외쳤습니다. "사도 바울의 그리스도는 오늘날 나의 그리스도가 아닌가!"

그렇습니다. 우리 주 예수 그리스도는 그의 피로 값 주고 우리를 사셨습니다. 그리고 천국의 백성으로서 이 어려운 세상을 살아가는 우리들에게 영적인 특권을 주셨습니다. "구하라 찾아라 두드리라 내가 응답하겠다"는 주님의 기도 응답의 약속은 이 시간에도 지구상에서 수많은 그의 백성들의 간구에 귀를 기울이시며 들으시고 응답해 주시고 있습니다.

성도 여러분, 과거에도, 지금도, 미래에도, 우리의 기도에 응답하시고 우리의 갈 길을 인도하시며 장래를 약속해 주신 주님의 특권을 받은 자로서, 우리가 받은 이 은혜를 형제들에게 먼저 줄줄 아는 황금률을 생활화하는 성도가 됩시다.

3. 황금률을 어떻게 지켜야 할까요?(지키는 법)

(1) 내 자신이 죽어야 합니다.

본문 7:12은 "남에게 대접을 받고자 하는 대로 남에게 주라"고 말합니다. 이 율법을 완벽하게 지킬 자는 아무도 없습니다. 율법 앞에서 완전한 사람은 아무도 없습니다. 어떻게 황금률을 지킬 수 있을까요? 그것은 주의 은혜로 됩니다. 내 자신이 스스로 지킬 수 없습니다. 내 자신의 능력으로 지킬 수 없습니다. 내 자신이 살아 있어서는 안됩니다. 내가 죽고 성령으로 거듭나고 새 생명을 받고 진정한 천국 백성이 되지 않고는 불가능합니다.

마태복음 25장에 양과 염소의 비유가 나옵니다. 이것은 최후 심판의 장면을 설명해 주시는 말씀입니다. 그 내용은 오른 편의 양들은 내가 주릴 때 먹이고, 목마를 때에 마시우고, 헐벗을 때에 입히고, 나그네 되었을 때 영접하고, 병들었을 때에 돌아보고, 감옥에 갇혔을 때 돌아보았고, 왼편에 염소들은 그렇게 하지 않았다는 것입니다. 여기에서 주님의 가르침은 "한 소자에게 행한 것이 바로 나에게 행한 것이다."라는 말씀에 있습니다. 어린 소자, 즉 연약한 인생에게 행한 것이 바로 예수님께 행한 것이라는 말씀입니다.

예수 그리스도에게 대하듯 하는 것은 자신이 죽지 않고는 불가능한 일입니다. 이것은 의무적으로나 억지로 되는 일이 아닙니다. 예수 그리스도를 믿음으로, 예수 그리스도의 사랑을 가짐으로 행할 수 있습니다. 주님이 말씀하신 "남에게 대접을 받고자 하는 대로 너희도 남을 대접하라"는 황금률을 지키기 위해서는 사도 바울처럼 날마다 자신을 쳐서 그리스도께 복종시키는 훈련을 매일같이 하면서 내 속에 그리스도께서 온전히 지배하시도록 해야 합니다.

(2) 생의 우선 순위가 바로 되어야 합니다.

왜 우리가 황금률을 바로 실천하지 못합니까? 그것은 우리 생의 최우선 순위가 잘못되었기 때문입니다. 황금률을 지키지 못하는 대부분의 경우가 자기 자신을 제일 앞에 두기 때문입니다. 자신을 먼저 생각하는 사람은 다른 사람보다 자기를 더 우월하다고 생각합니다. 천국 백성은 예수 그리스도를 최우선으로 생각하고 생의 최우선 자리에 그리스도를 모십니다. 그렇게 하지 않고는 형제를 사랑하거나 대접할 수가 없습니다. 천국 백성은 예수 그리스도를 생의 최우선 자리에 모실 때 기쁨이 있습니다.

조이(JOY) 선교회란 단체가 있는데, 'JOY'라는 글자에는 나름대로 의미가 있습니다. 'J'는 Jesus의 약자로 '예수님'이란 말이고, 'O'는 Others의 약자로 '다른 사람들'이라는 말입니다. 그리고 'Y'는 You의 약자로 '당신'이라는 말입니다. 기쁨의 순위는 맨 먼저 예수 그리스도, 그 다음에 다른 사람들, 그리고 당신, 즉 우리 자신이 되어야 한다는 뜻입니다. 우리가 정말 기쁨을 누릴 수 있는 생활은 내 생활의 최우선 자리에 예수님을 모셔야 하며, 그리고 다른 사람을 기쁘게 해주고, 맨 마지막에 내 자신의 기쁨을 추구할 때 있습니다. 그래서 주님은 최고의 계명은 "네 마음과 목숨과 힘을 다하여 주 너의 하나님을 사랑하고 그리고 네 이웃을 네 몸과 같이 사랑하라"고 하신 것입니다.

성도 여러분, 우리 생의 우선 순위를 제일 먼저 예수 그리스도께 두어야 합니다. 내 마음의 보좌에 예수 그리스도를 왕으로 모셔야 합니다. 예수 그리스도를 최우선으로 모셔야 성령의 감동을 받아서 황금률을 지킬 수가 있습니다.

우리는 지금 황금률을 훌륭하게 잘 지키고 있습니까? 아니면 잘 지키지 못하고 있습니까? 그렇다면 내 생의 우선 순위가 지금 어떻게 되어 있는지를 점검해 보아야 합니다. '예수 그리스도를 제일 먼저 모시고 있는가? 아니면 그 반대로 내가 항상 앞에 오고 있는가?'

우리는 천국 백성들입니다. 따라서 예수 그리스도를 제일 우선 자리에 항상 모시고, 그리고 그 다음에 이웃을, 맨 마지막에 내 자신을 두는 황금률을 실천하는 성도가 됩시다.

(3) 저주하지 말고 남을 축복하는 생활을 해야 합니다.

"남을 대접하라"는 황금률을 지키기 위해서는 남을 축복하는 생활이 훈련되어야 합니다. 비판보다는 축복해 주는 자세가 될 때 황금률을 지킬 수 있습니다.

한 때 영국 런던에는 세계적인 유명한 목사님 세분이 목회를 하고 있었습니다. 그리스도교의 마이어(F. B. Meyer) 목사, 침례교 교회(Tabernacle)의 유명한 찰스 스펄전(Charles Spurgeon) 목사, 웨스트민스터(Westminster) 사원의 캠벨 몰간(Campbell Morgan) 목사였습니다. 그 중에 그 영향력이나 인기도가 약간 떨어져 가고 있던 분이 마이어(F. B. Meyer) 목사였습니다. 그 목사님이 자기의 일기에 이렇게 고백한 글이 있습니다. "왜 그런지 나는 기도만 하면 스펄전과 캠벨 몰간에 대한 질투와 시기심이 자꾸만 일어난다."

사람으로서 있을 수 있는 진정한 고백을 했습니다. 다른 사람들이 두 분의 목사님을 칭찬하는 소리를 들을 때 "하나님, 내 속에서 두 분을 시기하는 마음을 없게 해 주소서."라고 기도 드렸습니다. 아무리 노력을 해도 시기가 자꾸 일어났습니다. 그런데 어느 날 깊은 기도 시간을 가졌을 때 하나님께서 이렇게 말씀하셨습니다. "마이어, 너는 지금까지 시기하지 않게 해 달라고 기도만 했지 스펄전 목사를 위해서, 캠벨 몰간 목사를 위해서 축복하는 기도를 해보았느냐?" 이 음성에 부딪치자 목사님은 무릎을 꿇고 기도하기 시작했습니다. "주여, 스펄전 목사님과 캠벨 몰간 목사님을 축복하시옵소서. 그 두 교회가 잘 되게 해 주소서."라고 축복 기도를 하기 시작했습니다. 그 다음날 아침 경건의 시간에 자기의 노트에 이렇게 기록했습니다. "나는 이제 자유를 얻었다. 평안을 얻었다. 내 마음속에 기쁨이 샘솟는다. 평화가 넘친다. 나에게 이러한 자유와 환희를 가져다주는 것을 알지 못하고 나는 비판했다. 그리고 시기했다. 오 하나님이시여, 나를 용서해 주신 것을 감사합니다. 이제 다시는 이 비판의 노예가 되지 않도록 나를 도와주시고 계속 사람들을 축복하며 살게 해 주옵소서."

성도 여러분, 우리는 나를 비판하는 사람을 축복할 때 황금률을 실천할 수 있습니다. 내 원수를 사랑하고 나를 괴롭히는 사람을 미워하거나 비판하지 않고 그를 위하여 축복 기도를 할 때, 이것이야말로 바로 산상 설교의 절정이요 윤리의 최고봉인 황금률을 지키는 것입니다. 이것은 아무나 지킬 수 있는 것이 아닙니다. 예수 그리스도의 십자가의 사랑과 용서를 아는 사람만이 지킬 수 있고, 내 자신을 날마다 말씀 앞에 놓고 사는 사람만이 지킬 수 있습니다. 예수 그리스도를 내 생의 최우선 자리에 모시는 사람만이 지킬 수 있는 차원 높은 법입니다. 천국 백성인 우리는 마땅히 이 율법을 지키도록 되어 있는 사람들입니다.

예수님의 교훈은 이것을 지켜야 천국에 들어간다는 것이 아닙니다. 예수님의 교훈은 '너희는 십자가의 피로 깨끗해졌고, 이미 하나님의 백성이 되었으므로 죄악 많은 이 세상에서 너희만이라도 이 사랑을 실천하여 마땅히 세상의 소금과 빛이 되어야만 한다. 당연히 남을 사랑하고 대접하도록 되어 있는 사람들이다.'고 말씀하시는 것입니다.

어떤 어린아이가 산에 올라가서 산을 보고 소리를 쳤습니다. "이 바보야!"하니까, "이 바보야!"하는 소리가 들려 왔습니다. "나는 너를 싫어한다!"하고 외치니까, "나는 너를 싫어한다!"는 산울림이 들려 왔습니다. 아이가 달려가서 어머니에게 사실대로 이야기했더니, 어머니는 아이에게 "너는 다시 가서 산을 향하여 '나는 너를 사랑한다' 라고 외쳐 보아라"고 말했습니다. 아이는 다시 가서 큰 소리로 "나는 너를 사랑한다!"라고 외쳤습니다. 그러자 "나는 너를 사랑한다!"라는 자기가 소리친 것과 똑같은 메아리가 들려 왔습니다. 외칠수록 똑같은 소리가 들려 왔습니다.

주님께서 말씀하신 "남에게 대접을 받고자 하는 대로 너희도 남을 대접하라"는 것은 적극적이고 차원 높은 명령입니다. 성도 여러분, 우리는 은혜를 받은 자들입니다. 보배를 가진 천국 백성들입니다. 하나님으로부터 많은 특권을 받은 사람들입니다. 따라서 우리는 이 황금률을 지키도록 되어 있는 신분임을 감사하고, 내 자신이 날마다 그리스도 앞에서 복종되고 죽는 생활을 해야 합니다. 그리스도를 최우선 자리에 모시고, 그 다음에 다른 사람, 그리고 나 자신을 두어야 합니다. 비판과 시기보다 축복을 비는 삶을 살아야 합니다.

우리는 하나님의 백성, 즉 천국의 시민권을 가진 백성들입니다. 이 세상에 살아도 이 세상과 다른 차원 높은 윤리와 법을 가지고 사는 하나님의 자녀들입니다. 우리는 주님께서 천국 백성인 우리에게만 주신 "남에게 대접받고자 하는 대로 너희도 남을 대접하라"는 황금률을 지키도록 되어 있는 특권을 가진 백성임을 항상 기억합시다. 그것은 우리 모두 천국 백성답게 우리 자신이 먼저 남을 인정해 주고, 우리가 먼저 칭찬 해 주고, 우리가 먼저 친절하고, 우리가 먼저 대접해 주고, 우리가 먼저 축복을 빌어 주는 차원 높고 적극적인 그리스도의 사랑을 성령의 도우심을 받아 우리의 사는 날까지 날마다 노력하며 실천하는 것입니다. 아멘.

산상설교 강해 20

두 길

(본문 / 마태복음 7:13-14)

　우리 인생은 모두 길을 걸어가고 있습니다. 지금까지 어떤 길을 걸어왔으며, 지금 어떤 길을 가고 있으며, 앞으로 어떤 길을 걸어가게 될까요? 우리는 항상 선택하며 살아야 합니다. 그런데 오늘 본문인 산상설교에서 우리 예수님은, 길은 두 가지 밖에 없다고 말씀하십니다. 천국 백성은 이 두 길 가운데 하나를 걸어가야 한다고 가르치셨습니다. 그 길은 좁은 길과 넓은 길입니다. 또한 참 선지자와 거짓 선지자의 길, 열매 있는 나무와 열매 없는 나무, 모래 위에 지은 집과 반석 위에 지은 집이 있습니다. 이 둘 중에 하나를 택해야 합니다.

　세상의 모든 사람들은 이 둘 중에 하나를 선택해서 걸어가고 있습니다. 오늘 우리는 두 길에 대해서 생각해 보면서 천국 백성인 우리가 이 두 길 중에 어떤 길을 선택하고 걸어가야 하는지를 잘 살펴보아야 합니다.

1. 멸망으로 인도하는 넓은 길입니다(7:13).

(1) 이 길은 넓은 길입니다.

"넓다"(ευρυχωρος-유뤼코로스)는 말은, 육신적으로 편하다는 뜻입니다. 마음껏 할 수 있는 자유의 길입니다. 오늘날 사람들은 무엇에 얽매이기를 싫어합니다. 자기가 하고 싶은 대로 하며 살아가려고 합니다. 누구의 간섭이나 지시를 받지 않고 자유롭게 지내고 싶어합니다. 그런데 목표 없이, 계획 없이, 내 마음껏 자유를 누리는데는 항상 방종과 죄악이 뒤따르기 마련입니다.

넓은 길에는 절제 없는 생활, 질서와 규율이 파괴되는 생활이 있습니다. 거기에는 도덕과 윤리, 그리고 종교가 부패되기 마련입니다. 목표 없이, 생각 없이 행하니 결과는 죄악을 낳게 됩니다. 경건한 것보다는 방종하는 것이 더 크고 넓은 길입니다.

오늘날의 신앙인들은 어떻습니까? 신앙인들도 어렵게 신앙 생활하는 것보다 쉽게 신앙 생활하는 것을 좋아합니다. 그래서 신앙도 형식적이 되어 버립니다. 예배드리는 것도, 기도 생활도 형식적이 되기 쉽습니다. 그저 흉내를 내는 것으로 전락하고 있습니다. 따라서 가능하면 쉽게 신앙 생활하고 쉽게 살아가려고 합니다.

옛날에 비해서 우리가 사는 이 시대는 살기가 아주 편리한 시대입니다. 그래서 옛날 사람처럼 고생하지 않고 편리하게 살아가려고 합니다. 그러다 보니 사람들의 의식 구조가 할 수만 있으면 편한 것을 찾게 되어 버렸습니다. 어려운 것은 싫다는 것입니다.

이것이 신앙 생활에도 영향을 끼쳤습니다. 편하게 예수 믿고, 쉽게 신앙 생활하려는 경향이 많이 나타나게 되었습니다. 예배도 가능하면 한번 정도로 끝내고, 예배 시간도 길면 지루하고 간단한 것이 좋고, 기도 생활도 간편하게 하고, 교회는 그저 방문객들이 와서 앉았다가 가는 것으로 여깁니다. 이것은 자유롭고 편하고 내 마음대로 할 수 있는 넓은 길입니다.

우리는 알아야 합니다. 이런 것은 값싼 은혜를 구하는 것입니다. 싸구려 은혜를 구하는 것입니다. 예수 그리스도께서 우리에게 주신 구원의 은혜는 너무도 귀한 보배와도 같습니다. 아무나 얻을 수 없고 헐값으로 살수도 없습니다. 흥정 할 수도 없습니다. 우리 마음대로 선택하는 것도 아닙니다. 너무도 고귀한 것입니다.

그렇다고 우리가 비싼 돈을 주고 많은 노력과 고행, 또는 선행을 통해서, 우리 힘으로 얻는 것은 아닙니다. 오직 주님의 은혜로 우리가 믿음으로 얻은 것입니다. 이 은혜를 아는 사람은 자유롭고 쉽게 신앙 생활을 할 수 없습니다. 주님의 은혜를 헛되이 하지 않습니다. 더 사모하고, 더 열심히, 더 헌신적으로 주님을 가까이 하며 예배드리기를 노력합니다.

그런데 너무도 쉽게 믿고 적당고 자유롭게 넓은 길로만 갈 때 어떤 일들이 일어나겠습니까? 환난의 바람이 불고 시련이 올 때 쉽게만 신앙 생활하고 값싼 은혜를 구하며 넓은 길로 간 사람들은 추풍낙엽처럼 다 떨어지고 말았습니다. 그래서 예수님은 천국 백성인 우리에게 경고하십니다. '너희는 넓은 길로 가지 말아라'

(2) 넓은 길은 많은 사람들이 가는 길입니다.

세상의 많은 사람들이 몰려간다 해서 반드시 다 옳은 것은 아닙니다. 뚜렷한 신관(神觀)이나 인생관이나 목표 없이 사는 사람들은 군중심리에 쉽게 어울리게 됩니다. 그리고 적당주의에 따라서 다른 사람과 같이 눈치만 살피고 그렇게 어울리고 마는 것입니다. 시대의 조류와 유행에 따라서 움직이는 사람들입니다. 이것이 많은 사람들이 가는 길입니다. 많은 사람이 가니까 여기에 미혹되어 따라가는 사람들이 많습니다. 우리가 기억해야 할 것은 많은 사람들이 몰려간다고 해서 그것이 다 바른 것은 아니라는 사실입니다.

로마의 콘스탄틴 황제가 기독교를 공인했을 때 많은 사람들이 기독교 안에 들어왔습니다. 기독교가 황제의 승인을 받기까지 수많은 성도들이 피를 흘리며 신앙의 지조와 순결을 지키며 살아왔는데, 핍박의 시대가 막을 내리자 정부의 호감을 얻고 아부하기를 좋아하는 무리들이 교회 안으로 들어왔습니다. 그들은 십자가의 고귀한 구속의 은혜와 진정한 사랑에 감격하는 과정도 거치지 않고 자기들 나름대로 종교생활을 교회 안으로 가지고 들어와서 기독교를 미신화 시켜 버렸습니다. 로마 카톨릭의 마리아 숭배, 성자 숭배 등이 다 이런 이방 종교에서 가지고 들어온 것으로 이방종교의 부산물들로 볼 수 있습니다. 결국 기독교는 숫자는 많아졌지만 내부는 부패하고 속화되어 타락해 버리는 결과를 초래하고 말았습니다.

많은 수가 항상 좋은 것만이 아닙니다. 하나님의 신실한 종들도 많은 거짓 선지자들 때문에 고난을 당했습니다. 예레미야와 미가 선지자는 진실한 예언을 했고 많은 거짓 선지자들은 거짓 예언을 했습니다. 그것 때문에 많은 거짓 선지자들과 권력자들로부터 핍박을 받았습니다.

노아 홍수 시대에도 수많은 사람들은 노아의 말을 듣지 않고 넓은 길로 걸어갔습니다. 노아의 여덟 식구만 제외하고 그들은 먹고 마시고 장가가고 시집가며 방종의 길을 걸어갔습니다. 그 결과 하나님이 내리신 대홍수로 인해 모두 멸망당하고 말았습니다.

믿음의 조상 아브라함도 자기 고향 갈대아 우르를 혼자서 나와 많은 사람들이 가는 넓은 길을 가지 아니하고 하나님께서 지시하실 새로운 땅을 향하여 외롭고 고달픈 길이지만 따라갈 때 믿음의 조상의 축복을 받았습니다.

모세도 애굽의 부귀영화, 자유와 향락, 즐거움이 보장된 그 넓은 길을 버렸습니다. 많은 사람들이 탐을 내고 수단과 방법을 가리지 않고서라도 쟁취하려는 최고의 권력 자리를 먼지 털 듯이 버리고 하나님의 명령을 따라 나섰습니다.

예수님께서 한 번은 많은 무리들과 제자들 앞에서 천국에 관한 말씀을 하셨을 때, 그 설교를 듣고 있던 많은 사람들이 "이 말씀은 어렵도다 누가 들을 수 있겠느냐?" 하고 제자들 중에서도 많이 물러가고 12제자만 남았습니다. 이때 예수님께서 제자들을 향하여 "너희들도 가려느냐?" 하고 물었을 때, 시몬 베드로가 "주여 영생의 말씀이 여기 계시매 우리가 뉘게로 가오리이까?"라고 대답했습니다.

성도 여러분, 신앙인도 진실한 길을 걸어가는 것은 어렵습니다. 그러므로 진정한 신앙의 길을 걸어가는 사람이 적습니다. 과연 나는 지금 어떤 길을 걸어가고 있습니까? 넓은 길로 가고 있지는 않습니까? 천국 백성인 우리는 다른 사람이 간다고 해서 그 길로 따라가서는 안됩니다. 시대와 유행이 그렇다 해서 뜻 없이, 생각 없이 그저 따라가서는 안됩니다. 모든 것을 너무 쉽게 생각하고 심각성이나 고민도 없이 넓은 길을 가서는 안됩니다.

우리는 우리 삶의 최우선의 자리에 예수님을 모시고 살아야 합니다. 주님은 말씀하셨습니다. "너희는 먼저 그의 나라와 그 의를 구하라. 그리하면 이 모든 것을 너희에게 더하시리라"(마6:33) 우리가 구별된 삶을 살지 않을 때 우리는 이방인과 세리들과 죄인들과 다를 것이 없습니다. 우리는 모든 사람이 다 넓은 길로 가고 죄악의 길로 간다 할지라도 결코 그들을 따라가지 아니하고 그의 나라와 의를 구하는 믿음의 성도들 되시길 바랍니다.

(3) 넓은 길은 결국 멸망입니다.

본문 8:13은 "멸망으로 인도하는 문은 크고 그 길이 넓다"고 했습니다. 넓은 길은 죄악의 길이요, 많은 사람들이 가는 길의 종착역은 결국 멸망입니다. 하나님을 부인하고 그리스도를 주인으로 모시지 않고 자신의 뜻대로 쾌락을 추구하고 마음대로 산 결과는 바로 죽음과 심판의 길뿐입니다.

대구 어느 장로님 아들이 아버지 말을 잘 듣지 않고 공부도 안하고 교회 결석을 자주하기 시작했습니다. 아버지는 아들을 권면도 해보고 책망도 해보고 갖은 노력을 다했으나, 결국은 아들은 불순종하고 탕자처럼 세상 길로 가고 말았습니다. 그는 세상의 많은 사람들이 가는 길, 넓은 길로 갔습니다. 대왕 코너에 대화재 사건이 일어났습니다. 그때 불에 타서 많은 사람들이 죽었는데 특히 춤을 추고 먹고 마시고 향락을 즐기던 젊은이들이 대부분이었습니다. 그런데 죽은 사람들 가운데 애를 먹이던 장로님의 아들이 있었습니다.

얼마나 가슴 아프고 통탄스러운 일입니까? 넓은 길은 바로 멸망의 길이요 파멸의 길입니다. 넓은 길은 그렇게 길지 않습니다. 얼마 못가서 파멸의 순간이 옵니다. 개인적으로도 넓은 길을 가는 사람은 파멸합니다. 그리고 이 세상에서도 속히 오실 주님 앞에서 심판을 받을 것입니다.

 성도 여러분, 우리는 어느 길을 가고 있습니까? 우리의 가족들, 자녀들은 지금 어느 길을 가고 있습니까? 넓은 길을 피해야 합니다. 경계하고 조심해야 합니다. 넓은 길에서 빠져 나와야 합니다. 세리 마태는 세관에 앉아 있다가 주님이 부르실 때 결단하고 그 자리에서 나왔습니다.

 우리는 많은 사람이 간다고 해서 따라가는 적당주의와 타협주의의 넓은 길에서 나오고, 너무 쉽게 예수 믿고 값싼 은혜만을 받으려는 안일한 넓은 길에서 빠져 나와야 합니다. 그리고 항상 우리 주위에서 우리를 유혹하는 죄악의 넓은 길에서 빠져 나와야 합니다. 그래서 오직 하나님을 기쁘시게 하여 넓은 길을 경계하고 조심하여 멸망을 피하는 지혜로운 성도가 됩시다.

2. 우리는 좁은 길로 가야 합니다.

 주님은 오늘 성경 본문에서 천국 백성인 우리에게 좁은 길로 가야 한다고 말씀하십니다. "좁은"(στενης-스케네스)이란 말은 '박해'를 뜻합니다. 이것은 제자들이 가야 할 길이 박해와 반대를 무릅쓰고 가야 하는 길임을 보여줍니다. 좁은 문은 하나님께서 만드신 길입니다. 하나님의 법도대로 가는 길입니다. 즉 성경대로 사는 길입니다. 이 길은 얽매이기 쉬운 것을 벗어버리고 가는 길입니다. 거치는 것은 내 버리고 가는 길입니다.

 좁은 문은 많은 사람들이 가는 넓은 길이 아닙니다. 자유와 방종의 길이 아닙니다. 값싼 은혜를 구하는 넓은 길이 아닙니다. 아무렇게나 갈 수 없는 길입니다. 조심해서 가는 길이요 정신을 차려야 가는 길입니다. 좁은 문은 하나님의 백성만이 가는 길입니다. 시1:1에 "복 있는 사람은 악인의 꾀를 좇지 아니하고 죄인에 길에 서지 아니하며 오직 여호와의 율법을 즐거워하여 그 율법을 주야로 묵상하는 자로다. 저는 시냇가에 심은 나무가 시절을 좇아 과실을 맺으며 그 잎사귀가 마르지 아니함 같으니 그 행사가 다 형통하리로다."라고 하였습니다. 이 길은 진리의 길, 생명의 길입니다.

(2) 좁은 길은 찾는 이가 적은 길입니다(7:14).

"생명으로 인도하는 문은 그 길이 좁고 협착하여 찾는 이가 적음이니라" 시대마다 진리를 끝까지 좇는 신자는 항상 적습니다. 왜냐하면 이 길은 어려운 길이기 때문입니다. 기독교인의 생활은 어려운 생활입니다. 기독교인 천국 백성은 천국의 법대로 살아야 하므로 어렵고 힘든 길을 가야만 합니다. 왜냐하면 이 길은 예수님처럼 사는 길이기 때문입니다. 주님은 말씀하셨습니다. "내가 곧 길이요 진리요 생명이니 나로 말미암지 아니하고는 아버지께로 올 자가 없느니라"(요 14:6)

아무나 이 길을 따라 갈 수 없습니다. 핍박과 수난을 각오해야 이 길을 따를 수 있습니다. 일제시대에 신사 참배를 강요당했을 때 끝까지 반대하고 신앙의 순결을 지킨 사람들은 적습니다. 공산 치하 속에서도 끝까지 진리의 길을 걸어간 사람은 많지 않습니다. 이 길은 자기를 부인하고 자기를 낮추고 하나님만을 생각하는 길이므로 바로 십자가의 길입니다. 그러므로 찾는 사람이 적습니다.

1937년 9월 10일, 제 27회 대한 예수교 장로회 총회가 평양 서문

밖 교회에서 열렸습니다. 219명의 총대가 전국에서 모였습니다. 이미 일제에 매수된 노회 대표들이 '신사 참배 결의 급 성명서 발표의 제안'을 요구했습니다. 이때 일부 선교사들이 반대를 하였으나 총회장은 이를 무시하고 선교사들은 경찰의 제지를 받는 가운데 "가하면 예! 하시오"라고 물었습니다. 그때 이미 매수된 수 십인이 "예"라고 하였으나 아주 낮은 소리로 대답했습니다. 그러나 회장은 "아니면 아니라 하시오"를 묻지 않고 '채용하기로 가결'을 하고 성명서를 발표하였습니다.

- 아등은 신사는 종교가 아니오 기독교의 교리에 위반되지 않는 본의를 이해하고 애국적 국가 의식임을 자각하여 이에 신사 참배를 솔선려행하고 추히 국민 정신 총동원에 참가하여 비상 시국 하에서 통독 황국신민으로써 적성을 다 하기로 기함-

그리고 대표단이 신사를 참배하기로 결정했습니다. 이어서 목사와 장로들이 평양 신사에 참배했습니다. 이미 신사 참배에 반대한 주기철, 한상동 목사 등은 감옥에 투옥시켜 버렸습니다.

우리는 이 역사적인 사실을 보면서 진리의 길은 좁다는 것을 알 수 있습니다. 이 길은 어렵고 찾는 이가 적습니다. 왜냐하면 이 길은 십자가의 길이기 때문입니다.

주기철 목사님은 한국 교회가 신사 참배하며 넓은 길로 가고 있을 때 끝까지 반대하다가 감옥에 갇혀 심한 고문을 받았습니다. 하루는 목사님을 끌어내어 놓고 무수한 못이 솟아 있는 널빤지를 앞에 두고 신사 참배를 반대하다가 감옥에 갇힌 성도들을 불러 모아 놓고는 일본 형사가 "너희들이 신사 참배를 하겠다면 주목사가 못 위를 걷지 않을 터이요 그렇지 아니하면 이 위를 걷게 할 것이다." 그러자 주

목사님은 "성도 여러분! 나 주기철을 생각하지 마십시오. 오직 주의 십자가만 바라보십시오. 오직 주님의 계명만 굳게 지키십시오."라고 외쳤습니다. 그리고 자진해서 못 판 위로 올라섰습니다. 그 순간 성도들은 울음을 터뜨리며 찬송을 불렀습니다. 한발 한발 내 딛는 목사님의 발에서 피가 흐르고 발자국마다 붉은 핏자국이 얼룩졌습니다. 주 목사님은 좁은 길, 순교의 길을 걸어가셨습니다.

성도 여러분, 우리도 어렵고 힘들어도 많은 사람들이 가는 넓은 길, 멸망의 길로 따라가지 말고 주님 가신 그 좁은 길, 십자가의 길을, 앞서간 신실한 주의 종들이 걸어간 그 좁은 길을 걸어가는 천국 백성이 되기를 바랍니다.

(3) 좁은 길은 생명을 얻는 길입니다(7:14)-"생명으로 인도하는 문은 길이 좁고 길이 협착하여 찾는 이가 적음이니라"

이 길은 모욕과 핍박을 받는 수난의 길인 동시에 생명을 얻는 길입니다. 예수님은 마5:11, 12에 "나를 인하여 너희를 욕하고 핍박하고 거짓으로 너희를 거스려 악한 말을 할 때에 너희에게 복이 있나니 기뻐하고 즐거워하라. 하늘에서 너희의 상이 큼이라 너희 전에 있던 선지자들을 이같이 핍박하였느니라"고 말씀하셨습니다. 두 길의 종착역은 완전히 다릅니다. 넓은 길은 멸망의 길이요, 좁은 길은 생명의 길입니다.

예수님께서 추수하실 때가 가까워 옵니다. 그때는 같은 밭에서 자란 알곡과 가라지를 구별하여 심판하실 것입니다. 알곡은 곳간으로, 가라지는 불구덩이 속에 던져 넣어 태워 버리실 것입니다. 넓은 길의 종착역은 심판이요 멸망입니다. 좁은 길의 종착역은 생명이요 구원입니다.

이 세상에서 가장 귀중한 것은 생명입니다. 이 생명은 잠깐 있다가 없어지는 인간 세상의 생명이 아니라 영원한 생명입니다. 이 생명은 주 예수 그리스도의 십자가의 피를 믿는 구속받은 성도들만이 얻을 수 있는 귀중한 생명이요 천하보다 귀한 것입니다. 누가 진정한 성공자입니까? 영원한 생명을 얻는 자가 진정한 성공자입니다. 일시적인 쾌락이나 명예, 인기를 누리는 것은 아침 안개와 같이 잠깐 있다가 사라져 버립니다. 최후의 승리자가 참 성공자입니다.

그 극명한 예를 예수님은 비유로 말씀하셨습니다. 바로 부자와 거지 나사로의 이야기입니다. 한 사람은 이 세상에서 마음껏 먹고 마시고 고운 옷 입고 연락하며 하나님 없이 살았습니다. 자유롭게 넓은 길을 향해 달렸습니다. 그 결과 종착역은 지옥 불이었습니다. 뜨거운 불구덩이 속에서 목이 말라 물 한 방울만 달라고 소리쳤습니다. 반면 거지 나사로는 비록 이 땅위에서 병들고 헐벗고 가난하게 살았으나, 그는 예수님을 믿고 하나님을 모시고 산 좁은 길로 간 사람입니다. 그의 종착역은 믿음의 조상 아브라함과 성도들이 간 천국이었습니다. 영화롭고 아름다운 곳에서 그는 영원한 생명을 얻고 완전한 기쁨과 환희 속에 살게 되었습니다.

누가 성공자입니까? 좁은 길로 간 사람입니다. 왜 좁은 길로 가야만 합니까? 이 길은 우리 주님이 원하시는 길이기 때문입니다. 마땅히 우리는 이 길을 가야만 합니다. 생명의 길이요, 영생의 길이요, 영원히 사는 길이요, 참 성공의 길이기 때문입니다. 우리 모두 이 좁은 길로 가시지 않겠습니까?

3. 어떻게 이 좁은 길로 갈 수 있을까요?

생명의 길, 좁은 길을 통과하기 위해서 우리가 해야 할 것이 있습니다.

(1) 회개하지 않고는 이 길을 가지 못합니다.

예수께서 복음을 전파하실 때 "때가 찼고 하나님 나라가 가까웠으니 회개하고 복음을 믿으라"고 외쳤습니다. 회개 없이는 참된 믿음을 소유할 수 없습니다. 회개는 무엇입니까? 한 마디로 말하면 "하나님 없는 사람이 하나님 있는 사람으로 바뀌어지는 것"입니다 내 생활 중심에 예수 그리스도께서 주인이 되는 것입니다. 내 생활 방향이 예수 그리스도께로 바뀌어지는 것입니다.

현대인들은 회개란 말을 싫어합니다. 그러나 이 길은 통과해야만 하는 길이므로 회개는 꼭 필요합니다. 회개하지 않고는 참 그리스도인이 될 수 없습니다. 그러므로 이 길은 찾는 이가 적습니다.

그러나 하나님의 참된 백성은 좁은 문을 통과하기 위해 회개의 생활을 합니다. 예수님도 "심령이 가난한 자는 복이 있나니 천국이 저희 것임이요 애통하는 자는 복이 있나니 저희가 위로를 받을 것임이라"고 하셨습니다. 자신의 부족함을 깨닫고 내 속에 있는 더러운 모든 것을 내놓는 회개하는 사람은 천국을 소유할 수 있다고 하셨습니다. 매일 매일 주님 앞에서 내 자신의 진실한 모습을 발견하고 회개하며 좁은 길을 통과하는 성도가 됩시다.

(2) 좁은 길을 통과하기 위해서는 매일 훈련해야 합니다.

좁은 길을 가는 것은 힘들고 어렵습니다. 그러므로 어떤 유혹이나 시련이 와도 능히 이길 수 있도록 매일 매일 자기 극복의 훈련과 절제나 노력을 통한 경건과 성화의 길을 걸어가야 합니다.

옛날 유명한 유크리트가 애굽 왕의 어전에서 기하학을 강의할 때 왕이 묻기를 "쉽게 배울 수 있는 길은 없는가?"라고 하자 대답 하기를 "폐하, 학문의 길에는 왕도가 없습니다."라고 말했습니다. 유명한 피아니스트 루빈스타인은 피나는 노력과 훈련을 통해서 명성을 얻었습니다. 그는 종종 이렇게 말했습니다. "하루만 연습을 거르면 내가 알고, 이틀을 거르면 내 친구가 알고, 사흘은 거르면 청중이 안다."

좁은 길을 걸어가는 성도들은 매일 매일 훈련되어야만 합니다. 딤전 4:7에 "오직 경건에 이르기를 연습하라. 육체의 연습은 약간의 유익이 있으나 경건은 범사에 유익하니 금생과 내생에 약속이 있느니라."고 말씀합니다. 우리는 매일 매일 이 좁은 길을 걸어가기 위해서 연습해야 합니다.

제자는 훈련받는 사람입니다. 제자 훈련을 할 때 제자는 태어나는 것이 아니라 끊임없는 훈련으로 된다는 것을 가르칩니다. "제자"란 말은 영어로 disciple인데, 그 동사는 discipline으로 '훈련하다'는 뜻이 있습니다. 우리는 좁은 길을 향해 가는 주의 제자들입니다. 그러므로 모든 일에 훈련해야 합니다.

① 말의 훈련을 해야 합니다.
천국 백성인 우리는 말에도 좁은 길을 통과해야 하는 훈련을 해야

합니다. 말 한마디로 사람을 죽이기도 하고 살리기도 합니다. 세상에 총검에 죽는 사람은 많으나 독설에 죽는 사람의 수는 더 많습니다.

데이의 "세 금문"이란 시에 나오는 글입니다. "말하기 전에 세 황문을 지나게 하라. 다 좁은 문들이라. 첫째 문은 그것이 참 말이냐? 그리고 이것은 필요한 말이냐? 네 마음속에 대답하라. 마지막으로 가장 좁은 문은 곧 친절한 말인가? 그 세 문을 지나 네 입에 왔거든 그 말의 결과가 어떻든 염려하지 말고 크게 외쳐라!"

② 사고의 훈련이 필요합니다.
모든 죄는 마음의 생각에서 옵니다. 잠 4:23을 보면 "무릇 지킬 만한 것보다 더욱 네 마음을 지키라 생명의 근원이 이에서 남이니라"고 나옵니다. 빌 2:5은 "너희 안에 이 마음을 품으라 곧 그리스도 예수의 마음이니"라고 말씀합니다. 비신앙적이고 세상적인 것만 자꾸 생각하면 좁은 길을 걸어 갈 수 없습니다.

③ 헌신의 생활을 훈련해야 합니다.
좁은 길은 주를 따르는 자들이 가는 길입니다. 그러므로 내 자신의 뜻대로 살 수 없습니다. 다른 사람들은 주일날이라도 야유회 가고 놀러 다니지만 우리는 교회에 나와서 하나님 앞에 예배드리며 봉사하며 경건하게 보냅니다. 왜냐하면 이 날은 나의 날이 아니고 주님의 날이므로 헌신해야 하는 것입니다.

스위스의 유명한 의사 폴 트루니에는 '인생의 길'을 세 가지로 말합니다. "첫째 길은 하나님은 없고 현실만 있는 것이다. 이것은 물질주의자들의 길이다. 물질에만 몰두하고 하나님으로부터 도피하는 길이다. 둘째 길은 현실은 없고 하나님만 있는 것이다. 이것은 광적인 신비주의이다. 현실로부터 도피이다. 세 번째의 길은 하나님도 있고 현실도 있는 것이다. 이것은 참된 신자의 길이다. 현실의 아픔을 직시하면서 하나님을 바라보는 것이다. 현실 속에서 하나님을 의지하고 살아가는 길이다."

성도 여러분, 우리는 결단해야 합니다. 좁은 길이냐 넓은 길이냐? 나는 어느 길을 가고 있는가? 우리는 많은 사람이 쉽게 가는 길, 죄악의 길, 넓은 길을 조심해야 합니다. 우리는 비록 힘들고 어렵더라도 영원한 생명의 길인 좁은 길로 가야 합니다. 천국 백성인 우리는 마땅히 좁은 길로 가야만 합니다. 그러기 위해서 우리는 매일 매일 자신을 철저히 돌아보고 회개하는 생활을 해야 합니다. 날마다 경건한 훈련을 해야 합니다. 위대한 신앙의 인물들처럼 결단해야 합니다.

모세는 "보라 내가 오늘날 생명과 불과 사망과 화를 네 앞에 두었다. 선택하라."고 말했습니다. 여호수아는 "너희가 섬길 자를 택하라 우상이냐 하나님이냐 나와 내 집은 여호와만 섬기겠노라"라고 했습니다. 엘리야는 갈멜산 위에서 머뭇거리는 백성들을 향해 "너희가 어느 때까지 두 사이에서 머뭇머뭇하려느냐?"고 책망했습니다.

성도 여러분, 우리는 좁은 길을 선택하고 이 길을 가야만 하는 사람들입니다. 힘들고 어려워도 이 좁은 길을 향해 갑시다. 그리고 아직도 방황하고 넓은 길로 향해서 가고 있는 불쌍한 영혼들을 다 주 앞으로 인도하며 그들도 좁은 길을 통하여 영원한 생명과 상급을 얻도록 인도하는 천국 백성이 됩시다. 아멘.

산상설교 강해 21

두 나무
(본문 / 마태복음 7:15-23)

우리에게는 항상 두 가지 중에 하나를 선택해야 되는 결단이 요구됩니다. 특히 우리가 사는 세상에는 진짜보다 가짜가 더 많은 것 같습니다. 그러므로 선택을 잘 해야 합니다.

오늘 성경 본문에서 예수님은 우리에게 어느 것이 진짜 열매인가, 어느 것이 좋은 나무인가를 선택해야 하는 말씀을 하십니다. 천국 백성인 우리는 영적 분별력을 가져야 합니다. 참 선지자와 거짓 선지자를 구별해야 합니다. 진리와 거짓 교훈을 구별해야 합니다. 좋은 열매를 맺는 나무와 나쁜 열매를 맺는 나무를 분별해야 합니다.

1. 두 종류의 선지자

예수님은 두 종류의 선지자에 대해서 말씀하셨습니다. 바로 참 선지자와 거짓 선지자입니다(7:15).

(1) 이 세상에는 참 선지자와 거짓 선지자가 있습니다.

특별히 말세에는 거짓 선지자가 많이 일어날 것이라고 성경은 계속 경고성을 가진 예언을 하고 있습니다. 거짓 선지자들은 양의 옷을 입고 나타난다고 했습니다. 목자들이 들에서 양을 지킬 때 그들이 입는 옷은 겉으로 가죽이 나오고 안으로 양털로 된 옷입니다. 그러나 이 목자의 옷을 입었다고 해서 모두가 다 목자가 아닙니다. 선지자들도 제복이 있었다고 하는데 엘리야는 겉옷을 입었고, 털이 많은 외투를 입었다고 합니다. 헬라의 철학자들은 양가죽으로 만든 외투를 입었다고 합니다. 이것은 구별된 복장입니다. 신약시대에도 각 교회를 방랑하는 선지자들이 있었다고 합니다. 선지자들은 하나님과 교회를 위하여 자신의 모든 것을 포기하고 교회에 힘과 뜨거움을 공급해 주었습니다.

그러나 거짓 선지자들은 자기 세력 확장에 혈안이 되어 있었고, 안이한 생활과 방종과 나태에 빠져 있었습니다. 물론 거짓 선지자들도 목자가 입는 양의 옷을 입고 생활하였습니다(슥 13:4). 본문이 말씀하는 것은 거짓 선지자들이 양피 옷을 입었다는 그 자체를 말하는 것이 아니라 하나님의 진실한 선지자인양 순결하고 온화한 외모를 나타내려고 했다는 말입니다. 거짓 선지자들은 속과 겉이 전혀 다릅니다.

(2) 예수님은 거짓 선지자들을 조심하라고 경고하십니다.

천국을 향해 가는 하나님의 백성들 속에 거짓 선지자들은 거짓 교훈을 가지고 침투해 들어옵니다. 이들은 위험스런 존재들입니다. 교인들을 미혹하여 멸망으로 인도하는 넓은 문으로 데리고 갑니다. 이들은 듣기 좋은 소리만 합니다.

예수님은 이들을 노략질하는 이리라고 했습니다. 곧 진리의 대적자, 자기 탐욕을 채우기 위해 타인을 희생시키는데 급급한 자들입니다. 여기 "노략질하다"의 원어 'αρπαγες'(아르파게스)의 뜻은 강탈, 몰수, 약탈, 탐욕 등 다양한 뜻이 있는 말로서, 거짓 선지자들의 사악한 내면을 적나라하게 보여주는 단어입니다.

거짓 선지자들은 몇 가지 속성을 가지고 있습니다.

① 위장입니다.
진리와 정의는 그 자체가 공명정대한 것이므로 숨길 필요가 없으나, 거짓 선지자는 항상 거짓으로 위장하고 나옵니다.

② 탐욕입니다.
참 선지자는 이타적인(unselfish)인 동기에서 자기를 죽이고 진리를 전하나, 거짓 선지자는 이기적(selfish)인 동기로 자기 자신만을 살리기 위해 남을 죽입니다. 그러므로 진리를 전한다 해도 이기적인 목적으로 하면 거짓 선지자요, 순수한 동기에서 전한다 해도 비진리를 전파하면 그 역시 거짓 선지자입니다.

③ 간교함입니다.
거짓 선지자는 에덴 동산에 나타난 뱀이 하와를 미혹하여 범죄케 한 그 간교함을 가지고 성도들을 유혹하고 있습니다. 그들은 하나님의 말씀을 거짓 선포합니다. 자기 말, 자기 사상, 자기 중심의 말을 전파합니다. 반면 참 선지자는 하나님의 입에서 나오는 말씀을 전파합니다. 듣기 싫어해도 경고와 책망을 그대로 전합니다.

예레미야와 미가 선지자는 듣기 싫어하는 이스라엘 백성과 지도자들을 향해서 죄악에서 돌아와 회개하고 하나님을 섬기라고 호소를 했습니다. 그리고 '만약 돌아오지 않으면 너희는 망한다. 나라가 망하고 포로가 될 것이다.'라고 경고했습니다. 모두 듣기 싫어했습니다. 그러나 그들은 하나님 말씀을 가감 없이 그대로 전했습니다.

우리 주 예수 그리스도께서도 바리새인과 서기관들과 대제사장들을 향해서 그들의 외식과 부패함과 더러움을 보시고 "화 있을찐저 이 외식하는 자들아 독사의 자식들아"라고 책망하셨습니다. 그리고 앞으로 올 진노의 심판을 그대로 예언하셨습니다. 참 선지자는 하나님 나라, 그리고 진리와 복음을 위해서 자기의 목숨을 바칩니다.

(3) 그러면 어떻게 참 선지자와 거짓 선지자를 구별할 수 있을까요?

① 그들의 가르침은 성경적인가?
이것을 보면 알 수 있습니다. 이들은 성경의 일부만 가지고 가르칩니다. 성경은 하나님의 정확 무오한 말씀입니다. 성령으로 영감된 책입니다. 신앙과 생활의 유일한 표준입니다. 그러므로 이들의 예언과 가르침이 성경에 있는지, 성경의 참 정신과 뜻과 일치하는지, 이러한 질문들을 해보면 구별할 수 있습니다. 거짓 선지자들은 속죄의 요리, 회개, 지옥, 심판, 멸망을 강조하지 않습니다.

② 구원의 길로 인도하는가?
구원의 길은 좁은 길, 좁은 문이며 오직 주 예수 그리스도의 피 공로로 구원받을 수 있습니다. 이것을 바르게 가르치지 않는 것이 거짓 선지자들입니다.

③ 그들의 사역 동기가 무엇인가?
전도의 동기가 무엇인지, 무엇 때문에 일하는가를 알아야 합니다.

거짓 선지자들은 노략질하려고 합니다(겔 22:27). 자기를 좇게 하려고 합니다(행 20:29). 거짓 선지자들은 생활과 가르침이 일치하지 않는 잘못을 가지고 있습니다.

(4) 그러면 참된 교회는 어떤 곳일까요?

우리는 어떤 교회를 택해야 할까요? 어떤 지도자를 선택해야 할까요? 참된 교회의 세 가지 표시가 있습니다.

① 하나님 말씀을 신실하게 바르게 전파해야 합니다.
어떤 청년 한 사람이 목사님을 찾아와서 "목사님, 다른 말씀은 다 하셔도 마귀가 있다는 말은 하지 말아 주시기 바랍니다."라고 말했습니다. 목사님은 그 청년을 자기 서재로 인도했습니다. 그리고 '독약'이라고 써 놓은 조그마한 병을 꺼내서 그 병의 상표를 지워 버리고 '사탕'이라고 적어서 그 청년에게 주었습니다. 그러자 청년은 눈이 휘둥그래져서 "목사님, 분명히 독약이라고 적어 놓은 것을 지워 버리고 사탕이라고 기록하면 어떻게 합니까? 위험합니다."라고 말했습니다. 이때 목사님은 "여보게 청년, 성경은 우리에게 밝히 말씀하시기를 이 세상에는 마귀가 있다고 말했고, 마귀가 우는 사자같이 두루 삼킬 자를 찾는다고 했으므로 강단에 선 주의 종들은 분명하게 마귀를 마귀라고 해야 하지 않겠는가? 자네의 불만을 없애 주기 위해서 마귀가 있는 것을 없다고 말할 수 있겠는가? 이는 마치 독약을 사탕이라고 해서 먹게 하는 죄를 범하는 것과 같은 것이네."라고 말해 주었습니다.

그렇습니다. 오늘 날 현대인들은 죄, 용서, 회개, 지옥, 심판, 십자가, 헌신 등은 듣기를 싫어합니다. 그러나 참된 선지자와 참된 교회는 사람들이 하나님 말씀을 듣기 싫어하는 것까지도 그대로 전해야 합니다. 반면 거짓 선지자는 듣기 싫어하는 소리 빼어 버리고 듣기 좋은 소리만 하다 결국 모두 망하고 맙니다.

② 참된 교회의 표시는 올바른 성례를 집행하는 것입니다.
세례와 성찬에는 아무나 참여시킬 수 없습니다. 주 예수 그리스도의 십자가의 구속 사실을 믿고 감격하고 주님을 진정으로 사랑하는 성도들이 성례에 참여할 수 있습니다. 세례는 주 예수님을 구주로 온전히 고백하는 사람만이 받습니다. 성찬은 세례 받은 사람으로서 주님의 사랑을 알고, 예수님이 우리를 위하여 살을 찢고 피 흘려주신 사실을 바로 이해하고 믿는 분별력이 있는 사람들이 참여하는 것입니다. 분별력 없는 어린아이들이나 세례 받지 못한 성도들은 참여할 수 없습니다.

③ 참된 교회는 정당한 권징을 실시하는 교회입니다.
하나님의 교회는 순결하고 거룩한 공동체입니다. 주 예수 그리스도의 십자가의 피로 구속받은 성도들이 모인 거룩한 공회입니다. 그러므로 교회는 거룩성과 순결을 파괴하는 죄로부터 보호되어야 합니다. 따라서 교회의 정결과 개인 영혼의 유익을 위해 범죄한 자들을 권징해야 합니다. 하나님 앞에서 죄를 지었을 때 회개하고, 그 죄가 하나님의 교회를 더럽히고 거룩성을 파괴한 것일 때 권징을 하는 것입니다.

그러나 오늘날 권징이 점점 약화되고 있습니다. 권징을 받으려는 사람도 없고 권징을 주는 교회도 없어져 갑니다. 예전에는 범죄 했을 때 스스로 목사를 찾아와서 벌주기를 원하는 일들이 종종 있었으나 요사이는 어떻습니까? 고백도 하지 않고, 벌주면 다른 교회로 가 버리고, 다른 교회에서는 이 사람이 어떤 신분인지 확인도 하지 않고 재빨리 환영하고 직분까지 주어 버리는 행동들을 하고 있습니다.

참된 성도는 권징을 통해서 더 새로워지고, 주님을 더 사랑하게 되고, 더 큰 은혜를 얻게 됩니다.

성도 여러분, 우리는 하나님의 자녀요 천국 백성으로 부름을 받았습니다. 우리는 영적 분별력을 가지고 올바른 것과 나쁜 것을 구별해 내고, 좋은 것을 선택할 수 있어야 합니다. 우리 앞에는 항상 사탄이 광명한 천사의 모습으로 나타나서 미혹하기도 하고, 때로는 위협도 합니다. 그러나 우리는 주안에서 성령의 인도함을 받는 생활을 계속함으로 참 선지자와 거짓 선지자를 구별하고, 참 교회와 거짓 교회를 구별해서, 항상 진리 속에 거하며, 진리와 함께 생활하며, 영적 분별력을 가진 성도가 됩시다.

2. 두 나무

예수님은 이어서 두 나무에 관해서 말씀하셨습니다(7:16-20). 좋은 열매 맺는 나무와 나쁜 열매맺는 나무가 있습니다. 유대인과 헬라인은 모두 그 열매로 판단했습니다. 에피테투스(Epictetus)는 "포도나무가 어떻게 밀감나무같이 자랄 수 있으며 밀감나무에 어떻게 포도나무가 같이 자랄 수 있느냐?"라고 했고, 세네카(Seneca)는 "무화과나무가 밀감나무에서 나올 수 없는 것 같이 선은 악에서 나올 수 없다"고 했습니다. 예수님은 본문에서 "가시나무에서 포도를 엉겅퀴에서 무화과를 따겠느냐?"라고 말씀하셨습니다.

가시나무는 작은 포도와 거의 비슷하다고 합니다. 꽃이 피는 엉겅퀴는 무화과와 아주 닮았다고 합니다. 겉보기에는 거짓 선지자와 참 선지자는 잘 구분이 안되고 비슷한 것 같아도 완전히 다릅니다. 열매를 보면 누가 진짜인지 누가 가짜인지 알 수 있습니다. 열매를 보면 대번에 나타납니다. 그러나 설혹 사람들은 누가 진짜인지 가짜인지를 모를 수 있으나 하나님은 정확히 아십니다.

예수님은 말씀하시기를 7:17-18에 "좋은 나무마다 아름다운 열매를 맺고 못된 나무가 나쁜 열매를 맺나니 좋은 나무가 나쁜 열매를 맺을 수 없고 나쁜 나무가 아름다운 열매를 맺을 수 없느니라"고 하셨습니다. 좋은 나무는 확실히 소출할 수 있는 건강한 나무를 가리키며, 아름다운 열매는 전혀 결함이 없는 충실한 열매를 가리킵니다. 나무가 그의 체질과 성품에 반대하는 열매를 맺는다는 것은 사실상 불가능합니다. 그래서 예수님은 7:20에 "이러므로 그의 열매로 그들을 알리라"고 하셨습니다.

포도나무를 보면 나무 자체는 아주 가치가 없습니다. 재목, 땔감, 관상용으로도 가치가 없습니다. 그러나 포도나무의 생명은 주렁주렁 소담스럽게 열리는 풍성한 포도 열매에 있습니다. 아무리 좋은 모습을 가지고 있어도 열매가 없으면 소용이 없습니다. 아무리 좋은 모습을 가지고 있어도 생활과 일치가 되지 않으면 소용이 없습니다. 나쁜 나무도 일시적으로는 좋은 열매를 맺을 수 있을 지 모르나 결국은 나쁜 열매를 맺을 수밖에 없을 것입니다. 좋은 나무와 나쁜 나무는 분명히 구별될 수 있습니다. 왜냐하면 열매가 다르기 때문입니다.

주 예수 그리스도를 구주로 고백하고 섬기는 주의 백성들은 좋은 나무입니다. 예수 그리스도의 십자가의 피로 새 생명을 얻었고 접붙임을 받아 이미 좋은 나무가 되었습니다. 그러므로 당연히 좋은 나무의 열매를 맺어야 합니다. 그런데 하나님의 백성은 때로 실수를 하고 순간적 범죄로 나쁜 열매를 맺을 때가 간혹 있습니다. 이것을 어떻게 해석할 수 있을까요?

우리의 가는 길은 천국 가는 길이요 순례자의 길입니다. 동시에 이 길은 생명의 길이므로 좁은 길이요 힘든 길입니다. 도중에 거짓 선지자들이 미혹을 하고 마귀가 시험을 하는 길입니다. 그래서 주의 종들이나 평신도들도 연약하여 실수하고 범죄할 수도 있습니다. 그러나 결코 하나님의 백성은 망하지 않습니다. 순간적으로 나쁜 열매를 맺을 수 있을지는 모르나 원래 본질이 좋은 나무이므로 결국에는 좋은 열매를 맺게 되어 있습니다.

경부선 기차를 타고 서울에서 부산으로 내려오면 낙동강이 굽이굽이 흐릅니다. 어떤 곳은 수상 스키를 탈 수 있을 정도로 넓은 곳도 있고, 어떤 곳은 헤엄쳐도 건널 수 있을 정도의 좁은 곳이 있습니다. 동쪽으로, 때로는 서쪽으로 구불구불 흘러가는 것처럼 보이나 결국 7백리가 끝나는 곳은 구포를 지나 들어가는 바다입니다.

마찬가지로 구원받은 성도의 목적지는 오직 천국입니다. 비록 이 세상을 살아갈 때 하나님의 백성들이 때로는 넘어지고, 때로는 낙심하고, 때로는 실패하고 힘이 없어 보이나 결국은 하나님 나라로 인도 받게 되는 것입니다. 이것이 주의 은혜요 복음입니다.

요나 선지자를 봅시다. 그는 하나님께서 니느웨로 가서 외치라는 말씀을 하셨지만 거역하고 다시스로 가려다가 풍랑을 만나 큰 물고기 뱃속에 들어가서 3일 3야 동안 죽을 고생을 하고 철저히 회개한 다음 결국 니느웨로 돌아가서 말씀을 외치게 되었습니다.

탕자가 아버지를 떠나 허랑 방탕하며 죄를 짓다가 나중에는 거지가 되고 배가 고파 죽게 되자 자신의 죄를 깨닫고 회개하고 아버지께로 돌아옵니다.

나쁜 나무는 결국 나쁜 열매를 맺게 마련입니다. 좋은 나무는 좋은 열매를 맺을 수밖에 없습니다. 그러므로 우리는 구원받은 하나님의 백성으로 항상 좋은 열매를 맺어야 합니다. 항상 좋은 열매를 맺기 위해서는 어떻게 해야 할까요? 내 속에 주님을 닮아 가려는 열정을 가져야 합니다. 주를 향한 뜨거운 사랑이 있어야 합니다. 성령의 열매를 맺기를 원하는 소원이 있어야 합니다.

우리 앞에는 두 나무가 있습니다. 좋은 열매를 맺는 나무와 나쁜 열매를 맺는 나무가 있습니다. 당연히 참된 선지자와 천국 백성은 좋은 열매를 맺는 나무에 속해야 합니다. 예수님은 그 열매를 보아서 그 나무를 안다고 하셨습니다. 거짓 선지자와 거짓 성도는 썩어질 육신의 열매를 맺습니다.

갈 5:19을 보십시오. 천국 백성인 우리가 맺어야 할 좋은 열매는 무엇입니까? 그것은 성령의 열매입니다. 갈 5:22은 말씀합니다. "오직 성령의 열매는 사랑과 희락과 화평과 오래 참음과 자비와 양선과 충성과 온유와 절제니"

성도 여러분, 우리는 예수 그리스도의 십자가의 피로 접붙임을 받은 좋은 나무입니다. 그러므로 우리는 좋은 열매를 맺어야 합니다. 당연히 좋은 열매를 맺을 수밖에 없는 하나님의 백성입니다. 우리는 날마다 좋은 열매를 맺고 있습니까? 우리는 날마다 성령의 열매를 맺고 있습니까?

육체의 열매를 맺는 자들은 하나님 나라를 유업으로 받지 못합니다. 그러나 우리는 아름다운 천국을 유업으로 받게 되어 있는 천국 백성입니다. 따라서 주를 향한 뜨거운 열정과 사랑을 가지고 주안에 거하며 좋은 열매, 성령의 열매를 맺는 성도가 됩시다.

3. 두 가지 종착역

예수님은 좋은 열매와 나쁜 열매를 맺는 사람의 종착역이 분명히 다름을 말씀하셨습니다.

(1) 나쁜 열매를 맺는 사람이 가는 곳은 천국이 아니라 무서운 지옥입니다.

① 거짓 신앙을 고백하는 자들입니다.

7:21에 "나더러 주여 주여 하는 자마다 다 천국에 들어갈 것이 아니오"라고 나옵니다. 이들은 누구입니까? 거짓 선지자들입니다. 거짓 신앙을 고백하는 자들입니다. 마귀도 예수님을 향하여 "당신은 하나님의 아들, 하나님의 거룩한 자"라고 불렀습니다. 약 2:19에 "네가 하나님은 한 분이신 줄 믿느냐? 잘하는도다 귀신들도 믿고 떠느니라"고 말씀합니다. 입술만 "주여 주여" 하는 것은 참된 신앙고백이 아닙니다.

② 이적과 기사 등 좋은 일을 많이 한 사람들입니다.

7:22을 보면 "그 날에 많은 사람들이 나더러 주여 주여 우리가 주의 이름으로 선지자 노릇하며 귀신을 쫓아내며 많은 권능을 행치 아니하였나이까?"라고 나옵니다. 선지자는 예언을 하며 가르치는 사람입니다. 즉 설교하며 전도하며 교육하는 사람들입니다. 또한 병을 고치며 귀신을 쫓아내는 일을 많이 했습니다. 예수님은 이적과 기사가 구원받는 조건이 아님을 말씀하시고 경고하셨습니다. 마 24:24에 "거짓 그리스도들과 거짓 선지자들이 일어나 큰 표적과 기사를 보이어 할 수만 있으면 택하신 자들도 미혹하게 하리라"라고 말씀하셨습니다.

③ 열심히 교회일 한다고 해서 그것이 참 구원의 조건은 아닙니다.

교회만 다니고 등록만 하고 세례만 받으면 구원의 전부가 아닙니다. 예수님은 이들을 향하여 말씀하셨습니다. 7:23에 "그때에 내가 저희에게 밝히 말하되 내가 너희를 도무지 알지 못하니 불법을 행하는 자들아 내게서 떠나가라 하리라"라고 나옵니다. 도무지 알지 못한다는 것은 전에 한번도 만나 본적이 없다는 뜻입니다. 경험적인 지식, 실제적인 지식을 가리키는 말입니다. 이 말씀은 아주 심각한 것입니다. 마지막 날 최후의 심판대 앞에서 예수님이 "나는 너희를 도무지 알지 못한다. 나는 너희를 만나 본 경험조차 없다."고 말씀하신다면 그 결과는 어떻게 될까요? 얼마나 비참하게 되겠습니까?

또 주님은 "불법을 행하는 자들아 내게서 떠나가라"고 하셨습니다. 불법을 행하는 것은 율법에서 금지된 것입니다. 말씀에 금지된 것을 행하는 것이 불법입니다. 이것은 하나님에 대한 사랑이 식어지고 이웃을 향한 사랑이 식어지는 것입니다. 겉으로는 하나님을 잘 믿고 하나님을 사랑하는 신실한 성도같이 보이는데, 실제는 하나님을 사랑하지 않고 불순종하고 하나님 아버지의 뜻에 귀를 기울이지 않는 사람이 바로 불법을 행하는 자들입니다.

주님이 가장 귀중하게 보는 것은 사람들에게서 칭찬 받고 믿음이 좋은 것처럼 보이는 것이 아닙니다. 예언을 하고 귀신을 쫓아내는 열심 있는 활동이 아닙니다. 주님이 가장 중요시하는 것은 바로 예수님과의 관계입니다. 예수님의 칭찬을 받고 인정을 받는 것입니다.

우리는 분명히 알아야 합니다. 예수님을 구주로 고백하지 않고 이적과 기사만 행하는 것은 아무 소용이 없습니다. 이것은 주님 보시기에 불법을 행하는 것이므로 주님은 "이 불법을 행하는 자들아 내게서 떠나라"고 책망하시는 것입니다. 가짜 선지자와 거짓 선지자가 갈 곳은 오직 무저갱, 지옥뿐입니다.

천문학자들이 망원경으로 하늘을 조사 한 결과 은하수 가운데 검은 구멍을 발견했습니다. 태양보다 더 큰 별도 그 근처에만 가면 흔적도 없이 빨려 들어가 버리는 것입니다. 이것을 무저갱이라고 부르면서 "은하수 저편에 무저갱이 있다."고 발표를 한 적이 있습니다. 이미 성경은 오래 전에 마귀와 그 추종자들을 위해 무저갱을 준비해 놓았다고 기록을 했습니다. 성경은 거짓 선지자들과 나쁜 열매를 맺는 자들, 불신자들이 갈 곳 종착역이 무서운 무저갱, 즉 지옥이라고 말씀하셨습니다.

성도 여러분, 우리 주위에는 이 무저갱으로 들어갈 사람이 많이 있습니다. 이들을 어떻게 하실 것입니까? 그대로 둘 것입니까? 아닙니다. 우리는 그들이 무서운 지옥에 떨어지는 것을 막아야 합니다.

(2) 또 하나의 종착역은 좋은 열매를 맺는 사람이 갈 곳인 하나님의 나라입니다.

① 이들은 입술로만 신앙을 고백하지 않고 진실로 신앙을 고백하는 자들입니다. 롬 10:10에 "사람이 마음으로 의에 이르고 입으로 시인하여 구원에 이르느니라"라고 나왔습니다.

② 내 아버지의 뜻대로 행하는 자가 구원을 얻고 천국에 들어갑니다. 7:21에 "다만 하늘에 계신 내 아버지의 뜻대로 행하는 자라야 들어가리라"라고 말씀합니다.

신앙과 생활이 일치될 때 참 열매가 나타납니다. 약 2:14에 "내 형제들아, 만일 사람이 믿음이 있노라 하고 행함이 없으면 무슨 이익이 있으리요. 그 믿음이 능히 자기를 구원하겠느냐?"라고 말씀했습니다. 우리는 예수 그리스도와 인격적 관계를 가지고, 예수님을 제일 높은 자리에, 최우선으로 모시고 주의 뜻대로 살 때 하나님 나라를 유업으로 받을 수 있습니다.

영국 런던 테임즈 강변에 있는 재판소 뜰에 포도나무 한 그루가 있는데, 그 열매가 가장 맛이 좋아서 식물학자들이 번식시키려고 영국 전역에 조사를 했다고 합니다. 이 포도나무 열매가 다른 것과 다 같으나 한 가지 다른 점이 있는데, 그것은 뿌리가 강 밑바닥에까지 뻗어 있었다는 것입니다. 그러므로 웬만한 가뭄에도 충분한 수분을 빨아들일 수 있어 더 많은 영양분을 섭취한 것입니다. 그래서 영국에서 가장 맛있는 열매를 맺을 수 있었습니다.

성도 여러분, 우리는 하나님의 백성들입니다. 우리 성도들은 겉보기에는 다른 사람들과 같이 보여도 우리 영혼이 주님과 깊고 연합된 관계를 가지며 하나님의 말씀에 깊이 뿌리를 내릴 때 반드시 좋은 열매를 맺을 수가 있는 것입니다.

우리는 하나님 뜻대로 살고 좋은 열매를 맺는 성도가 되어야 하는 천국 백성들입니다. 우리들도 장차 마지막 종착역에 다다랐을 때에 주님께서 우리에게 "너희는 하나님 아버지 뜻대로 살았느냐? 좁은 길을 걸었느냐? 좁은 문을 통과했느냐? 예수 그리스도와 올바른 관계를 가졌느냐? 좋은 열매를, 진실한 열매를 맺었느냐? 예수 그리스도를 너희의 생활에 최우선으로 모셨느냐?"라고 물으신다면 어떻게 대답해야 할까요?

그때 "주여 주여" 하고 입술로만 주를 부른 자는 천국 문에서 쫓겨날 것입니다. 귀신을 쫓아내고 권능을 행하고 예언을 행한 것이 아무런 공로가 되지 못할 것입니다. 마지막 종착역에서 심판의 표준은 "주 예수 그리스도를 마음에 구주로 모시고 살았느냐? 하늘에 계신 아버지의 뜻대로 행했느냐?"가 될 것입니다.

사랑하는 성도 여러분, 우리 앞에 두 나무가 있습니다. 좋은 열매를 맺는 참 나무와 나쁜 열매를 맺는 거짓 나무가 있습니다. 우리는 거짓 선지자, 나쁜 나무를 분별하고 멀리해야 합니다. 우리는 오직 하나님의 말씀대로 행하고 성령의 인도함을 받아 좋은 열매, 성령의 열매를 맺어야 합니다. 그리하여 주께서 예비하신 영원한 천국에서 하늘나라의 유업을 얻고, 영원한 상급을 받는 성도가 되고, 아직도 예수님을 알지 못하여 무서운 무저갱으로 가는 자들을 주 앞으로 인도하는 천국 백성의 삶을 살아갑시다. 아멘.

산상설교 강해 22

두 기초

(본문 / 마태복음 7:24-27)

우리는 항상 두 가지 중에 하나를 선택해야 합니다. 우리가 걸어가는 길에는 좁은 길과 넓은 길이 있습니다. 참 선지자와 거짓 선지자가 있습니다. 좋은 열매를 맺는 나무와 나쁜 열매를 맺는 나무가 있습니다. 그리고 산상설교의 마지막에 반석 위에 짓는 집과 모래 위에 짓는 집이 있습니다. 이것은 기초가 무엇이냐에 따라 결정되는 집들입니다.

이 집에 관한 교훈은 바로 앞에 나오는 사건과 연결됩니다. 예수님은 말씀하시기를 마지막 때에 "나더러 주여 주여 하는 자마다 다 천국에 들어갈 것이 아니다. 주의 이름으로 선지자 노릇하며, 귀신을 쫓아내며, 주의 이름으로 많은 권능을 행하지 아니하였나이까 하는 자들도 내가 도무지 알지 못한다. 불법을 행하는 자들아 내게서 떠나라 하리라."고 말씀하셨습니다. 그리고 난 다음에 반석에 지은 집과 모래 위에 지은 집에 대해서 말씀하십니다.

주님의 말씀은 '이 세상 마지막에 심판대가 있을 것이다. 그곳에서는 무서운 선별이 있을 것이다. 그것은 기초에 따라서 어떤 집이 세워졌는가를 보고 심판할 것이다.'라는 뜻입니다. 이 시간 반석 위에 짓는 집과 모래 위에 짓는 집의 '두 기초'에 대해 생각해 봅시다.

1. 집을 짓는 인생

모든 사람은 집을 짓고 있습니다. 모두 좋은 집을 갖고 싶어하고 좋은 집을 짓기를 원합니다. 집을 지을 때 아무런 계획 없이 짓는 것이 아니라 설계도를 작성해서 집을 짓습니다. 오늘 예수님이 말씀하신 집은 우리가 사는 세상의 집과는 다릅니다. 아파트나 단독주택을 말씀하지 않으셨습니다.

예수님은 우리 인생들이 이 세상에 한번 태어나서 이 세상을 떠날 때까지 한 평생의 인생살이를 총 결산하는 집을 말씀하십니다. 내 인생 전체는 어떤 집으로 건축했습니까? 내 영혼의 집, 내 신앙의 건축물은 어떤 것입니까?

우리 주님은 우리가 얼마나 넓은 집에서 살았으며 우리가 산 집이 얼마나 호화롭고 값비싼 것이냐에 대해서는 전혀 관심이 없습니다. 죄송한 말씀이지만 우리 나라에서 꽤 좋은 집에서 산다고 자부심을 가지고 어깨에 힘을 주는 분들도 미국이나 서구 선진국들의 넓은 집들을 한번 보시면 할말이 없어질 것입니다.

예수님께서 말씀하시는 집은 하나님의 형상대로 지음 받은 인생이 이 세상을 살아가는 동안에 어떤 믿음의 집을 짓는가 하는 것입니다. 내 인생살이를 대변할 집은 어떤 집입니까? 이것은 아주 중요한 문제입니다. 마지막 심판대에서 주님 앞에 선 보여야 하는 집이기 때문입니다.

   사람들은 모두 자기 나름대로 인생의 집을 건축하고 있습니다. 자기의 설계와 자신의 개성에 따라서 짓고 있습니다. 겉보기는 아주 다양하게 보이는 집들입니다. 그리고 대부분 비슷하게 보이는 집들입니다. 그러나 크게 두 가지로 나누면 반석 위에 짓는 집과 모래 위에 짓는 집입니다. 이 집들은 우리가 넓은 길과 좁은 길 중에 어느 길로 가느냐에 따라서 결정됩니다. 좋은 열매를 맺느냐 나쁜 열매를 맺느냐에 따라서 건축물이 달라집니다.

   나는 어떤 집을 지어야 할까요?

   사도 바울은 행 20:32에 "지금 내가 너희를 주와 및 그 은혜의 말씀에 부탁하노니 그 말씀이 너희를 든든히 세우사 거룩케 하심을 입은 모든 자 가운데서 기업이 있게 하시리라"고 했습니다. 유다서 20절은 "사랑하는 자들아 너희는 너희의 지극히 거룩한 믿음 위에 자기를 건축하며 성령으로 기도하며 하나님의 사랑 안에서 자기를 지키며 영생에 이르도록 우리 주 예수 그리스도의 긍휼을 지키라"고 했습니다.

   우리는 지금 어떤 집을 짓고 있습니까? 모든 일에는 결과가 있듯이 세상의 집들도 건축이 끝난 다음에 평가를 받습니다. 지금 우리가 지어 가고 있는 인생의 집, 우리의 사람을 대표하는 집도 마지막 심판을 받을 날이 올 것입니다. 우리의 인생의 신앙 건축물이, 우리의 인격의 집은 없어지는 것이 아닙니다. 심판 받을 그날이 다가오고 있습니다.

   그렇다면 우리는 어떤 집을 지어야 할까요?

2. 두 기초

우리가 짓는 집은 두 가지 중의 하나일 뿐입니다. 그것은 기초를 반석 위에 지은 집과 모래 위에 지은 집입니다. 우리 주 예수님은 목수의 일을 하셨으므로 건축에 대해서 잘 아시는 전문가입니다. 그러므로 가옥에 대한 깊은 관심을 가지시고 우리들에게 쉽게 예를 들어서 교훈을 해주시는 것입니다.

(1) 먼저 모래 위 지은 집을 봅시다(7:26-27).

이 집은 주의 말씀을 듣고도 행치 않는 집입니다. 팔레스틴에는 도랑이 많은데 여름에는 모래 바닥이 드러나 살기가 좋고 겨울에는 비가 많이 오므로 강이 되어서 거세게 격류가 흐른다고 합니다. 이것을 '와디'라고 부르는데, 팔레스틴에는 이런 와디가 많습니다. 그래서 집터를 찾는 사람들이 여름에는 바람이 없고 살기 좋은 모래 개천을 발견하고 거기에 적당하게 파서 모래 위에 집을 짓습니다. 그러나 겨울이 오면 거세게 밀려오는 격류에 의해 파괴되어 버립니다. 쉽게 지은 집이 재난을 초래한 것입니다.

모래는 평소에 강바닥이 드러나 있으나 비가 오면 물이 삽시간에 불어나서 급류로 변합니다. 모래 위에 집을 세우는 이유는, 너무 수월해서 수고하지 않고도 빨리 작업할 수 있으므로 과정을 무시하고 건축하는 잘못을 범하는 것입니다. 사람들은 깊이 생각하지 않고 집을 지었습니다. 노력하지 않고 편하게만 살려는 주의입니다. 철저한 형식주의자요, 적당주의로 사는 사람입니다.

모래 위에 집을 지은 사람은 형식적인 신앙생활을 하는 사람을 말합니다. 오늘날 우리 신앙생활도 너무 쉽게 하려고 해서는 안됩니다. 예배 한번만 참석하는 것으로 신앙생활을 다 한 것으로 마음먹는 사람들이 있습니다. 미국과 유럽에서는 교회에 나가지 않으면서 십일조만 바치는 신자들이 있습니다. 왜냐하면 십일조를 하면 축복받는다는 사실을 알기 때문입니다. 또 세금으로 인정해 주기 때문입니다. 한 마디로 모래 위에 집을 짓는 사람은 말씀을 듣고 순종치 않는 사람을 말합니다.

마틴 로이드 존스(M. Lloyd Jones) 목사는 가짜 그리스도인의 세 가지 특색을 말했습니다.

① 말씀에 귀를 기울이지 않는 사람입니다.
우리의 신앙의 기초는 말씀을 듣는데서 나옵니다. 그렇다면 우리는 말씀 듣는 것을 배워야 합니다. 그렇지 않고 예배에 한 시간 동안 참석하는 것을 교양 강좌나 세미나에 참석하는 것처럼 생각하고, 다른데 가려니 미안하고 해서 하나님 앞에 아침 인사 비슷하게 고개 숙여 잠깐 기도하고 한 시간이 속히 지나갔으면 하고 있다면, 이것은 말씀에 귀를 기울이는 것이 아닙니다. 우리는 진정 말씀에 귀를 기울이고 있습니까?

② 말씀을 자기 편리한 대로만 받아들이는 사람입니다.
하나님의 말씀은 전체가 영감으로 기록된 우리의 신앙과 생활의 유일한 법칙입니다. 그런데 하나님의 말씀을 전체로 받아들이지 않습니다. 듣기 좋은 소리만 듣고 비위에 거슬리거나 거북한 것은 제거해 버리고 무시해 버립니다. "사랑의 하나님은 좋으나 심판의 하나님은 싫다", "천국은 좋으나 지옥은 싫다", "구원과 은혜는 좋은데 말씀대로 생활하라는 것은 싫다"는 것입니다. 특히 산상설교는 천국 백성들이 살아야 하는가에 대한 생활 원리가 기록된 말씀입니다. 그러므로 '산상설교를 좋아하는가, 싫어하는가?', '이 말씀을 믿고 순

종하며 사는 것에 동의를 하느냐, 하지 않느냐?'에 따라서 참 신자와 거짓 신자를 구별할 수 있습니다.

③ 말씀을 듣고도 인격과 생활에 조금도 변화가 없는 사람은 거짓 신자라고 했습니다.

한 마디로 모래 위에 집을 짓는 것은 말씀에 불순종하는 것입니다. 말씀을 듣고도 깨닫지 못하고 행하지 못하는 것입니다. 이스라엘 백성들은 선지자를 통해서 외치는 하나님의 말씀을 매일 매일 듣고도 회개치 않고 우상을 숭배하고 세속에 빠져 버렸습니다. 결국 하나님께서 그들을 심판하시어 나라가 망하고 포로가 되어 끌려갔습니다. 이것이 모래 위에 집을 짓는 것입니다.

한 부자 청년이 예수님을 찾아와서 영생의 도리를 물었습니다. 예수님은 그 영혼을 사랑하셨습니다. 청년은 재물이 많아 재물에 노예가 되어 있는 것을 보시고 "네 재산을 팔아 가난한 자들에게 나누어 주고 나를 좇으라"고 말씀하셨습니다. 이 말씀은 물질이 아무 소용이 없다는 것이 아닙니다. 물질보다 더 중요한 것이 영혼인데, 이 청년은 물질에 얽매여 노예가 되어 자신의 영혼을 보지 못하고 있음을 책망하신 말씀입니다. 이때 청년은 예수님의 말씀을 듣고도 너무나 세상의 물질에 깊이 빠져 있었으므로 심히 근심하며 돌아갔습니다. 청년은 좋은 기회를 놓쳐 버리고 말았습니다. 이 청년이 지금 어디에 있겠습니까? 지옥에서 슬피 울며 탄식하고 있을 것입니다. 이것이 바로 모래 위에 집을 짓는 것입니다.

모래 위에 집을 짓는 사람은 하나님 말씀을 듣고도 행치 않는 사람입니다. 자기 자신이 기초가 되고, 자기 자신이 중심이 되고, 자기 자신이 최고인 사람입니다. 모래 위에 집을 짓는 것은, 예수 그리스도가 생활의 중심이 되지 않고, 자기가 늘 앞장서고, 자기가 원하는 대로 계획하고 추진하는 것입니다.

그 결국은 무엇입니까? 7:27에 "비가 내리고 창수가 나고 바람이 불 때에 그 무너짐이 심하니라"는 말씀입니다. 갑작스런 외부의 재난이 닥쳐올 때 여지없이 무너지는 결정적인 손상을 입고 맙니다. 우리의 머리만 가지고 입술만 가지고 실천력이 결여된 채 모래 위에 집을 짓는 사람들은 조그만 환난이 닥쳐도 크게 무너지고 맙니다.

인생이 무엇입니까? 풀과 같고 꽃과 같아서 시들고 떨어집니다. 아침 안개와 같이 잠깐 있다가 사라져 버립니다. 만물보다 심히 더럽고 부패하여 다 썩어져 사라질 육신들이 아닙니까? 우리는 5분 앞을 내다보지 못하는 연약한 존재들입니다. 우리 자신이 자신을 믿지 못하는 가련한 인생들입니다. 그런데 어떻게 내 중심의 집을 짓고 나를 최고의 자리에 둘 수 있겠습니까? 예수님은 이런 사람을 보시고 모래 위에 집을 짓는 어리석은 사람들이라고 하셨습니다. 그런데 오늘날도 많은 사람들이 어리석은 일을 전력을 다해서 반복하며 모래 위에 집을 지어 나가고 있습니다.

예수님은 한 어리석은 사람의 예를 들어 말씀하셨습니다. 한 부자가 그해의 소출이 너무 많아 생각한 끝에 곳간을 크게 짓고 곡식과 모든 쓸 것을 가득 채워 놓고 "내 영혼아, 여러 해 쓸 물건이 창고에 가득 찼으니 이제 먹고 마시고 즐기자"라고 했습니다. 그때 하나님께서 그 부자에게 "이 어리석은 자야 오늘밤에 네 영혼을 도로 찾으리니 네가 수고하여 쌓아 놓은 것이 누구의 것이 되겠느냐?"고 하셨습니다. 성경은 이 사람을 어리석은 사람으로 표현했습니다. 왜일까요? 곧 무너질 모래 위에 집을 지었기 때문입니다.

성도 여러분, 우리는 내 자신의 지식 위에, 내 경험 위에, 내 자신의 두뇌와 경력만 믿고 하나님의 말씀에 불순종하여 모래 위에 집을 지어 결국은 심판 때 기초가 약하여 여지없이 무너져 버리는 어리석은 자가 결코 되지 맙시다.

(2) 반석 위에 지은 집이 있습니다(7:24-25).

이 사람은 말씀을 듣고 행하는 사람입니다. 반석(πετρα-페트라)은 바위, 암반, 높은 벼랑 위의 천연 요새를 말하기도 합니다. 한 마디로 반석 위에 지은 집은 기초가 견고한 집입니다. 반석 위에 집을 짓는 사람은 기초를 깊이 파기 위하여 수고하는 사람입니다. 깊이 생각하고 힘이 들지만 순종하는 사람입니다. 모래 위에 집을 지은 사람은 미래를 대비하지 않습니다. 그러나 반석 위에 지은 사람은 미래를 대비하며 일의 결과에 대하여 관심을 가지는 사람입니다. 한 마디로 말씀에 순종하는 사람입니다. 이 집은 견고합니다.

일본 동경에 대지진이 일어났을 때 엄청난 피해가 있었는데, 그 지진 속에서도 무너지지 않는 빌딩이 하나 있었습니다. 그것은 미국의 라이트 형제가 지은 집이었습니다. 처음에 이 빌딩을 설계하고 지을 때 많은 사람들이 그 설계에 불평을 했다고 합니다. 왜냐하면 기초공사를 설계대로 시행하면 너무 많은 비용이 들기 때문이었습니다. 그렇지만 그는 튼튼하게 기초공사를 하여 건물을 지었습니다. 비난은 잠깐이었습니다. 대지진이 일어난 후에 이 사람은 더욱 많은 명성을 얻는 설계자가 되었습니다.

미국 뉴욕의 맨하탄에는 100층이 넘는 빌딩이 여러 개 있습니다. 세계에서 가장 높은 빌딩들은 공통적인 특징이 있습니다. 그것은 기초가 견고한 반석 위에 뿌리를 박고 있다는 사실입니다.

성도 여러분, 우리의 집은 반석 위에 짓고 있습니까? 반석 위에 기초를 세우는 사람은 자신을 의지하는 사람이 아닙니다. 자기 중심, 자기 최고주의자가 아니라 오직 주 예수 그리스도의 말씀을 듣고 그 말씀대로 순종하는 사람입니다. 이 기초는 튼튼합니다. 흔들리지 않습니다. 이 기초는 바로 예수 그리스도이기 때문입니다.

성경은 말씀합니다. 사 28:16에는 "그러므로 주 여호와께서 가라사대 보라 내가 한 돌을 시온에 두어 기초를 삼았노니 곧 시험한 돌이요 귀하고 견고한 돌이라 그것을 믿는 자는 급절하게 되지 아니하리로다."라고 말씀합니다. 엡 2:20은 "그리스도께서 친히 모퉁이 돌이 되셨느니라"고 말씀합니다. 벧전 2:6-8은 "예수 그리스도의 말씀을 믿고 행하는 사람은 반석 위에 집을 짓는 사람과 같다."고 말합니다.

듣기는 들어도 깨닫지 못하고 행하지 않는 것은 모래 위에 집을 지은 자입니다. 그러나 말씀을 듣고 깨달아 믿고 순종하는 것은 반석 위에 집을 짓는 것입니다.

영국 해병 한 사람이 군기를 범해서 아주 엄한 벌을 받았습니다. 이것이 신문에 기사로 보도되자 비난의 소리가 일어났습니다. 그래서 신문사에서 독자들의 의견을 묻게 되었는데, 어떤 사람이 아주 감동적인 이야기를 했습니다. 그는 군대에서 벌주는 것은 가혹한 것이 아니라고 주장하면서, 군대의 목적은 무조건 병사가 절대적으로 복종하도록 훈련하는데 있으며 군은 복종 없이 성립될 수 없다고 말하면서 자신의 경험담을 말했습니다.

그가 한번은 거센 바다에서 대형의 배를 끌고 있는 소형의 증기선에 타고 있었는데, 갑자기 바람과 물보라가 일어나자 소형 증기선의 선장은 단 한마디의 명령을 내렸습니다. "엎드려!" 그 순간 작은 배에 타고 있던 승무원 전원은 날쌔게 엎드렸습니다. 그 때 배를 끄는 쇠밧줄이 끊어졌고, 끊어진 한 쪽 줄이 발광하는 뱀처럼 내리쳤습니다. 만일 그 자리에 서 있었다면, 줄에 맞은 사람은 바로 즉사했을 것입니다. 선장의 단 한마디 명령에 기계적으로 복종했기 때문에 아무도 상하지 않고 무사할 수 있었습니다. 그때 만약 '왜 우리를 엎드리라고 합니까?', '이유가 무엇입니까?' 하고 따지면서 그대로 서 있었다면 그는 벌써 죽은 자가 되고 말았을 것입니다.

바로 이것입니다. 반석 위에 집을 짓는 것은 예수 그리스도의 말씀을 듣고 그대로 순종하는 것입니다. 예수 그리스도는 이것을 요구하십니다. 예수 그리스도의 말씀에 그대로 믿고 순종하는 사람은 생명을 얻습니다. 안전을 보장받습니다. "이 몸의 소망 무엔가 우리 주 예수뿐일세 우리 주 예수밖에는 믿을 이 아주 없도다 굳건한 반석이시니 그 위에 내가 서리라 그 위에 내가 서리라"

그러므로 주님은 반석 위에 집을 짓는 사람은 지혜로운 자라고 하셨습니다. "지혜로운"이라는 말은 'φρονιμος'(프로니모스)로, 깊이 이해하고 깨달아서 올바른 분별력을 갖는 것을 의미합니다. 따라서 지혜로운 자는 예수님의 말을 듣는 것으로 그치는 것이 아니라, 그 말의 진의를 깊이 통찰하고 깨달은 바를 실행하는 사람입니다. 지혜로운 자는 인생의 폭풍우가 닥쳐도 그것을 충분히 견디어 낼 수가 있습니다. 왜냐하면 그 기초가 예수 그리스도 위에, 말씀 위에 세워져 있기 때문입니다.

성도 여러분, 우리는 주 예수 그리스도의 말씀을 그대로 믿고 순종하여 반석 위에 집을 세우는 지혜로운 성도가 됩시다.

3. 마지막 심판

모래 위에 집을 세운 사람이나 반석 위에 집을 지은 사람은 다 심판을 받게 됩니다.

(1) 이 세상에서의 심판이 있습니다.

비가 내리고 창수가 나고 바람이 불어닥칩니다. 이것은 피할 수 없는 것입니다. 모래 위에 집을 지은 자나 반석 위에 자은 자나 다 당하게 마련입니다. 우리가 세상을 살아갈 때 뜻하지 않는 재난이 발생합니다. 가정에 심한 어려움이 몰아닥칩니다. 사랑하는 사람이 갑작스런 죽음을 당하는 일이 일어나기도 하고, 심한 병에 걸려서 쓰러지든지, 사업이 완전히 실패하든지, 직장에서 해고당하는 일들이 일어납니다. 세상에 살고 싶은 소망마저 사라져 버릴 때가 있습니다.

이때 모래 위에 지은 집은 무너져 버립니다. "그 무너짐이 심하니라"고 성경은 말씀합니다. 자기 자신만 믿던 사람이 자기 자신이 쓰러지니 결과가 어떻게 될까요? 재물만 의지하던 사람이 재물이 없어져 버리니 어떻게 될까요? 남편만을 의지하고 살던 사람이 갑자기 남편이 세상을 떠나니 어떻게 될까요? 자녀만 바라보고 살던 사람이 자식이 배반하거나 잘못되어 버리니 어떻게 될까요?

이때 모래 위에 지은 집은 여지없이 무너져 버립니다. 심하게 파괴되고 허물어져 버립니다. 남는 것이 없을 정도로 비참하게 무너져 버립니다. 그것은 기초가 모래 위에 세워져 있기 때문입니다. 이 사람은 미래를 전혀 대비하지 못하고 오직 순간적이요 잠시 있다가 없어질 세상의 것만 소망하고 살았기 때문입니다. 이것이 어리석은 자의 모습입니다.

그러나 반석 위에 지은 집은 아무리 홍수가 나고 비바람이 몰아쳐도 굳건히 서 있습니다. 그 이유는 기초가 반석 위에 세워져 튼튼하기 때문입니다. 이 집은 미래를 대비하고 장래를 생각하여 건축했기 때문입니다.

다같이 집을 지었으나 그 결과는 엄청나게 다릅니다. 우리가 사는 이 세상에는 항상 사탄이 우리를 도전하고 유혹해 옵니다. 예수님은 베드로를 향하여 눅 22:31에 "시몬아 보라 사탄이 밀 까부르듯 하려고 너희를 청구하였으나 내가 너를 위하여 기도하였노라"라고 말씀하셨습니다. 벧전 4:12에는 "사랑하는 자들아 너희를 시험하려고 오는 불 시험을 이상한 일 당하는 것 같이 이상히 여기지 말라"고 했습니다.

성도 여러분, 우리의 기초는 예수 그리스도의 말씀 위에 굳건히 서 있습니까? 시험과 환난의 바람이 불어와도 충분히 버틸 수 있습니까?

(2) 최후의 심판대가 기다립니다.

우리 모두 주님 앞에 설 마지막 날이 다가옵니다. 그때 심판장이 되실 주님은 양과 염소를 분별하실 것입니다. 좁은 길을 걸은 자와 넓은 길을 걸은 자를 구별하실 것입니다. 좋은 열매를 맺은 나무와 나쁜 열매를 맺은 나무를 분별하실 것입니다. 누가 천국에 들어가며 누가 지옥에 들어갈 것인가를 결정하실 것입니다. 그때 마지막 심판대 앞에 우리의 집들이 모두 다 드러날 것입니다. 반석 위에 지은 집은 구원을 받을 것이요, 모래 위에 지은 집은 멸망을 당할 것입니다.

문제는 기초에 달려 있습니다. 예수 그리스도 위에 집을 세운 사람은 구원을 받을 것입니다. 고전 3:10에 나온 것처럼 시험의 날이 올 때 불을 지펴 볼 것입니다. 그때 나무나 짚으로 집을 지은 것은 다 타서 없어져 버립니다. 그러나 금이나 은과 같은 보석으로 지은 것은 그대로 남아 있을 것입니다. 그러므로 누구든지 그 위에 세운 공력이 불에 타지 않고 그대로 있으면 상을 받을 것입니다. 그러나 공력이 불에 타서 없어져 버린 사람은 받을 상이 없을 것입니다.

이것은 예수 그리스도를 구주로 영접하고 집을 짓는 사람은 구원은 받으나, 받는 상급은 다르다는 것을 보여주는 말씀입니다. 우리가 짓는 집의 기초가 예수 그리스도면 다 구원받습니다. 그렇지만 주님은 심판대 앞에서 우리의 집을 테스트 해볼 것입니다. 그 때 우리 신앙의 집들이 나타납니다. 불에 타서 없어지면 구원은 받으나 상급이 없습니다. 그러나 불에 타도 없어지지 않고 서 있는 신앙의 집은 상을 받습니다.

성도 여러분, 우리는 어떤 집을 짓고 있습니까? 우리는 반석 위에 집을 지어야 합니다. 그리고 반석 위에 집을 짓되 믿고 순종하여 금이나 은이나 보석같이 불에 타도 없어지지 아니하는 집을 지어야 상급이 큽니다. 그것은 주의 말씀을 듣고 그대로 행하는 사람이 얻을 것입니다.

우리의 집은 어떻게 지어져 가고 있습니까? 우리는 반석 위에 집을 지어야 합니다. 주의 말씀을 그대로 믿고 행하는 사람이 되어야 상을 받습니다. 우리는 어떠한 환난과 시련이 오더라도 반석 위에 집을 지은 사람이 되어야 합니다.

필립 브룩스(Philip Brooks) 목사님이 임종을 맞이했을 때 너무 위독해서 방문객을 맞이할 수가 없었습니다. 그런데 무신론 작가로 유명한 로버트 잉거솔(Robert Ingersoll) 씨가 그를 만나러 왔습니다. 죽음이 임박한 브룩스 목사는 그를 들여보내라고 했습니다. 잉거솔씨는 "나를 들어오게 해 주셔서 감사합니다. 그런데 어째서 다른 사람은 만나 주시지 않는지 궁금하군요."라고 말하자 목사님은 대답했습니다. "그래요. 나는 그리스도를 믿는 저 친구들과 저 세상에서 다시 만나 볼 수 있음을 확신합니다. 아마도 당신을 뵙는 것이 마지막일 것 같아서 당신을 보자고 한 것입니다."

두 사람의 차이점은 무엇입니까? 한 사람은 반석 위에 집을 지은 사람이요, 또 한 사람은 모래 위에 집을 지은 사람이라는 것입니다. 예수님은 "너희가 이것을 알고 행하면 복이 있으리라"고 말씀하셨습니다(요 13:17). 약 1:22에는 "너희는 도를 행하는 자가 되고 듣기만 하여 자신을 속이는 자가 되지 말라"고 했습니다.

성도 여러분, 가장 중요한 것은 기초입니다. 우리는 주 예수 그리스도를 기초로 한 반석 위에 집을 짓는 사람입니다. 비록 힘들고 어려워도 말씀을 듣고 그대로 순종하는 생활을 하여 주님 앞에서 칭찬받는 아름답고 훌륭한 우리의 믿음의 집을 건축해 나갑시다. 그리하여 시련과 환난의 바람이 불어와도 끄떡하지 않고 최후의 심판대 앞에서 영원한 구원을 얻어 상급 받는 성도가 되도록 매일 매일 반석 위에 집을 짓는 지혜로운 믿음의 길을 걷는 천국 백성이 됩시다. 아멘.

판 권
소 유

배굉호 목사 / 산상설교 강해

너희는 소금과 빛

1999년 10월 5일 1판 1쇄 인쇄
1999년 10월 10일 1판 1쇄 발행

지은이 ● 배 굉 호
발행인 ● 김 수 관
발행처 ● 도서출판 영 문

등록 / 제 03-01016호(1997. 7. 24)
주소 / 서울시 용산구 한강로2가 70번지
전화 / 편집부 · 796-7198
　　　　영업부 · 793-7562
　　　F A X · 794-6867

ISBN 89-87697-80-0 03230　값 **10,000원**

* 본서의 임의인용·복제를 금합니다.
* 파본·낙장은 교환해 드립니다.